AUTONOMIA PRIVADA E PRIVACIDADE NAS REDES SOCIAIS

Renunciabilidade e responsabilidade por danos

2ª Edição
Revista e atualizada

THIAGO FERREIRA CARDOSO NEVES

AUTONOMIA PRIVADA E PRIVACIDADE NAS REDES SOCIAIS

Renunciabilidade e responsabilidade por danos

2ª Edição
Revista e atualizada

G|Z
EDITORA
Rio de Janeiro
2020

1ª edição – 2019
2ª edição – 2020

Presidente do Conselho Editorial
Nelson Nery Costa

Diagramação
Olga Martins

CIP – Brasil. Catalogação-na-fonte.
Sindicato Nacional dos Editores de Livros, RJ.

N428a
2. ed.

Neves, Thiago Ferreira Cardoso

Autonomia privada e privacidade nas redes sociais: renunciabilidade e responsabilidade por danos / Thiago Ferreira Cardoso Neves. - 2. ed. - Rio de Janeiro: GZ, 2020.

232 p.; 24 cm.

Inclui bibliografia e índice

ISBN 978-85-9524-083-4

1. Direito civil - Brasil. 2. Direito à privacidade. 3. Internet - Legislação - Brasil. 4. Redes sociais. I. Título.

20-64984

CDU: 347:004.738.5(81)

contato@editoragz.com.br
www.editoragz.com.br

Av. Erasmo Braga, 299 – Sala 202 – 2º andar – Centro
CEP: 20020-000 – Rio de Janeiro – RJ
Tels.: (0XX21) 2240-1406 / 2240-1416 – Fax: (0XX21) 2240-1511

Impresso no Brasil
Printed in Brazil

Disse-lhe Jesus: Porque me viste, Tomé, creste?
Bem-aventurados os que creram sem ver.
Jo 20:29

Ao meu Senhor Jesus, o único digno de toda honra, glória e poder.

À minha pequena Bruna, para quem este texto foi escrito, ainda que sem figuras, com a esperança de que ela saiba utilizar, com sabedoria, essas novas ferramentas de comunicação, bem como todas aquelas que, por força da inteligência humana, venham a existir no futuro.

À minha mãe Sonia, que mesmo após me dar à luz, continua iluminando meus caminhos.

À Isabela, um amor para além desta vida. Saudades eternas.

AGRADECIMENTOS

Na vida é sempre importante agradecer. A gratidão é uma dádiva e uma alegria, tanto para quem recebe, quanto para quem dá.

Em primeiro lugar agradeço a Deus, o meu Senhor, que me conduz com mãos firmes, seguras e cheias de amor nos caminhos da vida. Tudo que tenho e que sou, devo a Ele. Por isso, rendo-lhe meu infinito temor e amor.

Em seguida, agradeço àquelas pessoas que fazem minha vida muito melhor. Minha pequena Bruninha, a herança que recebi de Deus. Embora ainda incapaz de compreender as dificuldades e aflições da vida, me deu todo o apoio com seus sorrisos, abraços e um amor que transparece nos olhos. Com ela aprendi verdadeiramente o sentido do amor incondicional, e é por ela que levanto todas as manhãs, para dá-la uma vida melhor. Minha mãe Sonia, uma das maiores bênçãos que recebi de Deus, pois sem ela não poderia sonhar em chegar até aqui. Deu-me todo o suporte afetivo e material de que precisei, e continua revelando com seus gestos, a cada dia, seu imensurável amor. Meu pai Paulo, cuja distância física não é capaz de afastar a proximidade do coração. Embora as vistas não se cruzem com frequência, o amor nos liga ininterruptamente. Minha avó Lourdes, cujo avanço da sua idade é proporcional ao aumento do amor, da afetividade e do carinho que nutro por ela. Ainda dentre as pessoas especiais, que fizeram me tornar a pessoa que sou hoje e que tornaram possível a conclusão deste livro, fruto da minha dissertação de mestrado, devo um agradecimento especial à minha amada e saudosa Isabela, cuja partida repentina e inesperada, deixou um vazio impreenchível. Ela que com sua vida mudou a minha; que com seu sorriso, iluminava meu dia; que fazia meu coração acelerar desenfreadamente, mesmo depois de tanto tempos juntos; e que mudou em mim o sentido da palavra amor. A saudade que ela deixou é imensa, e apenas é suavizada com a família que ela me deu: Daniela, que é mais do que uma cunhada, mas uma irmã, e Leila e Luiz Carlos, meus sogros, que são verdadeiros pais para mim.

Também não é possível esquecer os amigos, que é a família que Deus me deu. João Carlos e Marcelo, pelo suporte afetivo e espiritual em todos os momentos. Nossos encontros e orações me fortalecem diariamente. Minha querida amiga Juliana, a Ju, cujo convívio diário, não apenas no ambiente de trabalho, mas na vida fora dele, traz paz e alegria para vencer as dificuldades que se apresentam. Ela é uma verdadeira irmã que sei que sempre estará ao meu lado. Agradeço também ao Nelson, mais que um amigo, mas também um pai, e que sempre me incentivou e esteve ao meu lado, dando todo carinho e força quando precisei. Melissa, um talento nato que Deus me permitiu conhecer, uma amiga para todas horas e cujo futuro já se revela brilhante. Aos irmãos de coração e de infância, Luís e Fernando. À Mariana, minha irmãzinha querida, e à Clarissa, Maura e Poliana, uma valiosa herança deixada pela minha Bela, e que formam para mim uma nova família. À Duda, uma brilhante aluna que se tornou uma amiga para toda a vida. Aos professores e amigos Alexandre Câmara, Marco Aurélio Bezerra de Melo, Elisa Neves, Roger Aguiar, Guilherme Calmon, José Eduardo Albuquerque, Alexandre Assumpção, Cristiano Chaves de Farias, Rodolfo Pamplona, J. G. Vasi Werner, Carlos Santos, José Acir e Melhim Chalhub, fonte de grande inspiração, por todo carinho, incentivo e ajuda, muitas vezes em pequenos gestos, que tornaram meus dias muito mais claros.

Da UERJ, um agradecimento especial ao meu orientador, Carlos Nelson Konder, pela paciência, compreensão e, também, carinho, diante das dificuldades que enfrentei durante os dois anos do mestrado. Além disso, contribuiu com seu conhecimento oceânico para o desenvolvimento deste texto, com sugestões valiosíssimas e indicações preciosas de textos. Posso afirmar, com todas as letras, que tive um verdadeiro orientador. É preciso agradecer, também, ao Professor Gustavo Tepedino. A grandiosidade de sua figura não é menor que a grandiosidade de sua generosidade em me acolher com palavras de incentivo e gestos de carinho, inclusive por aceitar, em meio a tantos compromissos, integrar minha banca de qualificação e de dissertação. As aulas, por certo, foram inesquecíveis, com lições não só jurídicas, mas também de vida. Também ao Professor Anderson Schreiber pela agradável acolhida e pela imprescindível participação na banca de qualificação, com comentários, críticas e ideias que muito contribuíram para a versão final deste texto. Devo, ainda, um agradecimento especial ao Professor Luís Roberto Barroso. Embora seja um dos maiores juristas de nosso país, possui uma simplicidade e uma simpatia cativantes, a revelar um ser humano especial. Sou eternamente grato por sua compreensão, paciência e amizade ao longos de todos os anos em que eu, um fã inveterado, lhe pedi auxílio e socorro, tendo sempre recebido como resposta palavras e gestos de carinho. Na UERJ também encontrei amigos que tornaram a vida acadêmica muito mais aprazível, fazendo desta experiência inesquecível. Aproveito, assim, para agradecer especialmente aos queridos André Farah, João Quinelato, Rodrigo da Guia, Francisco Viégas, Micaela Fernandes, Felipe Schvartzman, Rodrigo Requena, Lívia Leal, Livia Maia, Mariana Siqueira, Victor Wilcox, Diana Castro, Roberta Leite, Rodrigo Corrêa e Matheus Escossia.

Por fim, não posso deixar de agradecer à Escola da Magistratura do Estado do Rio de Janeiro – EMERJ, instituição que leciono, quase com exclusividade, há exatos 13 anos, especialmente na pessoa do Diretor de Ensino José Renato Videira, querido amigo, a quem muito devo, por todo seu incentivo e, fundamentalmente, por sua amizade.

PREFÁCIO

As redes sociais, como reflexo das ambiguidades que marcam o período em que vivemos, vêm atraindo a atenção dos pesquisadores mais corajosos, os quais contrapõem as fantásticas benesses ofertadas pela tecnologia com os custos sociais e culturais a serem pagos pela sua fruição. O saudoso sociólogo Zygmunt Bauman, perplexo com a facilidade para se criar e desfazer "amizades", destacou como a experiência na rede serve apenas a mascarar a solidão, sem oferecer uma real experiência comunitária: "A diferença entre a comunidade e a rede é que você pertence à comunidade, mas a rede pertence a você".[1] De um lado, ao restringir as interações aos iguais, previamente selecionados, a rede cobra um preço da sociedade: ela inviabiliza o contato com a alteridade, o diálogo com a diferença, o que, como se vem observando, prejudica o debate democrático e exacerba polarizações, já que "é mostrado o que se acha que é de nosso interesse, mas nos é ocultado aquilo que desejamos ou eventualmente precisamos ver".[2] De outro lado, a participação cobra um preço também do usuário: a auto exposição. A busca por "likes" cria verdadeira dependência pelo compartilhamento de imagens e informações até então limitadas à esfera privada: "A pessoa é obrigada a expor seu próprio eu, sua própria persona, com consequências que vão além da simples operação econômica e criam uma espécie de posse permanente da pessoa por parte de quem detém as informações a seu respeito".[3]

As repercussões desse preço já alcançaram o mundo do direito, como se percebe pelo aumento maciço de litígios envolvendo a responsabilização de usuários e provedores por danos decorrentes da exposição desses dados na rede. Como destacou o também saudoso Stefano Rodotà, a tecnologia impôs a redefinição do próprio direito à privacidade, que, tradicionalmente concebido como meio de defesa contra intrusões externas na esfera privada, passa ser entendido como o direito de controlar o uso das própria informações: passa-se do domicílio à rede, do sigilo à circulação, da proteção estática à proteção dinâmica, de um poder de exclusão a um poder de controle.[4] O desafio se torna

---

1 BAUMAN, Zygmunt. Entrevista concedida a Ricardo de Querol. *El país*, 09 jan. 2016. Disponível em <https://brasil.elpais.com/brasil/2015/12/30/cultura/1451504427_675885.html>.

2 MAGRANI, Eduardo. *Democracia conectada: a internet como ferramenta de engajamento político-democrático*. Curitiba: Juruá, 2014, p. 119.

3 RODOTÀ, Stefano. *A vida na sociedade da vigilância*. Rio de Janeiro: Renovar, 2008, p. 113.

4 RODOTÀ, Stefano. *A vida na sociedade da vigilância*. Rio de Janeiro: Renovar, 2008, p. 17 e 93.

ainda mais agudo quando a informação foi originalmente exposta pelo próprio titular: há, nesse caso, o direito de voltar atrás? É possível ao direito lutar contra a enxurrada da rede, que torna qualquer dado acessível para a humanidade e para a eternidade?

Essas questões dramáticas são objeto de minucioso estudo nessa bela obra de Thiago Ferreira Cardoso Neves que agora alcança o grande público graças à editora GZ: "Autonomia privada e privacidade nas redes sociais: renunciabilidade e responsabilidade por danos". Originada a partir de sua dissertação de mestrado, defendida no âmbito do Programa de Pós-graduação em Direito da Universidade do Estado do Rio de Janeiro (PPGD/UERJ) e aprovada perante banca composta pelos professores Gustavo Tepedino, Caitlin Sampaio Mulholland e por mim, na qualidade de orientador, a obra aborda de forma cuidadosa e didática a responsabilidade de usuários e provedores pela exposição de imagens e informações originalmente compartilhadas pelo próprio titular.

O maior desafio de Thiago Neves nessa empreitada foi lidar com a ausência de instrumentos jurídicos adequados à sensibilidade e complexidade dessas questões. Os conceitos envolvendo a renúncia à titularidade de direitos foram construídos para endereçar questões puramente patrimoniais e, portanto, sua aplicação *sic et simpliciter* à privacidade nas redes sociais implica visão reducionista dos interesses em jogo, que superestima a autenticidade e a importância da vontade e relega ao desamparo o usuário vítima dos efeitos da tecnologia. No extremo oposto, a defesa cega do axioma da irrenunciabilidade dos chamados direitos da personalidade inviabiliza a necessária ponderação dos princípios em jogo, que é o que garante a unidade do sistema dentro de sua complexidade. Como destacado por Perlingieri, "não é suficiente, então, insistir sobre a importância dos 'interesses da personalidade no direito privado': é necessário reconstruir o Direito civil não com uma redução ou um aumento de tutela das situações patrimoniais, mas com uma tutela qualitativamente diversa".[5]

Para enfrentar esse desafio, o autor adota cuidadosa postura conciliatória. A despeito da crítica à utilização de direitos subjetivos para a proteção da personalidade, por que moldados para a defesa de pretensões patrimoniais,[6] a obra defende que não há absoluta incompatibilidade com a sua utilização para aspectos existenciais da pessoa humana, de modo a associá-los aos direitos fundamentais, em relação de gênero e espécie. Essa aproximação permite ao autor sustentar a ideia, difundida no âmbito da teoria constitucional, de que em tais direitos há um núcleo essencial intangível, mas também um halo suscetível de

5 PERLINGIERI, Pietro. *O direito civil na legalidade constitucional.* Rio de Janeiro: Renovar, 2008, p. 122.

6 TEPEDINO, Gustavo. A tutela da personalidade no ordenamento civil-constitucional brasileiro. *Temas de direito civil*, 4ª ed. Rio de Janeiro: Renovar, 2008, p. 25-62.

ponderação.[7] A partir disso, Thiago sustenta que as hipóteses de ponderação entre a tutela da personalidade e a autonomia privada poderiam ser entendidas como situações de renúncia de tais direitos, contanto que parciais e limitadas, e desde que não atinjam o núcleo essencial de tais direitos.

Estabelecidas essas premissas dogmáticas no capítulo 1, a obra parte para sua aplicação ao tema específico da privacidade nas redes sociais. Buscando novamente caminho conciliatório, agora entre o juízo que se difundiu de que as pessoas notórias perderiam sua privacidade e a crítica doutrinária de que a pessoa humana jamais pode ser reputada "pública"[8], o autor constrói a ideia de que é possível ao titular, no exercício de sua autonomia, determinar quais informações fazem parte de sua vida pública e, portanto, renunciar, ainda que parcialmente, à privacidade que recairia sobre elas. Entretanto, essa renúncia somente seria válida se tais informações não recaíssem sobre o núcleo essencial da privacidade, ao qual Thiago, resgatando a antiga terminologia dos círculos concêntricos[9] – chama de "intimidade". O capítulo 2 prossegue com a aplicação desse raciocínio às redes sociais: a partir da apresentação geral dos diversos tipos de provedor e da dinâmica da contratação eletrônica pelos usuários, o autor conclui pela insuficiência dos mecanismos de tutela da privacidade na rede, especialmente no que tange aos chamados termos e condições de uso.

O capítulo 3 endereça os efeitos dessas reflexões que, como não podia deixar de ser, atingem primordialmente a responsabilidade civil, campo especialmente sensível a essas transformações sociais. De início, o autor aparta as hipóteses de responsabilidade do provedor por ato próprio – como a divulgação de informação sigilosa do usuário – às quais defende aplicar-se sempre o regime do Código de Defesa do Consumidor, seja contratualmente perante seu usuário, seja frente ao terceiro, na condição de consumidor por equiparação. Já no caso de responsabilidade do provedor por ato de terceiro, é realizado esforço histórico para identificar a aplicação do sistema do *notice and take down*, que teria sido substituído pelo Marco Civil da Internet de modo geral por um *judicial notice and take down*, com a ressalva do art. 21, referente à divulgação

7 Entre outros, v. BARCELLOS, Ana Paula de. *Ponderação, racionalidade e atividade jurisdicional*. Rio de Janeiro: Renovar, 2005, p. 139 e ss. Para um panorama das diversas teorias sobre os direitos fundamentais, v. ainda PEREIRA, Jane Reis Gonçalves. *Interpretação constitucional e direitos fundamentais*. Rio de Janeiro: Renovar, 2006.

8 SCHREIBER, Anderson. *Direitos da personalidade*. São Paulo: Atlas, 2011, p. 138 e ss.

9 A construção da teoria dos círculos concêntricos é atribuída a um debate entre Heinrich Henkel e Heinrich Hubmann, e foi difundida entre nós por COSTA NETO, Paulo José da. *O direito de estar só: a tutela penal da intimidade*. São Paulo: Revista dos Tribunais, 1970. Para uma visão crítica dessa construção, v. DONEDA, Danilo. *Da privacidade à proteção de dados pessoais*. Rio de Janeiro: Renovar, 2006, e LEWICKI, Bruno. Realidade refletida: privacidade e imagem na sociedade vigiada. *Revista trimestral de direito civil*, Rio de Janeiro, v. 27, p. 211-219, jul./set. 2006.

de imagens de cunho sexual – hipótese que o autor defende não se limitar ao *revenge porn*, por não levar em conta a motivação do agente.

Diante desse sistema, a obra conclui pela ausência de responsabilidade por compartilhamento de imagens e informações divulgadas pelo próprio titular, ainda que partilhadas originalmente em grupo restrito, já que configurada renúncia parcial da privacidade. Nas suas palavras, "ao fazer a publicação em uma plataforma que permite, livremente, que qualquer destinatário faça o compartilhamento daquilo que for publicado, o usuário está dando o seu consentimento, ainda que tácito, para a circulação do conteúdo dentro da rede social, ainda que alcance terceiros que não eram originalmente destinatários da postagem". Mesmo nos casos em que o titular não buscava o grande público e se arrepende depois da publicação, isso interferiria somente para a quantificação da indenização, aplicando-se o disposto no artigo 945 do Código Civil referente à concorrência da própria vítima para a causação do dano: "o montante da indenização [...] será inversamente proporcional ao grau de renúncia".

O talento ímpar de Thiago Neves na condução dessa argumentação torna extremante difícil ao leitor discordar de suas conclusões. Sua experiência como docente se reflete em uma redação sistemática e didática e seu talento como advogado se percebe do texto coeso e persuasivo. Mas ainda mais simbólico é constatar, na forma delicada e cuidadosa pela qual o leitor é conduzido ao longo do texto, a gentileza que marca Thiago no seu trato social. O fato de um profissional já consolidado e reconhecido, superando todos os desafios pessoais, se dispor a retornar às salas de aula na condição de aluno, buscando não apenas o título de mestre, mas realmente aberto a colocar em xeque as premissas e certezas que o senso comum sustenta, é prova de enorme generosidade de espírito e humildade. Arrisco-me a sustentar que isso transparece ao longo do texto, na maneira franca, mas cuidadosa com que Thiago defende suas posições. Enfim, o leitor desfrutará de obra rica em qualidades, como reflexo das qualidades de seu autor, e é isso que torna a leitura, além de imprescindível, extremamente aprazível.

Carlos Nelson Konder

APRESENTAÇÃO

Muito já se escreveu sobre a revolução tecnológica e o formidável impacto por ela causado nas relações jurídicas. Dentre os instigantes problemas introduzidos pela informática encontram-se os novos contornos da privacidade, redesenhada pela avassaladora exposição propiciada pela mídia eletrônica e pelas redes sociais. Afinal, como proteger a pessoa humana dos danos causados pela utilização abusiva ou ilícita de dados pessoais, cuja divulgação indesejada se agiganta e se multiplica com velocidade impressionante, tornando por vezes incontrolável a violação à imagem, à honra, à privacidade e a diversos outros direitos da personalidade? Introduziu-se no vernáculo, de modo eloquente, o neologismo *viralizar*, a aludir à propagação como vírus de notícias e imagens, por vezes nefastas e portadoras de danos morais irreversíveis para a pessoa humana, usuária ou não das redes sociais.

Com o propósito de definir os limites entre a liberdade de atuação nas redes sociais, que há de ser evidentemente promovida, e a tutela à privacidade, indispensável à sociedade democrática, dedica-se na presente obra, com acuidade, o Professor Thiago Ferreira Cardoso Neves.

O autor, advogado militante, professor de renomadas instituições de ensino e Mestre em Direito Civil pela Universidade do Estado do Rio de Janeiro – UERJ, investiga pormenorizadamente o tema, e em especial as situações de exposição indevida das pessoas, em que a privacidade resta violada. Examina-se, nessa direção, a possibilidade e contornos da renúncia aos direitos de privacidade e intimidade, bem como sua possível violação por terceiros que, se utilizando dos dados disponibilizados pelos próprios sujeitos, atribuem a eles destinação não autorizada.

Para tanto, o trabalho inicia-se com abordagem ampla dos direitos da personalidade na contemporaneidade, trazendo ao debate as ideias de tutela da dignidade da pessoa humana em suas relações existenciais. Propõe-se, nessa direção, requisitos e parâmetros capazes de legitimar o exercício da renúncia dos supracitados direitos, frente às polêmicas que se apresentam, e à luz do confronto entre a tutela da dignidade da pessoa humana e a autonomia privada.

Em seguida, no segundo capítulo, analisa-se a privacidade e sua evolução conceitual, constatando-se o atual caráter difuso de seu significado, em face dos múltiplos interesses existenciais que a circundam. Discute-se, ainda, a polêmica referente ao núcleo essencial da privacidade, adentrando a investigação específica acerca da tutela da privacidade nas redes sociais, com profícuo exame da regulamentação legal.

Finalmente, no terceiro capítulo, enfrenta-se a responsabilidade por danos decorrentes da violação à privacidade. Levantam-se as hipóteses de sua tutela jurídica, examinando-se, em especial, os casos de ressarcimento decorrente de danos causados a usuários nos novos meios de comunicação de massa. Analisa-se a responsabilidade dos provedores, tanto por ato próprio, quanto por ato de terceiro, bem como a temática dos danos causados por terceiros através da utilização de dados disponibilizados voluntariamente pelos usuários em redes sociais.

Todas essas questões, atualíssimas, são enfrentadas com seriedade e profundidade por Thiago Neves, figura cativante e que se vale de sua experiência como advogado e professor para fazer convergir os subsídios teóricos da academia com a preocupação prática adquirida ao longo de sua experiência forense. A obra torna-se assim instrumento útil para consulta e reflexão sobre os novos rumos dos direitos da personalidade e da responsabilidade civil.

Gustavo Tepedino

NOTA DO AUTOR

Este livro é fruto, com adaptações e atualizações, da minha dissertação apresentada como requisito para a obtenção do título de mestre no curso de pós-graduação *stricto sensu* em Direito Civil da Universidade do Estado do Rio de Janeiro, na qual obtive aprovação com nota máxima pela banca formada pelos Professores Carlos Nelson Konder, Gustavo Tepedino e Caitlin Mulholland, que fizeram esta conquista ser ainda mais valiosa, dadas as difíceis arguições feitas durante a defesa do trabalho.

A ideia inicial do tema surgiu dos diversos acontecimentos noticiados diuturnamente na imprensa, bem como dos inúmeros casos existentes no Judiciário, em que há a utilização desvirtuada de imagens, vídeos e informações dos indivíduos nas redes sociais, após eles mesmos terem veiculado publicamente o conteúdo, atingindo negativamente a sua esfera jurídica, inclusive com graves consequências, como em diversos casos de suicídio cometido por aqueles que, após a ilimitada circulação, não conseguiam mais conviver com a dor e a vergonha decorrentes da exposição pública.

Embora seja uma importante ferramenta de circulação de ideias e informações, as redes sociais acabam não sendo, muitas vezes, bem utilizadas pelos usuários, que as empregam, em um grande número de casos, apenas como uma forma de promoção pessoal e visando obter os seus 15 minutos de fama, abrindo as portas da sua vida privada para que todos tenham acesso a ela, expondo-se quase que sem limites.

Como consequência, acabam sendo alvo de terceiros que, se aproveitando do conteúdo disponibilizado pelo próprio sujeito, utilizam-no de modo indevido, causando-lhe constrangimentos pela sua divulgação descontextualizada.

Por esses graves problemas que se apresentam, o texto busca encontrar os fundamentos jurídicos que legitimam a conduta do indivíduo de se expor, voluntária e quase de modo irrestrito, nas redes sociais, propondo soluções jurídicas e oferecendo sugestões ao debate de uma questão que cresce em progressão geométrica, e que tende a se agravar, ante o desenvolvimento avassalador desses novos meios de comunicação que, por certo, crescerão ainda mais, com o surgimento de novas tecnologias.

Além desse propósito, busca-se também fazer um alerta para aqueles que fazem um uso descuidado, e muitas vezes irracional, das redes sociais, causando prejuízos a terceiros e a si próprios.

Deve-se ressalvar, contudo, que o livro não visa dar uma solução definitiva a essas tormentosas questões, mas sim suscitar o debate para um importante fato social e, portanto, jurídico, cada vez mais comum na vida das pessoas, pois as estatísticas comprovam, de modo estarrecedor, o grau de alcance das redes sociais na comunidade global em que vivemos.

Aproveito, por fim, para agradecer mais uma vez à UERJ, nas pessoas de seus professores, amigos e alunos, pela oportunidade de ingressar e aprofundar neste e em outros temas relevantes, através de instigantes debates e preciosas lições ministradas durante as aulas, que me permitiram construir as bases e o arcabouço teórico para o desenvolvimento deste texto.

SUMÁRIO

INTRODUÇÃO

Arnaldo é usuário assíduo das redes sociais, e através dela contata amigos, divulga fotos e vídeos do seu dia-a-dia e busca as mais variadas formas de entretenimento. Um dia, ao acessar pela manhã o seu perfil, deparou-se com uma enxurrada de comentários e curtidas envolvendo uma publicação sua que foi compartilhada na rede. Ao clicar no *link* de compartilhamento, percebe que uma fotografia que havia postado alguns dias antes, de um churrasco de família em que as pessoas, visivelmente embriagadas em volta da churrasqueira, faziam poses cômicas, passou a circular com um título irônico, fazendo alusão a um evento característico de famílias de baixa renda do subúrbio do Rio de Janeiro, o que lhe causou inúmeros aborrecimentos e constrangimentos.

Gleice, uma adolescente de 16 anos, permitiu-se filmar em uma relação sexual que manteve com outros dois adolescentes, que ela conhecia na escola em que estudava. O que ela não esperava era que seus dois "amigos", algum tempo após o ato, fariam circular, através das redes sociais, o vídeo que registrou a relação íntima do trio. Desesperada com a repercussão, e se sentindo envergonhada perante familiares, amigos e até desconhecidos, cometeu suicídio, pondo fim precocemente à sua vida.

Vanessa, deputada estadual, também tem como *hobbie* publicar nas redes sociais o seu dia-a-dia, inclusive postando fotos de momentos mais íntimos, como o da hora de dormir. Aproveitando uma dessas postagens, um desafeto político recirculou na rede uma imagem em que a deputada vestia uma camisola, acompanhando a publicação com expressões jocosas e pejorativas contra ela. Indignada, a parlamentar se insurgiu publicamente contra o ato, o que gerou um desagravo público do Presidente da Assembleia Legislativa do Estado em que a deputada exercia suas atividades.

Ao contrário do que se anuncia nas novelas, a semelhança dos fatos aqui narrados com a realidade não é uma mera coincidência. Ao contrário, todos eles foram extraídos, apenas com a modificação dos nomes e com singelas adaptações, de notícias amplamente veiculadas na mídia e de situações narradas a este interlocutor. Têm eles em comum o fato de terem sido descobertas, reveladas ou difundidas situações da vida privada de indivíduos nas redes sociais, em decorrência de exposição feita de modo voluntário pela própria vítima, o que vem se tornando corriqueiro no dia-a-dia das sociedades ao redor do mundo, fruto do desenvolvimento das novas ferramentas de comunicação.

E esse fenômeno não é exclusivamente nacional, apesar de os brasileiros terem uma maior disposição em abrir sua vida e intimidade para outras pessoas, dada à sua própria cultura, sendo um povo mundialmente conhecido pela receptividade e pela abertura às mais diversas relações.

Trata-se, em verdade, de um fenômeno mundial, fruto do próprio desenvolvimento dos meios de comunicação, que cresce e se expande de forma incomensurável. Essa revolução causada, especialmente, pela internet é um fato inexorável, não sendo possível conter a expansão da informação e a sede de conhecimento que impulsiona a sociedade. Hábitos, linguagem, vestuário e tudo o mais que diz respeito à cultura dos povos vêm sendo influenciados e transformados pelos veículos de comunicação digitais. O que se vê, nesse cenário, são sociedades multiculturais, com uma verdadeira confusão entre os povos. Há, de fato, uma comunidade global.

Com esses avanços, o relacionamento entre as pessoas não encontra mais barreiras. Indivíduos que outrora jamais poderiam se encontrar ou se conhecer, e muito menos se comunicar, hoje se relacionam na velocidade do clique de um *mouse* ou, simplesmente, através do toque da tela de um computador, *tablet* ou celular. O tempo das cartas em papel, em que os correspondentes aguardavam ansiosamente pela chegada de uma notícia ou resposta, não voltam mais.

Esse saudosismo, no entanto, não deve ser encarado como uma crítica aos avanços da tecnologia. As vantagens trazidas por esses modernos meios de comunicação fazem com que não sintamos mais saudades de um período em que, mesmo que se possa chamá-lo de romântico, trazia inúmeras limitações às pessoas. É muito comum, inclusive, ouvirmos atualmente os indivíduos se questionando como era possível viver, por exemplo, sem um celular, ou mesmo que se sentem nus ao sair de casa sem ele.

Os românticos à moda antiga, como é possível perceber, não têm mais vez. Em lugar de flores e chocolates, uma "curtida" na rede social ou uma mensagem pelo *WhatsApp*, se possível anexando a ela um emoticon[1]

1 Forma de comunicação paralinguística, um emoticon, palavra derivada da junção dos seguintes termos em inglês: *emotion* (emoção) + *icon* **(ícone) (em alguns casos chamado** smiley) é uma sequência de caracteres tipográficos, tais como:

ou uma foto, já atendem àqueles propósitos e muitas vezes trazem mais sorrisos e sentimento de satisfação do que gestos reais. Até as ligações telefônicas têm se tornado obsoletas.

Nessa revolução tecnológica e digital dos meios de comunicação estão, principalmente, as redes sociais, que permitem uma quase irrestrita interação entre as pessoas e possibilitam uma intensa troca de informações, dados, imagens e vídeos entre sujeitos, não importando a distância em que estejam uns dos outros.

Mas, essa ampla possibilidade de acesso às pessoas e a imensa facilidade de comunicação apresentam, também, a sua face mais perversa. A diminuição do constrangimento e do medo de adotar certas posturas pelo fato de estar atrás da tela de um computador, de um celular ou outro dispositivo eletrônico, e o desejo de ser reconhecido no meio virtual e social, tendo seus 15 minutos de fama, através da divulgação a amigos, conhecidos e demais pessoas do maior número possível de informações sobre si, leva um grande número de indivíduos a uma excessiva exposição da sua privacidade.

Obviamente que essa superexposição traz inúmeras consequências danosas à pessoa que se vê, posteriormente, muitas vezes vilipendiada em sua honra, moral, imagem e, particularmente, privacidade, em decorrência da exibição pública e ilimitada de informações, fotos e vídeos, até mesmo íntimos, nas redes sociais. Diante desses fatos que são verdadeiramente alarmantes, muitos questionam o que é possível fazer para impedi-los ou, ao menos, minimizar seus efeitos traumáticos.

Discute-se se o ordenamento jurídico oferece ferramentas adequadas à proteção dos indivíduos, e até se é possível intervir na esfera da liberdade das pessoas, em sua autonomia privada, para impedir que elas sejam vítimas de sua própria liberdade, impondo limites a certas publicações. Mas, de todos os questionamentos, o que se revela mais importante é saber se as pessoas desejam essa intervenção e proteção, e se estão dispostas a arcar com as consequências de uma liberdade quase irrestrita.

:), ou ^-^ e :-); ou, também, uma imagem (usualmente, pequena), que traduz ou quer transmitir o estado psicológico ou emotivo de quem os emprega, por meio de **ícones** ilustrativos de uma expressão facial. Conceito extraído da enciclopédia livre Wikipédia, disponível em http://pt.wikipedia.org/wiki/Emoticon, e acessado em 04 de setembro de 2014.

Sem prejuízo dessas questões instigantes, merece destaque o tormentoso problema da responsabilidade, de provedores e de terceiros, pela veiculação dessas informações, que em grande parte das vezes são disponibilizadas pelas próprias pessoas através de suas páginas pessoais nas redes sociais. Sobre este aspecto, questiona-se se esse agir da vítima, contra a sua própria privacidade, poderia trazer alguma influência no dever de reparar que recai sobre o agente causador do dano.

Por certo, não se pretende aqui estabelecer verdades absolutas, até porque ninguém é dono delas. Aliás, o direito não é uma ciência exata, o que impede a existência de conclusões imutáveis. O objetivo deste livro, então, é colaborar para o debate público dessas importantes questões sociais e jurídicas, auxiliando principalmente na solução a ser dada pelo Poder Judiciário no âmbito da tutela ressarcitória do indivíduo que se vê vítima de sua própria conduta.

Justifica-se a presente pesquisa pela crescente evolução e difusão dos meios eletrônicos de comunicação, em especial as redes sociais, nas quais a privacidade e a intimidade alheia viraram grande objeto de entretenimento. Esse aumento de adeptos dessas novas ferramentas se deve à ilimitada gama de questões e temas que podem ser tratados através das redes, que variam desde assuntos profissionais da mais alta complexidade, até relacionamentos pessoais íntimos.

Deste modo, informações circulam livremente através deste instrumento tecnológico, o que, por certo, acaba repercutindo na esfera jurídica das pessoas, particularmente nas situações jurídicas existenciais, cuja importância decorre do postulado da dignidade da pessoa humana. Assim, em razão destes efeitos jurídicos, essas questões devem ser objeto de estudo e debate pelos acadêmicos e operadores do direito.

É sob esse contexto que o texto se desenvolve, mediante a investigação e a problematização particularmente das relações de natureza pessoal no que toca à exposição da vida privada das pessoas, examinando-se a possibilidade e os limites da renúncia da privacidade e da intimidade, e a consequente violação por terceiros que, utilizando-se das próprias informações disponibilizadas pelos sujeitos, dá a elas uma destinação não autorizada ou fora da conotação original, descontextualizando-as.

Para tal, o texto se inicia com uma abordagem mais ampla sobre os direitos da personalidade, discutindo as polêmicas que dizem respeito à sua natureza e o seu fundamento. Posteriormente, e ainda no Capítulo 1, discutimos a problemática da possibilidade, ou não, de renúncia aos direitos da personalidade, confrontando-se a tutela da dignidade da pessoa humana com a autonomia privada, que dela também decorre. Por fim, propusemos alguns requisitos para o exercício da renúncia, em especial da privacidade, dando ênfase aos limites para tal.

O Capítulo 2 volta-se à privacidade, em que buscamos examinar a sua evolução conceitual e o seu conteúdo atual, o qual se revela difuso, dados os vários interesses existenciais que circundam a privacidade hodiernamente. Enfrentamos, ainda, a polêmica acerca do núcleo essencial da privacidade, que se entende, aqui, ser a privacidade, sem deixar de apresentar as controvérsias que envolvem o tema. Em um segundo momento, dirigimos o estudo para as redes sociais e o exercício e a tutela da privacidade nesses novos meios de comunicação de massa, dando destaque, em seu final, ao Marco Civil da Internet, que estabeleceu diversos mecanismos de defesa e de proteção da vida privada e íntima das pessoas.

No terceiro e último capítulo enfrentamos a questão da tutela jurídica da privacidade, a qual pode se dar de diversas formas, com o objetivo de impedir a ocorrência do ilícito, removê-lo e, especialmente, ressarcir os danos sofridos pela violação à esfera privada dos indivíduos. Em seguida, examinamos aqueles que são os pontos centrais da discussão, que dizem respeito à responsabilidade pelos danos causados aos usuários das redes sociais. Primeiramente, de modo introdutório, analisamos a questão da responsabilidade dos provedores pela violação da privacidade, tanto por ato próprio, quanto por ato de terceiro. Depois, e por fim, enfrentamos a questão dos danos causados por terceiros pela utilização de dados, informações e imagens disponibilizados voluntariamente pelos usuários nas redes sociais.

O tema objeto deste trabalho é apresentado e enfrentado incialmente a partir do exame da legislação brasileira vigente, em observância aos princípios e regras existentes, buscando-se o fundamento jurídico tanto da vedação e ilimitação à renúncia dos direitos da personalidade, quanto da plena liberdade do indivíduo, confrontando-se todos esses aspectos com a doutrina nacional e alienígena acerca do tema.

Para enriquecer a análise, utilizamos de modo ilustrativo alguns casos noticiados na mídia, nos quais se incluem aqueles que não foram levados ao Judiciário, bem como aqueles judicializados e que já têm uma solução dos órgãos julgadores, hipóteses estas em que apresentamos os respectivos precedentes.

A partir da coleta dessas fontes, jurídicas e fáticas, fizemos uma análise crítica das situações, a fim de se buscar uma solução equânime e justa, sempre tendo como norte a plena realização e proteção da pessoa, sem deixar de observar as polêmicas que permeiam a matéria.

Esperamos, com este livro, que haja uma reflexão sobre o uso das redes sociais, especialmente no que toca à privacidade, que acaba deixada em segundo plano em prol de interesses outros, que não a plena realização da dignidade humana, mas sim a mera promoção e exposição pessoal, deixando vulnerável aquela que é um importante instrumento para a formação e o desenvolvimento da personalidade.

CAPÍTULO 1

OS DIREITOS DA PERSONALIDADE E SUA IRRENUNCIABILIDADE

1.1. A dignidade da pessoa humana e a fundamentalidade dos direitos da personalidade

1.1.1. A personalidade e os direitos da personalidade

Falar sobre a dignidade da pessoa humana e os direitos da personalidade é falar sobre o homem e as repercussões jurídicas que decorrem de situações intimamente ligadas a ele, pois tais conceitos dizem respeito a valores intrínsecos à condição humana. Não por outra razão, os direitos da personalidade estão inseridos no âmbito das situações subjetivas existenciais, as quais se diferem fundamentalmente das patrimoniais na medida em que cuidam da tutela jurídica da pessoa, e não dos bens materiais por ela titularizados.[1]

Por isso, desde logo, é inevitável alertar para o fato de que tratar dessas questões não é uma tarefa fácil. Cientistas, filósofos, religiosos e até mesmo poetas vêm se debruçando há séculos sobre os mistérios do homem e da natureza humana. Aspectos físicos, psíquicos, espirituais, sentimentais e afetivos já renderam inúmeros trabalhos científicos e obras literárias de especialistas e de figuras renomadas.

Ainda assim, a mente e o coração do homem permanecem indecifráveis, quase insondáveis. Enfermidades do corpo, não raras as vezes, podem ser diagnosticadas, contornadas e solucionadas, mas aquelas da alma, que dizem respeito aos sentimentos como o amor, o ódio (em verdade, o contrário do amor é a indiferença, e não o ódio, que é o pior sentimento que a pessoa amada pode nutrir pelo amante), a admiração, a inveja, a angústia e a paz são impossíveis de se definir.

---

1 Na lição de Pietro Perlingieri, a personalidade, e seus chamados direitos, insere-se na categoria do ser, constituindo um verdadeiro valor que se encontra na base de uma gama ilimitada de situações existenciais, as quais reclamam uma incessante tutela jurídica. PERLIGIERI, Pietro. *Perfis de direito civil*: introdução ao direito civil constitucional. 3ª ed. Rio de Janeiro: Renovar, 2007. p. 155-156.

É possível, apenas, dar exemplos de casos em que esses sentimentos estão presentes, mas qualquer tentativa de conceituá-los, tal qual se faz com os institutos jurídicos, será fracassada. Na verdade, apenas a pessoa que os sente consegue compreender a dimensão e a exatidão de cada um deles. Este é o homem e seus mistérios.

Mas, ainda que no campo de outras ciências e do conhecimento humano seja difícil abordar o tema, no campo do direito é possível fazer um corte, examinando-se as repercussões jurídicas que essas questões apresentam. É com essa observação que serão apresentados os direitos da personalidade e seu fundamento, isto é, aquilo que fundamenta a sua existência no mundo do direito e justifica a sua proteção jurídica.

Para essa missão quase impossível, é preciso se afastar das complexidades que envolvem o íntimo do ser. E isso porque, embora os direitos da personalidade estejam umbilicalmente ligados aos sentimentos que as pessoas têm sobre si mesmas, e aqueles que as pessoas têm sobre as demais, a sua tutela e repercussão no campo jurídico devem ser examinados objetivamente a partir das relações jurídicas, que é o que interessa para o direito.[2]

Por isso, ainda que o exame dos direitos da personalidade e do seu merecimento de tutela dependa, em certos termos, de uma análise da pessoa e do seu íntimo, e de como ela pretende formar a sua própria personalidade, a sua existência e a sua proteção jurídica dependem do seu reconhecimento como um instituto jurídico.

E a grande dificuldade dessa separação decorre da própria fusão entre os conceitos de pessoa e de personalidade e, consequentemente, de personalidade jurídica e dos direitos da personalidade.

Nesse sentido, é importante destacar a própria origem da palavra personalidade. Ela advém da palavra pessoa, cuja derivação vem do latim *persona*, que significa máscara. *Persona* era a máscara utilizada pelos atores do teatro romano, e que tinha como objetivo

---

2 Sobre essa questão envolvendo o âmbito de incidência dos direitos da personalidade, assim se expressou Rubens Limongi França: "Há três campos básicos dentro dos quais incidem as relações jurídicas: a) a própria pessoa; b) a pessoa ampliada na família; c) o mundo exterior. Ao mundo exterior correspondem os Direitos Patrimoniais. A pessoa ampliada na família, os Direitos de Família. A própria pessoa, os Direitos da Personalidade, matéria da presente exposição" (FRANÇA, Rubens Limongi. Direitos da personalidade: coordenadas fundamentais. *Revista dos Tribunais*. v. 72, nº 567, p. 9, jan. 1983).

identificar as características pessoais e a personalidade de cada personagem, de modo que a pessoa era identificada pela máscara que utilizava. E a correspondência é bem adequada.[3]

A pessoa é, portanto, aquilo que o ser humano representa e se apresenta no meio social em que vive, e a personalidade de cada um, com seus aspectos físicos, psíquicos e morais, tem grande importância na identificação e individualização de cada um nesse meio.

Sem prejuízo, no âmbito jurídico o conceito de personalidade ganha contornos diversos. Assim, no campo do direito, a personalidade pode ser vista sob dois aspectos: o técnico-jurídico e o natural.[4] No primeiro deles, a personalidade é sinônimo de personalidade jurídica, aí se confundindo com a capacidade jurídica, isto é, a aptidão genérica da pessoa para ter direitos e obrigações. Já sob a acepção natural, a personalidade é o conjunto dos atributos humanos, ou seja, o conjunto das características pessoais de cada um. E é sob esse segundo aspecto que se identifica a personalidade e os direitos a ela inerentes, ponto central do presente estudo.

Por essa razão, falar em direitos da personalidade é falar dos atributos inatos à pessoa humana,[5] aquelas características e adjetivos que a integram pelo simples fato de ser uma pessoa.[6] Não por outro

---

3 Na lição de Miguel Reale, "a 'pessoa' é a dimensão ou veste social do homem, aquilo que o distingue e o 'presenta' e projeta na sociedade, para que ele possa ser, de maneira autônoma, o que corresponde às virtualidades de seu ser individual" (REALE, Miguel. *Lições preliminares de direito*. 27ª ed. São Paulo: Saraiva, 2006. p. 231).

4 Esses aspectos ou acepções da personalidade foram identificados por San Tiago Dantas. DANTAS, San Tiago. *Programa de Direito Civil*: parte geral. v. 1. Rio de Janeiro: Rio, 1979. p. 192.

5 Sobre o conceito de direitos da personalidade, explicitam Pablo Stolze Gagaliano e Rodolfo Pamplona Filho que são "aqueles que têm por objeto os atributos físicos, psíquicos e morais da pessoa em si e em suas projeções naturais" (GAGLIANO, Pablo Stolze; PAMPLONA FILHO, Rodolfo. *Novo curso de Direito Civil*: parte geral. v. 1. 5ª ed. São Paulo: Saraiva, 2004. p. 144). Já na lição de Washington de Barros Monteiro, os direitos da personalidade são aqueles direitos inerentes à personalidade da pessoa (MONTEIRO, Washington de Barros. *Curso de Direito Civil*: parte geral. v. 1. 41ª ed. São Paulo: Saraiva, 2007. p. 96).

6 Assim expressa Orlando Gomes: "Sob a denominação de direitos da personalidade, compreendem-se direitos considerados essenciais à pessoa humana, que a doutrina moderna preconiza e disciplina, a fim de resguardar a sua dignidade". (GOMES, Orlando. *Introdução ao Direito Civil*. 18ª ed. Rio de Janeiro: Forense, 2001. p. 148). No mesmo sentido, é a definição de Gustavo Tepedino: "Compreendem-se, sob a denominação de direitos da personalidade, os direitos atinentes à tutela da pes-

motivo diz-se que os direitos da personalidade são direitos inerentes à condição humana,[7] e como tais são naturalmente merecedores de tutela.

Isso significa que, se o indivíduo, uma vez considerado uma pessoa, adquire personalidade jurídica e pode ser considerado um sujeito de direitos, é induvidoso que aqueles direitos que emanam da própria condição humana devem ser reconhecidos e protegidos.[8]

Estão eles, nesse sentido, inseridos no campo dos direitos do homem, aquilo que no campo do direito público convencionou-se chamar de direitos humanos, na medida em que representam os valores

---

soa humana, considerados essenciais à sua dignidade e integridade". (TEPEDINO, Gustavo. A tutela da personalidade no ordenamento civil-constitucional brasileiro. In: *Temas de direito civil.* 4ª ed. Rio de Janeiro: Renovar, 2008. p. 26). Ampliando o conceito de direitos da personalidade, afirma Jorge Miranda que eles "são posições jurídicas fundamentais do homem que ele tem pelo simples facto de nascer e viver; são aspectos imediatos da exigência de integração do homem; são condições essenciais ao seu *ser* e devir; revelam o conteúdo necessário da personalidade; são emanações da personalidade em si; são direitos de exigir de outrem o respeito da própria personalidade; têm por objeto, não algo de exterior ao sujeito, mas modos de ser físicos e morais da pessoa ou bens da personalidade física, moral e jurídica ou manifestações parcelares da personalidade humana ou a defesa da própria dignidade". (MIRANDA, Jorge. *Manual de Direito Constitucional*: direitos fundamentais. t. IV. 5ª ed. Coimbra: Coimbra Editora, 2012. p. 73-74).

---

7 BITTAR, Carlos Alberto. *Os direitos da personalidade.*7ª ed. rev. e atual. de acordo com o novo Código Civil por Eduardo C. Bittar. Rio de Janeiro: Forense Universitária, 2006. p. 07.

8 A questão se revela interessante quando se discute a fonte dos direitos da personalidade, e sob essa questão, duas grandes escolas se digladiam: a positivista e a jusnaturalista. Para os positivistas, não é possível a existência de direitos inatos à condição de pessoa, exigindo-se um reconhecimento jurídico deles. Portanto, só são considerados direitos da personalidade aqueles que estejam expressamente previstos e que sejam reconhecidos pelo Estado. Já para os jusnaturalistas, os direitos da personalidade são reconhecidos como direitos inerentes à pessoa humana, correspondendo às faculdades exercitadas naturalmente pelo homem. Por essa razão, compete "ao Estado apenas reconhecê-los e sancioná-los em um outro plano do direito positivo – em nível constitucional ou em nível de legislação ordinária –, e dotando-os de proteção própria, conforme o tipo de relacionamento a que se volte, a saber: contra o arbítrio do poder público ou as incursões de particulares" (BITTAR. Op. cit. p. 07). Sobre essa questão, crê-se que a razão está com os jusnaturalistas. A pessoa humana, apenas por ostentar essa condição, já lhe tem assegurada a titularidade dos direitos da personalidade, independentemente de expressa previsão legal, uma vez que tais direitos consistem em atributos da própria pessoa humana, sendo, pois, inadmissível reconhecer a existência de uma pessoa sem lhe garantir direitos mínimos essenciais ao reconhecimento da sua própria condição humana.

e direitos universais de toda e qualquer pessoa.[9] E esse é o significado dos direitos da personalidade. São eles direitos inatos ao homem e que emanam da sua própria condição de pessoa humana, visando a sua plena realização e a proteção da sua esfera física, psíquica e moral.[10]

Esse reconhecimento, inclusive, traz consequências relevantes. Exatamente por se caracterizarem como emanações da pessoa, a lista dos direitos da personalidade é inesgotável. Isso porque, tudo o que dela decorre e que é necessário à sua formação e desenvolvimento deve ser considerado um direito inato e, consequentemente, merecedor de tutela jurídica

Isso significa que não há um rol taxativo dos direitos da personalidade.[11] Todos aqueles atributos e características inerentes à pessoa humana, e necessários à sua completa realização pessoal, do ponto de vista físico, psíquico, moral e jurídico, se enquadram como direitos da personalidade.

Assim, muito embora a Constituição Federal e o Código Civil tenham se limitado a enumerar alguns deles como, por exemplo, a honra, a imagem, a intimidade, o nome e, particularmente, a privacidade, que mais interessa ao presente estudo, isso não significa que os direitos da personalidade a eles se restringem.

Trata-se, portanto, de uma lista indefinida, que não se esgota na mera previsão constitucional ou legal. E de outro modo não poderia ser. Os direitos da personalidade decorrem diretamente da pessoa humana, cuja tutela da dignidade foi erigida a fundamento do Estado

---

9 Por isso, é comum afirmar-se que a diferença entre as expressões *direitos humanos, direitos fundamentais* e *direitos da personalidade* diz respeito apenas ao campo de estudo, em que os primeiros sao objeto do direito internacional, os segundos do direito constitucional, e os últimos do direito privado e, mais particularmente, o direito civil. Sobre o tema, ver SCHREIBER, Anderson. *Direitos da personalidade*. 3ª ed. rev. e atual. São Paulo: Atlas, 2014. p. 13.

10 Segundo Guilherme Calmon Nogueira da Gama, "Os direitos da personalidade, ao integrarem os direitos do homem, acabam por englobar todas as suas características, desenvolvendo-se no âmbito da vida pessoal ou na vida social" (GAMA, Guilherme Calmon Nogueira da. *Direito civil*: parte geral. São Paulo: Atlas, 2006. p. 29).

11 No mesmo sentido, Maria Celina Bodin de Moraes (MORAES, Maria Celina Bodin de. *Danos à pessoa humana:* uma leitura civil-constitucional dos danos morais. Rio de Janeiro: Renovar, 2003. p. 117) e Anderson Schreiber (SCHREIBER. Op. cit. p. 14). Pietro Perlingieri apresenta a discussão acerca da tipicidade – série fechada –, ou não, dos direitos da personalidade, concluindo pela sua atipicidade. PERLIGIERI. Op. cit. p. 154-155.

Democrático de Direito no art. 1º, III, da Constituição Federal pelo postulado da dignidade da pessoa humana, o qual assegura o mínimo essencial e necessário a uma vida digna e à plena realização do indivíduo enquanto pessoa.

Por essa razão, não poderia haver uma limitação ou uma tarifação dos direitos da personalidade e, consequentemente, da dignidade, mediante o estabelecimento de um rol taxativo e limitado dos direitos inatos, sob pena de se limitar a própria pessoa humana, cuja dignidade, como dito, é um dos fundamentos do Estado Democrático de Direito.[12]

1.1.2. O problema da definição da natureza jurídica dos direitos da personalidade

A definição da natureza jurídica dos direitos da personalidade é uma questão historicamente controversa que, ainda hoje, suscita inúmeros debates. A grande dificuldade na definição da sua natureza diz respeito ao seu reconhecimento, ou não, como direitos subjetivos.

Quem titulariza direitos é um sujeito de direitos, isto é, uma pessoa natural ou jurídica que tem em seu patrimônio um conjunto de relações jurídicas e direitos. Estes, por consequência, são o objeto sobre o qual recai o domínio do titular.

Dentre esses direitos passíveis de domínio têm-se os direitos subjetivos, que se caracterizam como poderes que a ordem jurídica confere a uma pessoa de agir e de exigir de outra um determinado comportamento.[13]

Nessa esteira, reconhecer a natureza dos direitos da personalidade como direitos subjetivos tem como consequência o reconhecimento de que o sujeito tem um poder sobre sua personalidade em sua acepção natural, de modo que ele exerce um poder sobre seus atributos naturais como a honra, a imagem, a privacidade e sua integri-

12 Consoante lição de Maria Celina Bodin de Moraes, "não há mais, de fato, que se discutir sobre uma enumeração taxativa ou exemplificativa dos direitos da personalidade, porque se está em presença, a partir do princípio constitucional da dignidade, de uma cláusula geral de tutela da pessoa humana". MORAES. Op. cit. p. 117.

13 Conforme Francisco Amaral, "Direito subjetivo é o poder que a ordem jurídica confere a alguém de agir e de exigir de outrem determinado comportamento". AMARAL, Francisco. *Direito civil:* introdução. 7ª ed. Rio de Janeiro: Renovar, 2008. p. 224.

dade física, psíquica e moral. Dito de outra forma, a pessoa exerce direitos sobre si mesma, aí se evoluindo a ideia do antigo *ius in se ipsum*.[14]

Essa conclusão de que uma pessoa pode exercer direitos sobre si mesma levou ao surgimento, no século XIX, das teorias negativistas[15], que negavam a categoria dos direitos da personalidade como direitos subjetivos, e isso porque não seria possível admitir, segundo o entendimento de seus defensores, que a pessoa pudesse ser, ao mesmo tempo, a titular e o próprio objeto de direitos.

A ideia de que uma pessoa poderia ser objeto de direitos remetia à antiguidade, em que seres humanos eram escravizados, tratados como bens materiais, constituindo-se, assim, em bens passíveis de serem adquiridos por terceiros.

Por essa razão, restou famosa a proposição de Savigny que, ao negar a existência dos direitos da personalidade, invocava, em reação àqueles que os reconheciam como direitos, a legitimação do suicídio e da automutilação. Na visão do jurista alemão, se o sujeito é titular de direitos sobre si mesmo, pode ele, sem qualquer reprimenda, dar fim à sua própria vida ou arruiná-la da forma que quiser, seja sob o aspecto físico, seja sob o psíquico.

Para Von Thur, que também negava a categoria de direitos aos direitos da personalidade, estes seriam uma mera reação do ordenamento contra atos lesivos à pessoa, especialmente no campo da responsabilidade civil. Seriam, então, meras disposições legais, reflexos do direito objetivo, visando a proteção do homem contra atos ofensivos, e não direitos titularizados pelo sujeito que também admitiriam sua livre disposição.[16]

---

14 Assim entendiam Savigny, Von Thur e Enneccerus. Ver SZANIAWSKI, Elimar. *Direitos da personalidade e sua tutela*. 2ª ed. São Paulo: RT, 2005. p. 72.

15 Para um exame mais aprofundado do tema, ver TEPEDINO. Op. cit. 2008. p. 25.

16 Em sentido semelhante é o entendimento do francês Paul Roubier, que negava a existência de direitos da personalidade no sentido próprio do termo, "porque esses pretensos direitos não correspondem à definição de direito subjetivo. Para Roubier, os direitos subjetivos devem ser inseridos num quadro de atividades jurídicas. A aplicação da norma jurídica, que é sempre geral, abstrata e impessoal, dá nascimento a situações jurídicas individuais e concretas. Estas situações jurídicas são consideradas como direitos subjetivos, devido à inspiração liberal e individualistas do direito civil. Já os positivistas encaram as mencionadas situações jurídicas como meras situações objetivas. Neste passo, existem, igualmente, direitos subjetivos e situações objetivas no ordenamento jurídico. [...] Partindo dessa definição, sustenta Paul Roubier, que as situações jurídicas designadas sob o nome

Já Enneccerus tratava os direitos da personalidade como um poder jurídico de alguém sobre sua própria pessoa, de modo que, embora não fossem direitos subjetivos, receberiam tutela jurídica, tanto na esfera penal, com a imposição de penas aos agentes, quanto na seara cível, com a possibilidade do exercício de uma pretensão indenizatória em face daqueles que causassem lesão, por exemplo, à honra, à imagem ou à integridade física de uma pessoa.

Mais recentemente, na escola italiana, Pietro Perlingieri trouxe críticas à noção dos direitos da personalidade como direitos subjetivos. Em sua visão, os direitos da personalidade são incompatíveis com a noção de direitos subjetivos porque estes se enquadram na categoria do *ter* e, portanto, afetos às relações patrimoniais, enquanto que os chamados direitos da personalidade se situam na categoria do *ser*, na qual não existe a dualidade entre sujeito e objeto, representando, ambos, o ser.[17]

Assim, a personalidade e, consequentemente, seus atributos, por dizerem respeito às relações subjetivas existenciais, fogem àquela dicotomia, de modo que onde o objeto de tutela é a pessoa, deve-se ter em mente outra perspectiva, pois ela é ao mesmo tempo o sujeito de direito e o ponto de referência objetivo da relação.

Conclui Perlingieri afirmando que a personalidade não se enquadra na categoria dos direitos, consubstanciando-se em verdadeiro *valor* que se encontra na base de uma série aberta de situações existenciais merecedoras de tutela. Deve-se proteger, então, o valor da pessoa.[18]

O que se percebe, da análise dessas perspectivas teóricas, é uma tentativa de dar à pessoa e aos seus atributos um tratamento diferenciado na relação existente entre eles, destacando-se um caráter não dominial, ao contrário do que ocorre nas relações patrimoniais muito características dos direitos subjetivos.

---

de direitos da personalidade, não devem ser assim denominadas. Isso porque o direito subjetivo sendo uma prerrogativa própria de um bem, faz obrigatoriamente parte do patrimônio e, consequentemente, pode seu titular dele dispor. Sendo os direitos da personalidade considerados como interesses dos particulares, será sua proteção assegurada pela responsabilidade civil dos que praticam a lesão. E conclui, finalmente, o autor, afirmando ser esta responsabilidade do causador da lesão uma reação natural contra o ataque a esses interesses dando, portanto, origem a uma situação objetiva e não a um direito subjetivo." SZANIAWSKI. Op. cit. p. 75-76.

17 PERLINGIERI. Op. cit. p. 155.

18 Ibidem. p. 155-156.

No entanto, embora essas construções gozem da adesão de diversos juristas de elevada estatura, autores não menos importantes sustentam a natureza da personalidade, sob seu aspecto natural, como verdadeiros direitos subjetivos, como aqui afirmamos.

Em primeiro lugar, é preciso ter em mente que, não obstante as relações patrimoniais sejam o campo fértil para o cultivo dos direitos subjetivos, pensamos que estes não são absolutamente incompatíveis com as relações subjetivas existenciais.

Como vimos anteriormente, os direitos subjetivos representam um verdadeiro poder de agir da pessoa, segundo sua vontade, e de exigir de outrem um determinado comportamento, assim correspondendo a um dever jurídico imposto aos demais sujeitos. Esse poder de agir, por certo, não se limita aos bens patrimoniais, devendo-se, por certo, ampliar-se o conceito de bem jurídico a partir de uma ótica existencial.

Para melhor compreender essa questão, é preciso retomar a ideia da acepção natural da personalidade que, em contrariedade ao seu aspecto técnico, compreende o conjunto de atributos humanos, como, por exemplo, a honra, a imagem, o nome e a privacidade.

Sob o aspecto jurídico, toda utilidade ou interesse, material ou não, constitui um bem e, como tal, pode ser objeto de uma relação jurídica.[19] Os atributos humanos, embora integrem situações existenciais, se inserem inequivocamente como um dos elementos necessários à formação do sujeito enquanto pessoa autônoma e, assim, o núcleo essencial da dignidade da pessoa humana. Sob esse aspecto, revelam-se inequivocamente como interesses ou utilidades do indivíduo merecedores de tutela.

19 De modo objetivo, assim se expressou Fábio Maria de Mattia ao reconhecer os direitos da personalidade como direitos subjetivos a serem exercidos sobre determinados bens jurídicos que decorrem da própria condição humana: "Os direitos da personalidade integram a categoria dos direitos subjetivos. Os sistemas jurídicos atuais garantem a todo ser humano certos bens jurídicos em decorrência do simples fato de sua existência. Trata-se de direitos inerentes à própria pessoa humana e constituem prerrogativas ou faculdades que permitem a cada ser humano o desenvolvimento de suas aptidões e energias tanto físicas como espirituais, que constituem o conteúdo essencial da personalidade" (MATTIA, Fábio Maria de. Direitos da personalidade: aspectos gerais. *Revista de Informação Legislativa*. v. 14, nº 56, p. 252, out./dez., 1977).

Por essa razão, não há óbice de que um atributo humano possa ser reconhecido como um objeto jurídico, um bem merecedor de tutela jurídica.[20] Assim sendo, isto é, em não havendo impedimento para essa qualificação, os direitos da personalidade devem ser reconhecidos como direitos subjetivos, embora tenham características peculiares que decorram da própria especialidade desses direitos, como a extrapatrimonialidade, pois são elementos integrantes da dignidade humana e, portanto, sem valor patrimonial, assim como o seu caráter absoluto.

Esta última característica decorre do fato de que, por serem universais e dizerem respeito a todas as pessoas indistintamente, devem receber uma proteção jurídica contra ingerências indevidas ou ofensas provocadas por quaisquer sujeitos, constituindo-se, deste modo, em uma situação jurídica subjetiva oponível contra todos.

Vejam, nesse sentido, a questão da privacidade nas redes sociais. Muito embora seja comum vermos pessoas que expõem fatos privados nas redes, isso não autoriza que terceiros invadam o computador desses indivíduos, extraiam determinada informação particular deles, e a publiquem na Internet.

Com efeito, ao contrário do que ocorre com os direitos subjetivos em geral, que são relativos, os direitos da personalidade são absolutos e, dessa forma, impõem um dever geral de abstenção. Trata-se, pois, de um direito *erga omnes*.

Notem, contudo, que essa oponibilidade *erga omnes*, característica não muito comum nos direitos subjetivos, é, para alguns, um dos óbices ao reconhecimento dos direitos da personalidade como direitos subjetivos.[21]

Sem prejuízo, como observa Gustavo Tepedino ao citar Giampiccolo, "a utilidade juridicamente protegida não se confunde

20 Nesse sentido é a lição de Orlando Gomes. GOMES. Op. cit. p. 150-151. Também conclui, Gustavo Tepedino, que, sob esse aspecto, são os direitos da personalidade bens jurídicos em si mesmos e, assim, merecedores de tutela. TEPEDINO. Op. cit. 2008. p. 29.

21 Como observa Gustavo Tepedino, ao citar Ferrara, "a dificuldade da individuação do bem jurídico objeto dos direitos da personalidade revela-se na lição de Ferrara, para quem 'nos direitos absolutos o objeto não é a *res*, mas os outros homens obrigados a respeitar o seu exercício'. Assim sendo, os direitos da personalidade 'têm por conteúdo a pretensão de exigir respeito de tais bens pessoais. A vida, o corpo, a honra, são o ponto de referência (*termine do riferimento*) da obrigação negativa que incumbe à coletividade". TEPEDINO. Op. cit. 2008. p. 33.

com o dever geral de abstenção (necessário à sua conservação, não já à sua constituição), identificando-se '*con l'essere e le condizioni essenziali dell'essere ed è quindi acquisita e intrinseca al soggetto per ragione di natura*'. Daí decorreria o equívoco dos autores que consideravam estranho à pessoa o ponto de referência da relação jurídica (postulado que, segundo o mesmo autor, acarretaria um direito sem objeto ou a negativa de direito subjetivo). E remata, demonstrando que a separação entre o sujeito e o objeto do direito é postulado lógico quando o interesse protegido dirige-se a uma utilidade externa, tal qual ocorre nas relações jurídicas patrimoniais".[22]

Mas, aos atributos humanos não se limita a sua oponibilidade *erga omnes*. A pessoa tem, sobre eles, um inequívoco interesse em gerenciá-los, revelando um verdadeiro poder exercido sobre esses bens, o qual emana da vontade do indivíduo. Sendo tais atributos elementos formadores da personalidade do sujeito enquanto pessoa, integrando o núcleo da dignidade da pessoa humana – que também confere a ela autonomia e liberdade para dar à sua vida os rumos que quiser –, por certo há um poder sobre eles.

Isso significa que, se há poder sobre os atributos da personalidade, há inequivocamente um direito subjetivo, na medida em que se "temos um direito sobre nossa vida, saúde, corpo, liberdade, honra etc. estamos afirmando um poder de nossa vontade sobre essa vida, corpo, saúde etc., e cujo respeito se impõe aos outros".[23]

Por certo, ao se examinar os atributos da personalidade e, consequentemente, a própria pessoa, como objeto de direitos, não se está dando o mesmo sentido dado na antiguidade, quando se considerava alguns seres humanos como coisas ou bens materiais. Em verdade, quando do tratamento dos direitos da personalidade, tem-se um destacamento desses atributos, os quais o indivíduo transforma em verdadeiros bens jurídicos tutelados pelo direito. [24]

22 Idem.

23 MATTIA. Op. cit. 1977. p. 253.

24 Limongi França, ao conceituar com precisão os direitos da personalidade, os reconheceu como objeto de direito, nos quais se inserem os aspectos ou atributos da própria pessoa: "Direitos da Personalidade dizem-se as faculdades jurídicas cujo objeto são os diversos aspectos da própria pessoa do sujeito, bem assim seus prolongamentos e projeções" (FRANÇA. Op. cit. 1983. p. 9).

Isso é comprovado quando se reclama a tutela desses direitos. Mesmo que o objetivo seja sempre a proteção da pessoa e da sua dignidade, a tutela imediata é a da própria vida, privacidade, honra, imagem e o corpo, sem a qual a pessoa, vista num todo, perece.[25] Desta forma, cremos não ser possível chegar a outra conclusão senão a de que os direitos da personalidade se enquadram como direitos subjetivos.

1.1.3. Os direitos da personalidade como direitos fundamentais: a tutela da dignidade humana

A Constituição é a lei fundamental e estruturante de um país, estando alocada no vértice do ordenamento jurídico e, assim, orientando a criação das normas jurídicas, a estruturação do Estado, a organização dos poderes e garantindo a proteção dos direitos fundamentais. Além disso, ela é o fundamento de validade de todas as demais espécies normativas, que com ela devem manter conformação. Dessa forma, é a Constituição um importante instrumento de limitação do poder estatal e de respeito aos direitos do homem.

Mas, dentre todos esses aspectos, o que se revela com uma importância ímpar, especialmente no objeto deste estudo, é a tutela dos direitos fundamentais. No direito constitucional contemporâneo, em que está disseminada a cultura jurídica do pós-positivismo,[26] o res-

25 No mesmo sentido do texto é a lição de Fábio de Mattia: "Quanto à objeção de que no direito moderno a pessoa não pode ser objeto de direitos devemos assinalar que não estamos reproduzindo a velha regra romana de que uma pessoa podia ser objeto de propriedade por parte de outra pessoa. Mas é a própria pessoa *que ao exercer a função de sujeito de direitos subjetivos, converte em objeto alguns dos atributos ou bens dela própria*. Além disso, o objeto dos direitos da personalidade não é a pessoa humana considerada em sua totalidade, senão realidades antropológicas (o corpo, a vida, a saúde) ou de ordem moral (honra, liberdade etc)". MATTIA. Op. cit. 1977. p. 253-254.

26 O pós-positivismo é a vertente filosófica do *neoconstitucionalismo*, o qual se caracteriza, fundamentalmente, pela reaproximação entre o direito e a moral, pelo reconhecimento da força normativa dos princípios, pela rejeição ao formalismo e o prestígio à argumentação jurídica e à nova hermenêutica jurídica, pela constitucionalização do Direito com a irradiação das normas constitucionais sobre toda a legislação infraconstitucional – a *filtragem constitucional* –, e pela judicialização da política e das relações sociais. Sobre o tema, ver SARMENTO, Daniel; SOUZA NETO, Cláudio Pereira de. *Direito Constitucional*: teoria, história e métodos de trabalho. Belo Horizonte: Fórum, 2012. pp. 200-206 e BARROSO, Luís Roberto. *Grandes transformações do direito contemporâneo e o pensamento de Robert Alexy*. Disponível em http://luisrobertobarroso.com.br/wp-content/uploads/2014/02/Conferência-homenagem-Alexy2.pdf. Acessado em 05 de setembro de 2017.

peito aos direitos fundamentais e à dignidade humana ocupa um papel destacado e central.

No caso específico brasileiro, a Constituição de 1988 é inegavelmente um marco histórico e jurídico no que toca à efetividade e à tutela dos direitos fundamentais e da dignidade da pessoa humana. Em um país em que a insinceridade normativa[27] sempre prevaleceu, haja vista as inúmeras previsões constitucionais de direitos individuais que historicamente povoaram as Constituições anteriores, embora jamais tivessem verdadeira aplicação e eficácia social, a Constituição de 1988 é um acalento para a alma. É verdade que ainda não se chegou a um estado ideal com a plena efetividade das normas garantidoras de direitos fundamentais. Ainda assim, é preciso reconhecer que já se caminhou bastante. O futuro, que um dia já foi nebuloso, hoje já permite ver a luz do sol.

Com o advento da Constituição de 1988 instaurou-se no país uma nova ordem constitucional, cujos valores e princípios humanísticos, em contrariedade ao individualismo e ao patrimonialismo anteriormente vigentes, penetraram nos ramos mais improváveis do direito, como o direito privado,[28] em que a sua separação do direito público era tida quase como absoluta,[29] a ponto de o Código Civil de 1916 ser chamado de a *Constituição dos privados*.[30]

---

27 A expressão é de Luís Roberto Barroso, e para um aprofundamento do tema ver BARROSO, Luís Roberto. *O direito constitucional e a efetividade de suas normas*. Limites e possibilidades da Constituição Brasileira. 7ª ed. Rio de Janeiro: Renovar, 2003. pp. 59-65.

28 Sobre a constitucionalização do direito privado e, mais particularmente, o direito civil, ver MORAES, Maria Celina Bodin de. O direito civil-constitucional. In: MORAES, Maria Celina Bodin de. *Na medida da pessoa humana*: estudos de direito civil-constitucional. Rio de Janeiro: Renovar, 2010. p. 21-31.

29 As grandes codificações europeias do século XIX bem revelavam essa dicotomia entre o direito público e o direito privado, que remonta ao direito romano clássico, na qual era inimaginável a sua interpenetração. O direito privado se limitava a regular os interesses patrimoniais e econômicos dos particulares, em que os valores, os princípios e as regras do direito público não exerciam qualquer influência, ingerência essa que era considerada indevida. Sobre o tema, ver, por exemplo, BARROSO, Luís Roberto. *Curso de direito constitucional contemporâneo*: os conceitos fundamentais e a construção do novo modelo. 6ª ed. São Paulo: Saraiva, 2017. p. 79-82 e TEPEDINO, Gustavo. A incorporação dos direitos fundamentais pelo ordenamento brasileiro: sua eficácia nas relações jurídicas privadas. *Revista da AJURIS*. v. 32, nº 100, Porto Alegre. p. 154, dez., 2005.

30 Nesse sentido, e explicitando a importância do Código Civil no século XX, o qual correspondia a um verdadeiro estatuto da vida privada, na medida em que regula-

Sob essa nova perspectiva, a dignidade da pessoa humana foi erigida a fundamento do Estado,[31] revelando-se, em sua aplicação concreta, como um verdadeiro vetor interpretativo e estruturante, servindo como bússola na aplicação dos princípios e regras que norteiam o ordenamento e, consequentemente, também como estrutura para a existência e tutela dos direitos fundamentais, orientando a sua criação, aplicação e proteção.[32]

No entanto, na prática ela é invocada com os mais variados sentidos para justificar a sua aplicação em quase toda e qualquer relação jurídica. Isso traz grandes dificuldades, tanto do ponto de vista do reconhecimento da sua importância, na medida em que seu conteúdo acaba esvaziado, ao ser utilizada como um curinga em quaisquer debates, como também sob a ótica da dogmática jurídica, em que acaba perdendo o seu verdadeiro sentido.

Mas, embora se reconheça que a uniformização de um conceito em torno da dignidade da pessoa humana é algo ainda difícil, encontrando inúmeras controvérsias na doutrina, dada a própria incerteza acerca do seu conteúdo, o que já produziu valorosas obras jurídicas,[33] há que se tentar estabelecer uma definição, a partir de alguns

---

va completamente a vida dos cidadãos, inclusive quanto aos limites da atuação do Estado sobre as relações privadas, ver MORAES. Op. cit. 2010. p. 24.

31 Na lição de Maria Celina Bodin de Moraes, "A alteração do eixo central do sistema de direito civil – do Código para a Constituição – trouxe uma importantíssima consequência jurídica que pode ser indicada através da passagem, referida ao início, da tutela (que era oferecida pelo Código ao indivíduo) para a proteção (garantida pela Constituição) da dignidade da pessoa humana como um dos fundamentos da República Federativa do Brasil". MORAES. Op. cit. 2010. p. 29-30.

32 Note-se que a chamada constitucionalização do direito civil não se esgota no reconhecimento da dignidade da pessoa humana como um valor, um postulado ou um princípio jurídico que deve ser observado nas relações privadas, as quais devem ser relidas a partir dele, embora seja, por certo, o ponto central do processo evolutivo. Em verdade, o direito civil-constitucional quer significar, como observa Anderson Schreiber, que todos os valores, princípios e regras constitucionais têm aplicação, direta e indireta, nas relações jurídicas travadas entre os particulares. Sobre essa observação, ver SCHREIBER, Anderson. Direito civil e constituição. In: SCHREIBER, Anderson; KONDER, Carlos Nelson. (Coord.). *Direito civil constitucional.* São Paulo: Atlas, 2016. p. 1-23.

33 Apenas para citar alguns exemplos de trabalhos já desenvolvidos pela doutrina brasileira, tem-se MORAES. Op. cit., nota de rodapé 10; BARROSO, Luís Roberto. "Aqui, lá e em todo lugar": a dignidade humana no direito contemporâneo e no discurso transnacional. *Revista dos Tribunais*, v. 101, v. 919, p. 127-196, mai.,

parâmetros mínimos que cremos ser indispensáveis à sua promoção, a fim de que se possa prosseguir no estudo.

É a partir da definição da dignidade da pessoa humana que demonstraremos como ela serve de fundamento para os direitos da personalidade e, posteriormente, como justificativa para as características especiais deles.

Primeiramente, a dignidade da pessoa humana é uma fonte de direitos que visa assegurar a integral proteção da pessoa. Daí porque não se pode conceber, a partir da dignidade humana, que a tutela da pessoa esteja limitada aos direitos expressamente previstos e consagrados pelo direito objetivo.[34] Em verdade, a dignidade humana deve ser reconhecida como um *direito-mãe* do qual se extraem todos os demais direitos inerentes à pessoa, impedindo que esta fique desamparada diante do risco ou da efetiva lesão à sua dignidade.[35]

Em segundo lugar, e já no tocante ao seu conteúdo, tem ela como um de seus elementos o valor intrínseco, o qual decorre da singularidade dos seres humanos. Às pessoas humanas são atribuídas inúmeras características físicas e intelectuais que as diferenciam dos demais seres vivos; é a dita substância única, própria dos seres humanos.[36] Essa é a dignidade inerente às pessoas humanas, o seu valor intrínseco, bom em si mesmo, e que não tem preço,[37] e é esse valor intrínseco que justifica a atribuição e a titularidade dos chamados direitos humanos ou fundamentais ao homem.

2012; SARMENTO, Daniel. *Dignidade da pessoa humana*: conteúdo, trajetórias e metodologia. 2ª ed. Belo Horizonte: Fórum, 2016; BARCELLOS, Ana Paula de. *A Eficácia Jurídica dos Princípios Constitucionais*: o princípio da dignidade da pessoa humana. 3ª ed. Rio de Janeiro: Renovar, 2011; MEIRELES, Rose Melo Vencelau. *Autonomia privada e dignidade da pessoa humana*. Rio de Janeiro: Renovar, 2009; e SARLET, Ingo Wolfgang. *Dignidade da pessoa humana e direitos fundamentais na constituição federal de 1988*. 8ª ed. rev., atual., e ampl. Porto Alegre: Livraria do Advogado, 2010.

34 Como afirma Daniel Sarmento, embora no caso brasileiro haja um extenso rol de direitos fundamentais assegurados na Constituição, a dignidade da pessoa humana exerce importante função ao garantir o suprimento de eventuais lacunas. SARMENTO. Op. cit. 2016. p. 88.

35 Ibidem. p. 86.

36 MORAES. Op. cit. p. 77.

37 BARROSO. Op. cit. 2012. p. 162-163.

Por essa razão, é inequívoca a conclusão de que o fundamento para a existência e tutela dos chamados direitos fundamentais é a dignidade humana, e isso por conta desse elemento essencial à sua constituição, que é o valor intrínseco.[38]

Disso se infere outra consequência, que é o reconhecimento da existência de um núcleo intangível dos direitos fundamentais que visa proteger a dignidade humana, em que se considera inviolável o seu conteúdo central, ou a esfera essencial desses direitos.[39] Sobre esse aspecto, é importante observar que não existem direitos absolutos. Mesmo aqueles ditos fundamentais são passíveis de limitação,[40] e isso por inúmeras razões.[41]

Primeiro, por serem direitos universais, atribuídos a todas as pessoas, o seu exercício ilimitado por todos os titulares inviabilizaria a sua fruição, razão pela qual se faz necessária uma ponderação, a permitir um exercício equilibrado desses direitos. Segundo que, por dizerem respeito, muitas vezes, a interesses antagônicos, a possibilidade de tensão e colisão é grande, razão pela qual é imperiosa a imposição de limites recíprocos. E terceiro que, muitos direitos fun-

---

38 Ibidem. p. 163.

39 Veja-se, a propósito, que a Lei Fundamental de Bonn, apontada como o primeiro documento legislativo a consagrar a dignidade humana, prevê em seu art. 1º que "A dignidade do homem é intangível". Sob esse aspecto, há que se entender que há um núcleo inviolável de certos direitos, a fim de preservar integralmente a dignidade humana.

40 No que toca à noção de limites, paira severa controvérsia na doutrina, a qual procura explica-los por meio de duas teorias: a interna e a externa. Pela teoria interna, nega-se a possibilidade de imposição de restrições externas aos direitos fundamentais, no sentido de que o legislador não pode limitar o seu exercício, mas apenas interpretar o conteúdo e sentido das normas constitucionais que consagram os direitos fundamentais. O mesmo se dá com o Judiciário quando da interpretação dessas normas constitucionais, devendo se limitar a identificar o conteúdo do direito fundamental para a sua aplicação ao caso concreto. Quanto à teoria externa, a sua aplicação pressupõe a observância de duas etapas: uma primeira, em que se identifica o conteúdo do direito, isto é, seu alcance e esfera de proteção, e uma segunda na qual se definirão os seus limites externos, necessários a conciliar esse direito com outros direitos e bens protegidos constitucionalmente. Assim, num primeiro momento examina-se o conteúdo e os limites internos do próprio direito, individualmente considerado. Posteriormente, confronta-se o resultado com os demais direitos e bens consagrados pelo ordenamento, de modo a identificar os seus limites externos e, consequentemente, o conteúdo definitivo do direito examinado. Sobre o tema, ver PEREIRA, Jane Reis Gonçalves. *Interpretação constitucional e direitos fundamentais*. Rio de Janeiro: Lumen Juris, 2006. p. 139-152.

41 Para um estudo aprofundado do tema, ver PEREIRA. Op. cit. p. 131-139.

damentais são demasiadamente abstratos e consagrados na forma de cláusulas gerais e princípios jurídicos indeterminados, o que exige a sua concretização e definição no caso concreto, inclusive pelo legislador, que pode atuar tanto pelo comando constitucional, quanto pela necessidade de detalhamento desse direito.[42] Dessa particularização tem-se como consequência inevitável a restrição ou limitação dos direitos fundamentais.

Entretanto, em que pese se reconheça essa possibilidade de limitação ou restrição aos direitos fundamentais, sabe-se que muitas vezes é difícil de compreendê-la, especialmente por conta da natureza destes direitos. A ideia geral é a de que, uma vez caracterizando-se como tais, a sua limitação ou restrição seria inconcebível. Tal concepção ainda se reforça quando, examinando-se o texto constitucional, constata-se que os direitos fundamentais são tratados como cláusulas pétreas, o que proíbe, inclusive, a apresentação de propostas de emenda à Constituição que atentem contra eles ou visem suprimi-los, revelando-se como um limite aos poderes do Poder Constituinte derivado.[43]

Ainda assim, mesmo diante dessa constatação, não é possível atribuir aos direitos fundamentais um caráter ilimitado ou absoluto, e isso pelas razões anteriormente expostas que comprovam que são diversas as justificativas para a relatividade dos direitos fundamentais, assim permitindo a imposição de restrições. Mas, isso não significa dizer que não haja um limite a eventuais restrições a tais direitos. Daí se infere que a limitação aos direitos fundamentais também tem limites, no que se convencionou chamar de *limites dos limites*.[44]

42 Sobre a possibilidade de limitação dos direitos fundamentais pelo legislador, explicita Jane Reis que "vários direitos são contemplados na Constituição de modo sintético e aberto, o que torna imprescindível a densificação de seu conteúdo e a regulação ou detalhamento das condições e formas de seu exercício. Descortina-se, assim, a possibilidade de configuração legal dos direitos, que conduz à ideia de estabelecimento de limites. Em alguns casos, a Lei maior expressamente outorga ao legislador ordinário a possibilidade de (de)limitar os direitos. Mas mesmo em relação aos direitos que não contêm previsão de ingerência legislativa, será cabível a conformação normativa com o escopo de concretizá-los, desenvolvê-los e conciliá-los com outros direitos e bens". PEREIRA. Op. cit. p. 134.

43 Nesse sentido é o disposto no art. 60, § 4º, IV, da Constituição Federal, que prevê que não poderá ser objeto de deliberação proposta tendente a abolir direitos e garantias individuais.

44 Muito já se discutiu acerca da interpretação da expressão *tendente a abolir direitos e garantias individuais*, constante no art. 60, § 4º, IV, da Constituição Federal. Hoje,

Na medida em que esses direitos emanam da dignidade da pessoa humana, por força dessa substância única que compõe os seres humanos, que é o valor intrínseco, aqueles direitos essenciais à preservação do homem e da sua dignidade detêm um núcleo inviolável, que protege os indivíduos da degradação.[45] Esse núcleo intangível, então, diz respeito à observância de barreiras mínimas invioláveis,

---

contudo, há um razoável consenso de que a proibição imposta pelo constituinte não significa a impossibilidade de modificação ou até mesmo redução do alcance dos direitos fundamentais, o que se justifica pelas próprias mudanças sociais, em que certos valores e ideias mudam ao longo do tempo, de modo que a completa e absoluta impossibilidade de mudança das disposições constitucionais acerca dos direitos fundamentais pode acarretar aquilo que Thomas Jefferson chamou de *governo dos mortos sobre os vivos*, ou seja, viver eternamente sobre regras estabelecidas por outra geração. Na doutrina tem-se admitido essa possibilidade de emendas que visem modificar aspectos dos direitos fundamentais, mas desde que não se atinja o chamado núcleo duro e essencial dos direitos fundamentais, o que corresponderia ao *limite do limite*. Luís Roberto Barroso, ao tratar especificamente sobre os limites ao poder de reforma da Constituição, assim se manifesta sobre o mínimo essencial ou o núcleo duro das disposições constitucionais acerca dos direitos fundamentais, que ele nomina de *conteúdo substantivo das cláusulas protegidas*: "A locução *tendente a abolir* deve ser interpretada com equilíbrio. Por um lado, ela deve servir para que se impeça a erosão do conteúdo substantivo das cláusulas protegidas. De outra parte, não deve prestar-se a ser uma inútil muralha contra o vento da história, petrificando determinado *status quo*". BARROSO. Op. cit., nota de rodapé 28. p. 205. No mesmo sentido, Daniel Sarmento e Cláudio Pereira Neto: "O poder constituinte reformador pode aprovar emendas que alterem esses conteúdos constitucionais, e pode até mesmo restringi-los moderadamente. Só não pode aboli-los, nem tampouco promover mudanças que cheguem ao ponto de vulnerar o seu 'núcleo essencial'". SARMENTO; SOUZA NETO. Op. cit. p. 301. Também na jurisprudência do STF, vê-se encampada a tese da proteção ao núcleo essencial dos direitos fundamentais: " [...] as limitações materiais ao poder constituinte de reforma, que o art. 60, § 4º, da Lei Fundamental enumera, não significam a intangibilidade literal da respectiva disciplina na Constituição originária, mas apenas a proteção do núcleo essencial dos princípios e institutos cuja preservação nelas se protege". ADI 2014 / DF. Rel. Ministro Sepúlveda Pertence. Tribunal Pleno. Julgamento: 03/05/2007.

45 A tutela do núcleo essencial dos direitos fundamentais pode ser sintetizada no denominado princípio da salvaguarda do núcleo essencial, o qual, na lição de Rodrigo Brandão, significa que, "muito embora seja da essência dos princípios jurídicos a suscetibilidade de sofrerem restrições na hipótese de colisão com outros princípios, eles possuem um núcleo inexpugnável, é dizer, um âmbito de proteção mínimo dentro do qual nenhuma intervenção normativa se afigura legítima". BRANDÃO, Rodrigo. *Direitos fundamentais, democracia e cláusulas pétreas*. Rio de Janeiro: Renovar, 2008. p. 275.

essenciais à preservação desses direitos e, como consequência lógica, da própria dignidade.

Desse modo, embora se reconheça a possibilidade de imposição de limites e restrições aos direitos fundamentais, inclusive mediante reforma do texto constitucional, tais alterações não podem atentar contra o seu *núcleo essencial*, suprimindo o direito subjetivo fundamental do indivíduo.[46]

De igual forma o legislador, ao tratar e regulamentar os direitos fundamentais constitucional e abstratamente consagrados, assim trazendo restrições ao exercício desses direitos, deve observar esse núcleo inviolável a fim de assegurar a plena preservação e realização da dignidade da pessoa humana.[47]

---

46 Veja-se, a propósito, duas questões importantes. No que toca ao objeto do princípio da salvaguarda do núcleo essencial, digladiam-se duas teorias: a objetiva e a subjetiva. Pela teoria objetiva, a proteção do núcleo duro tem um caráter meramente objetivo, na medida que apenas impede que haja a supressão do direito no ordenamento jurídico, ainda que, numa hipótese concreta, determinado sujeito tenha o seu direito suprimido. Por outro lado, segundo a teoria subjetiva, o princípio da salvaguarda do núcleo essencial impõe uma proteção real, impedindo que no caso concreto seja o indivíduo despido do seu direito subjetivo fundamental. A segunda questão diz respeito à definição do alcance da proteção do núcleo essencial. Sobre esse aspecto, divide-se a doutrina em outras duas teorias: a relativa e a absoluta. Segundo a teoria relativa, não é possível, abstratamente, definir o que é o núcleo essencial dos direitos fundamentais. Tal definição só se daria no caso concreto em que, havendo conflito entre direitos fundamentais, encontrar-se-ia o elemento essencial do direito após o processo de ponderação. O núcleo essencial é o que sobra após a ponderação. Já pela teoria absoluta, a identificação do núcleo essencial independe do processo de ponderação, consistindo em um núcleo fixo aferível abstratamente, que corresponde ao seu conteúdo essencial que assegura o sentido útil do direito fundamental. Sobre essas importantes discussões ver BRANDÃO. Op. cit. p. 276-279 e PEREIRA. Op. cit. 371-373.

47 Nesse sentido, observa Gilmar Ferreira Mendes, ao tratar dos limites impostos ao legislador no tratamento dos direitos fundamentais, que "Da análise dos direitos individuais pode-se extrair a conclusão errônea de que direitos, liberdades, poderes e garantias são passíveis de limitação ou restrição. É preciso não perder de vista, porém, que *tais restrições são limitadas*. Cogita-se aqui dos chamados limites imanentes ou 'limites dos limites' (*Schranken-Schranken*), que balizam a ação do legislador quando restringe direitos individuais. Esses *limites*, que decorrem da própria Constituição, referem-se tanto à necessidade de proteção de um núcleo essencial do direito fundamental quanto à clareza, determinação, generalidade e proporcionalidade das restrições impostas". MENDES, Gilmar Ferreira. Direitos fundamentais. In: MENDES, Gilmar Ferreira. *Direitos fundamentais e controle de constitucionalidade*: estudos de direito constitucional. 3ª ed. rev. e ampl. São Paulo: Saraiva, 2004. p. 41. No mesmo sentido, PEREIRA. Op. cit. p. 135.

De tudo o que dissemos é possível extrair um conteúdo mínimo da dignidade, a ponto de permitir uma definição que não acarrete, ao menos, um dissenso quanto aos seus elementos essenciais.

Com efeito, e entendendo que compete à doutrina conceituar os institutos, facilitando a sua compreensão, podemos afirmar que a dignidade da pessoa humana é, em síntese, o conjunto de valores inerentes à pessoa humana dos quais decorrem os direitos necessários à sua plena realização, e que impõe a garantia da proteção de um mínimo essencial e invulnerável, a fim de que ela seja reconhecida e respeitada como um ser humano. A dignidade humana é o reconhecimento de que todas as pessoas têm o direito a uma vida digna e a um mínimo necessário à realização de seus projetos pessoais.

Essa garantia a uma vida digna abrange, por certo e como já vimos, a proteção dos direitos fundamentais. Nesse sentido, ela se constitui em um mínimo invulnerável que todo estatuto jurídico deve assegurar, de modo que o eventual estabelecimento de limitações aos direitos fundamentais não pode atingir aquele núcleo intangível. De preferência, tais limitações devem ter como propósito melhor realizar a própria dignidade – como no caso de conflito entre direitos fundamentais –, e sem menosprezar a necessária estima que merecem todas as pessoas enquanto seres humanos.[48]

Disso se conclui que, ainda que se possa limitar os direitos fundamentais, há um mínimo inviolável, o qual é resguardado pela dignidade da pessoa humana, a qual se impõe como um filtro bloqueador dos raios violadores desses direitos, de forma que, mesmo que se possa afirmar a possibilidade de sua limitação, ainda assim haverá uma parcela mínima inviolável, um núcleo duro e intangível que não pode ser atingido pela ação de terceiros.

É nesse núcleo intangível e necessário à realização da dignidade da pessoa humana, que se dá pelo reconhecimento e proteção dos direitos fundamentais, que estão inseridos, induvidosamente, os direitos da personalidade, na medida em que consistem nos direitos inatos à pessoa e essenciais à constituição e desenvolvimento da sua personalidade e à sua própria realização, especialmente na sua esfera íntima. É por essa razão que se pode

48 MORAES, Alexandre de. *Direito constitucional*. 21ª ed. São Paulo: Atlas, 2007. p. 16.

afirmar, com segurança, que esses direitos decorrem diretamente da dignidade da pessoa humana.

Nesse ponto está o reconhecimento e proteção dos direitos da personalidade, direitos esses inerentes a todo e qualquer indivíduo, e que asseguram uma ampla e total proteção à sua integridade física, psíquica e moral, o que é indispensável à plena realização da pessoa humana.

Daí porque é inevitável concluir que a tutela dos direitos da personalidade tem base constitucional, especificamente na previsão do art. 1º, III, da Lei Fundamental, que prevê como fundamento do Estado Democrático de Direito a dignidade humana. Tais direitos decorrem, inequivocamente, da própria dignidade da pessoa, sendo dela indissociáveis, razão pela qual é possível afirmar que há, por conta desse preceito constitucional, uma verdadeiramente cláusula geral da personalidade humana, que visa proteger todas as manifestações particulares da personalidade das pessoas.[49]

Sob o mesmo raciocínio é possível afirmar que, na sua essência, os direitos da personalidade se confundem com os próprios direitos fundamentais assegurados constitucionalmente e que receberam, do constituinte, um maior grau de proteção e segurança, pelo que são eles, verdadeiramente, espécies destes.

É preciso observar, contudo, que não estamos afirmando que os direitos da personalidade são sinônimos de direitos fundamentais. Até porque é induvidoso que o rol do Título II da Constituição, que trata dos direitos e garantias fundamentais, traz alguns direitos que não se caracterizam como direitos da personalidade, como, por exemplo, o direito de propriedade, os direitos sociais e os direitos políticos.[50] São os direitos fundamentais, então, mais amplos que os direitos da personalidade.

49 Cf. SARLET, Ingo Wolfgang. *Direitos fundamentais em espécie*. In: SARLET, Ingo Wolfgang; MARINONI, Luiz Guilherme; MITIDIERO, Daniel. *Curso de direito constitucional*. 4ª ed. São Paulo: Saraiva, 2015. p. 431-434.

50 Na mesma esteira do que fora defendido, também existe entendimento de que há direitos arrolados no Título II da Constituição que não são propriamente direitos fundamentais, ou seja, seriam direitos apenas formalmente fundamentais, uma vez que inseridos no quadro constitucional dos direitos fundamentais, mas que não teriam conteúdo de direito fundamental. Ver TORRES, Ricardo Lobo. A Cidadania multidimensional na era dos direitos. In: TORRES, Ricardo Lobo (org.). *Teoria dos direitos fundamentais*. 2ª ed. Rio de Janeiro: Renovar, 2001. p. 243-342.

No entanto, a pedra de toque dos direitos fundamentais, o postulado que os fundamenta, assim como o dos direitos da personalidade, é a plena realização da dignidade da pessoa humana.[51]

Portanto, em sua essência, os direitos fundamentais instituídos como garantia à dignidade da pessoa humana possuem o mesmo fundamento dos direitos da personalidade,[52] guardando-se entre eles, na verdade, uma relação de gênero e espécie, em que os direitos da personalidade são espécies de direitos fundamentais.

Isso quer dizer que os direitos da personalidade, pela sua inegável natureza de direitos subjetivos fundamentais, têm *status* de norma constitucional, configurando-se como verdadeiras normas materialmente constitucionais, ou melhor, como direitos materialmente fundamentais.[53]

---

51 Conforme lição de Paulo Bonavides, os direitos fundamentais propriamente ditos "enquanto valores históricos e filosóficos, nos conduzirá sem óbices ao significado de universalidade inerente a esses direitos como ideal de pessoa humana". BONAVIDES, Paulo. *Curso de direito constitucional.* 20ª ed. São Paulo: Malheiros, 2007. p. 562.

52 Na lição de Ingo Sarlet, "Como direitos fundamentais, tanto o direito ao livre desenvolvimento da personalidade quanto os direitos especiais de personalidade encontram-se, em geral, submetidos ao mesmo regime jurídico que se aplica aos demais direitos fundamentais, com destaque para os aspectos relacionados com sua titularidade, destinatários e proteção contra intervenções por parte do Estado e de terceiros [...]". SARLET. Op. cit., noda de rodapé 48, p. 434.

53 Em sendo os direitos fundamentais aqueles que possuem expressa previsão constitucional, os direitos da personalidade, embora não previstos na Carta, têm o mesmo conteúdo daqueles direitos. A classificação em direitos materialmente fundamentais e formalmente fundamentais é apresentada por Jorge Miranda em seu *Manual de direito constitucional* (MIRANDA. Op. cit. p. 09-16): "Por direitos fundamentais entendemos os direitos ou as posições jurídicas ativas das *pessoas* enquanto tais, individual ou institucionalmente consideradas, assentes na Constituição, seja na Constituição formal, seja na Constituição material – donde, *direitos fundamentais em sentido formal e direitos fundamentais em sentido material*". Após apresentar sua classificação, passa o notável constitucionalista português a apresentar as diferenças entre ambos, sendo que os direitos formalmente fundamentais são aqueles inseridos na Constituição formal, enquanto que "o conceito material de direitos fundamentais não se trata de direitos declarados, estabelecidos, atribuídos pelos legislador constituinte, pura e simplesmente; trata-se também dos direitos resultantes da concepção de Constituição dominante, da ideia de Direito, do sentimento jurídico coletivo (conforme se entender, tendo em conta que estas expressões correspondem a correntes filosófico-jurídicas distintas). Ora, sendo assim, só muito difícil, senão impossivelmente, poderá julgar-se que tal concepção, tal ideia ou tal sentimento não assente num mínimo de respeito pela dignidade do homem concreto. O que significa que, ao cabo e ao resto, pode-

A consequência disso é o reconhecimento da uma hierarquia superior às disposições que tratam dos direitos da personalidade, o que autorizaria, numa visão extremada, o reconhecimento de que as regras dispostas no Código Civil acerca de tais direitos são verdadeiras normas materialmente constitucionais, integrantes do bloco de constitucionalidade,[54] pois diretamente emanadas do postulado da dignidade da pessoa humana.[55]

rá encontrar-se, na generalidade dos casos, com maior ou menos autenticidade, a proclamação de direitos postulados pelo Direito natural – para quem o acolha – e de vocação comum a todos os povos".

54 Pelo *bloco de constitucionalidade* integram a Constituição não apenas as normas formalmente inseridas em seu texto, mas também aquelas que tenham conteúdo de Constituição, chamadas de normas materialmente constitucionais. A noção de *bloco de constitucionalidade* exsurge do direito francês, e remete à solidez e unidade da constituição, noções essas caras à integral proteção dos direitos fundamentais e, consequentemente, também aos direitos da personalidade. Para um aprofundamento do tema, ler a pioneira obra do professor Louis Favoreu (FAVOREU, Louis. *El Bloque de la Constitucionalidad*. Madrid: Civitas, 1991). Na jurisprudência do Supremo Tribunal Federal encontram-se precendentes reconhecendo a existência do bloco de constitucionalidade, através do qual se amplia o conceito de Constituição para além das normas incluídas apenas em seu texto, chegando a compreender, dentro da noção de Constituição, também normas infraconstitucionais, "desde que vocacionadas a desenvolver, em toda a sua plenitude, a eficácia dos postulados e dos preceitos inscritos na Lei Fundamental, viabilizando, desse modo, e em função de perspectivas conceituais mais amplas, a concretização da ideia de ordem constitucional global". Trecho extraído do voto do eminente Ministro Celso de Mello, no julgamento da ADI 595/ES, divulgado no Informativo 258 do Supremo Tribunal Federal, e disponível em http://www.stf.jus.br//arquivo/informativo/documento/informativo258.htm#ADIn: Bloco de Constitucionalidade (Transcrições). O Ministro Celso de Mello voltou a enfrentar a questão no julgamento da ADI 514/PI, divulgada no Informativo 499 do Supremo Tribunal Federal, e disponível em http://www.stf.jus.br/arquivo/informativo/documento/informativo499.htm#transcricao1.

55 Sem prejuízo do que se disse, há que se destacar a existência de entendimento no sentido de que os direitos da personalidade não podem ser confundidos com os direitos fundamentais (MIRANDA. Op. cit. 2012. p. 76). No mesmo sentido, MAZUR, Maurício. A dicotomia entre os direitos da personalidade e os direitos fundamentais. In: *Direitos da personalidade*. MIRANDA, Jorge; RODRIGUES JUNIOR, Otavio Luiz; FRUET, Gustavo Bonato (Coord.). São Paulo: Atlas, 2012. p. 25-64). Em síntese, a negativa dessa identificação, por parte dessa parcela da doutrina, decorre das seguintes conclusões: há direitos da personalidade que não se qualificam como direitos fundamentais, assim como há direitos fundamentais que não se identificam como direitos da personalidade; os direitos fundamentais pressupõe relações de poder, enquanto que os direitos da personalidade relações de igualdade; os direi-

Tal interpretação, contudo, não se coaduna com a jurisprudência firmada no Supremo Tribunal Federal, que assim não reconhece as disposições do Código Civil, tanto que algumas delas já foram objeto de controle de constitucionalidade face à Constituição,[56] o que não seria possível se entendesse que tais normas têm, de fato, natureza constitucional.

Sem prejuízo, não se pode esquecer que Constituição Federal, em seu art. 5º, V e X, explicita inúmeros direitos da personalidade, dentre eles a privacidade, objeto deste trabalho, tutelando-os expressamente como direitos fundamentais e, assim, promovendo uma verdadeira constitucionalização da fonte do direito no tocante à matéria.[57]

---

tos fundamentais têm uma incidência publicística, já os direitos da personalidade têm incidência privatística; e os direitos fundamentais pertencem o domínio do direito constitucional, enquanto os direitos da personalidade integram o direito civil. Especificamente quanto à tutela dos direitos da personalidade pelo direito civil, assim se expressou Jorge Miranda, em conjunto com Otavio Junior e Gustavo Fruet, em outra obra: "Os direitos da personalidade, tanto no Brasil (artigos 11-21, CCB/2002), quanto em Portugal (artigos 70-81, CCP), encontram no Direito Civil seu âmbito normativo primário. Essa afirmação implica o reconhecimento de que as normas do Código Civil fornecem os meios primários de vinculação dos particulares, sem necessidade de recorrência permanente ao texto constitucional para a sua concretização. O recurso imediato à dignidade humana como fundamento dos direitos da personalidade justifica-se no contexto da ordem jurídica alemã, dadas as suas peculiaridades históricas. No caso brasileiro, porém, o Direito Privado possui os elementos adequados à conformação normativa dos principais casos. A Constituição brasileira de 1988, especialmente no que se respeita à intimidade, à vida privada, à honra, e à imagem das pessoas (artigo 5º, inciso X), permite o reconhecimento desse paralelismo, sem necessidade de invocação imediata da dignidade humana, e por meio dos filtros da legislação privada" (MIRANDA, Jorge; RODRIGUES JUNIOR, Otavio Luiz; FRUET, Gustavo Bonato. *Principais problemas dos direitos da personalidade e estado-da-arte da matéria no direito comparado*. In: MIRANDA; RODRIGUES JUNIOR. FRUET. Op. cit. 2012. p. 16-17).

56 Nesse sentido, ver a ADI nº 4815, na qual se questionava a constitucionalidade dos arts. 20 e 21 do Código Civil, por violação à liberdade de expressão e de informação, quanto à necessidade de prévia autorização, ou não, para a publicação de biografias. No julgamento desta ação direta de inconstitucionalidade, da relatoria da Ministra Cármem Lúcia, deu-se interpretação conforme à Constituição aos mencionados dispositivos, em consonância com os direitos fundamentais à liberdade de expressão da atividade intelectual, artística, científica e de comunicação, independentemente de censura ou licença de pessoa biografada, relativamente a obras biográficas literárias ou audiovisuais (ou de seus familiares, em caso de pessoas falecidas).

57 Na lição de Luís Roberto Barroso, "na medida em que princípios e regras específicos de uma disciplina ascendem à Constituição, sua interação com as demais

Daí porque acreditamos que as razões expostas por aqueles que defendem a dicotomia entre os direitos da personalidade e os direitos fundamentais não são suficientes a ponto de afastar a relação de gênero e espécie existente entre eles.

Assim, é inequívoco o reconhecimento da fundamentalidade dos direitos da personalidade, o que se extrai, mais uma vez, do postulado da dignidade da pessoa humana.

Por fim, dada a sua peculiar natureza e por serem emanações da dignidade da pessoa humana, têm os direitos da personalidade características especiais, as quais decorrem não só da necessidade de proteção do indivíduo contra a atuação de terceiros, mas também para protegê-lo de si próprio, uma vez que são eles instrumentos de realização e preservação da dignidade humana. Dentre as diversas características dos direitos da personalidade, uma se destaca no presente estudo: a irrenunciabilidade, que merecerá um exame detalhado particularmente em seu confronto com a autonomia privada.

1.2. A irrenunciabilidade dos direitos da personalidade e a autonomia privada: a limitação voluntária do seu exercício ou sua renúncia parcial

1.2.1. A irrenunciabilidade como instrumento de proteção da dignidade da pessoa humana

Por ser um dos principais instrumentos de realização, promoção e desenvolvimento da pessoa humana, na medida em que representam os direitos inatos à própria condição de pessoa, sendo dela indissociáveis, os direitos da personalidade detêm características que lhes são peculiares.[58] Na doutrina apresenta-se uma inesgotável lista, que

normas daquele subsistema muda de qualidade e passa a ter um caráter subordinante. Trata-se da constitucionalização das fontes do Direito naquela matéria. Tal circunstância, nem sempre desejável, interfere com os limites de atuação do legislador ordinário e com a leitura constitucional a ser empreendida pelo Judiciário em relação ao tema que foi constitucionalizado" (BARROSO, Luís Roberto. Neoconstitucionalismo e constitucionalização do direito – o triunfo tardio do direito constitucional no Brasil. In: BARROSO, Luís Roberto. *O novo direito constitucional brasileiro:* contribuições para a construção teórica e prática da jurisdição constitucional no Brasil. Belo Horizonte: Fórum, 2012. p. 210).

58 Sobre as características dos direitos da personalidade, ver o nosso *O nascituro e os direitos da personalidade*. Rio de Janeiro: GZ, 2012.

vai desde a sua extrapatrimonialidade, em que se reconhece o seu caráter existencialista e não-econômico,[59] até a sua intransmissibilidade, que impede a alienação dos direitos da personalidade, uma vez que, dado o seu caráter personalista e formador da personalidade do indivíduo, não podem ser transferidos a terceiros.[60]

---

59 Aos direitos da personalidade não se atribui um valor econômico, pois diante da sua natureza não podem eles ser aferíveis em valor monetário, não se podendo conferir-lhes um preço. Estão eles, na expressão de Caio Mário da Silva Pereira, a par dos direitos economicamente apreciáveis (PEREIRA, Caio Mário da Silva. *Instituições de direito civil*: introdução ao direito civil. Teoria geral do direito civil. 20ª ed. rev. e atual. de acordo com o Código Civil de 2002 por Maria Celina Bodin de Moraes. Rio de Janeiro: Forense, 2005. p. 237). Ainda nos casos de indenização por dano moral, ou mesmo naquelas hipóteses em que se remunera a pessoa pela exploração pública da sua imagem, não se está atribuindo um valor ao direito da personalidade em si. No primeiro caso, a indenização devida por uma ofensa ao direito da personalidade diz respeito às repercussões no campo da responsabilidade civil, em que se busca compensar economicamente a vítima por um dano à sua esfera física, psíquica ou moral. Como observa Leonardo Zanini, "não se pode confundir um direito extrapatrimonial com a responsabilidade civil decorrente da sua ofensa" (ZANINI, Leonardo Estevam de Assis. *Direitos da personalidade*: aspectos essenciais. Coleção Prof. Agostinho Alvim. Coordenação Renan Lotufo. São Paulo: Saraiva, 2011. p. 178). No segundo caso, também não se está conferindo um valor econômico aos atributos humanos. Trata-se, na hipótese, tão somente de uma remuneração pela exploração pública de uma divulgação ou utilização objetiva da imagem, como uma verdadeira contraprestação e compensação pelos ganhos auferidos por aquele que a explora, sendo uma verdadeira consequência secundária de ordem econômica, como também explicita Zanini (ZANINI. Op. cit. p. 180). Sem prejuízo, reconhece-se tanto na doutrina nacional, quanto na estrangeira, a existência de entendimento no sentido de que existem alguns direitos da personalidade patrimoniais. Segundo António Menezes Cordeiro, os direitos da personalidade podem se enquadrar em quatro categorias: (i) direitos da personalidade não-patrimoniais em sentido forte, que não admitem qualquer tipo de valoração econômica, como a vida e a saúde; (ii) direitos da personalidade não-patrimoniais em sentido fraco, em que se admite que sejam objeto de negócios patrimoniais, como a integridade física, mas desde que não sejam irreversivelmente atingidos; e (iii) os direitos da personalidade patrimoniais, que têm uma valoração econômica, como o nome e a imagem. (CORDEIRO, António Menezes. *Tratado de direito civil*: parte geral; pessoas. v. IV. 3ª ed. Coimbra: Almedina, 2011. p. 107-108).

60 A intransmissibilidade decorre do fato de os direitos da personalidade dizerem respeito às situações subjetivas existenciais, de modo que não pode o sujeito deles se despir. Na lição de Orlando Gomes, "o titular não pode transmiti-los a outrem, privando-se de seu gozo, por isso que nascem e se extinguem *ope legis* com a pessoa. Não se transmitem sequer *mortis causa*, embora gozem de proteção depois da morte do titular, sendo legitimados a requerê-la o cônjuge sobrevivente ou qualquer parente próximo, e não os herdeiros chamados à sucessão" (GOMES, Orlando. *Introdução do direito civil*. 18ª ed. Rio de Janeiro: Forense, 2001. p. 152). Sem pre-

Mas, dentre todas as características atribuíveis aos direitos da personalidade, a que ganha maior relevo no presente estudo é a característica da irrenunciabilidade. Enunciada no art. 11 do Código Civil, ela significa que o titular do direito da personalidade não pode renunciar a ele e, tampouco, à sua tutela.[61]

A renúncia é uma forma de extinção de um direito, por meio da qual o seu titular abdica dele inequivocamente, assim o excluindo da sua esfera jurídica.[62] Então, renunciar a um direito significa demitir-se dele, por ato próprio de vontade, pouco importando a destinação que ele terá após o ato de disposição.[63] De modo contrário, a irrenunciabilidade é a impossibilidade de se despir de um direito, impondo-se, por determinadas razões, a sua manutenção no patrimônio jurídico do indivíduo.

Em regra, os direitos, mormente os subjetivos, são passíveis de renúncia. E isso porque é comum a eles a característica da patrimonialidade, isto é, têm eles um conteúdo econômico, o que lhes confere a qualidade de direitos disponíveis. No entanto, não é essa uma característica que se possa aplicar, de um modo geral e irrestrito, às situações subjetivas existenciais. Por isso, ao examinar o tema sob a ótica dos direitos da personalidade, é preciso fazê-lo com maior cautela, pois estes se caracterizam, embora ostentem a natureza de direitos subjetivos, pela sua extrapatrimonialidade.

---

juízo, há na doutrina quem admita a transmissão de certos aspectos dos direitos da personalidade, como a projeção de seus efeitos patrimoniais. É o caso do direito de imagem-retrato, nos casos de pessoas que vivem da exposição pública, e o direito de arena previsto na lei de direitos autorais, que diz respeito à remuneração pela exploração das habilidades corporais, físicas ou dramáticas que atraem o público gerando renda. Nesse sentido, Paulo Lôbo (LÔBO, Paulo. *Direito civil*: parte geral. 6ª ed. São Paulo: Saraiva, 2017. p. 140).

---

61 Na visão de Fernanda Borghetti, o art. 11 do Código Civil trata, *lato sensu*, da característica da indisponibilidade dos direitos da personalidade, que traz, como consequência, a impossibilidade de se renunciar, transmitir e impor limitações voluntárias ao seu exercício. CANTALI, Fernanda Borghetti. *Direitos da personalidade*: disponibilidade relativa, autonomia privada e dignidade humana. Porto Alegra: Livraria do Advogado, 2009. p. 139.

62 ACQUAVIVA, Marcus Cláudio. *Dicionário jurídico brasileiro acquaviva*. 9ª ed. rev. atual. e ampl. São Paulo: Jurídica Brasileira, 1998. p. 1095.

63 ANDRADE, Manuel A. Domingues de. *Teoria geral da relação jurídica*: sujeitos e objeto. 2ª ed. Coimbra: Almedina, 1997. p. 37.

Por essa característica, os direitos da personalidade não são aferíveis economicamente, não sendo possível atribuir-lhes um valor econômico e avaliá-los em dinheiro.[64] E isso porque os direitos inatos são atribuídos ao homem para a satisfação de suas necessidades existenciais e a realização de seus interesses enquanto pessoa humana, e não para o atendimento de interesses patrimoniais.

Ainda assim, embora não tenham, como visto, expressão financeira intrínseca, têm os direitos inatos inequivocamente um valor,[65] o qual está umbilicalmente afeto à tutela da dignidade humana. Por essa razão, a dignidade, enquanto valor intrínseco a toda pessoa e um postulado que fundamenta o Estado Democrático de Direito, é irrenunciável.[66] Isso significa que, mesmo no seu interesse, não pode o indivíduo, por ato próprio, ou mesmo por ação de terceiro, se despir da sua dignidade, renunciando a ela para viver em um estado de degradação.

Isso por conta do próprio valor intrínseco da pessoa humana, ou seja, aquela qualidade inerente aos seres humanos que torna essencial a preservação da dignidade do indivíduo, tornando-a, assim, inseparável deste. O simples fato de ser uma pessoa já lhe confere e atribui esse valor, que é o mínimo essencial e necessário à sua realização e preservação.

Neste sentido, em sendo os direitos da personalidade emanações próprias da dignidade humana, a consequência é que a renúncia a eles pode acarretar, sem sobra de dúvidas, uma degradação da pessoa, razão pela qual só se pode concluir por sua irrenunciabilidade.

Essas são as razões pelas quais o legislador atribuiu, de modo inafastável, essa característica aos direitos da personalidade, inclusive vedando-se a prática de atos de limitação voluntária. A atribuição dessa característica, frise-se, também encontra amparo na doutrina dos direitos fundamentais, os quais são reconhecidos, ao menos em

64 ZANINI. Op. cit. p. 173.

65 PEREIRA, Caio Mário da Silva. *Comentários ao código civil de 2002*: parte geral. Arts. 1° ao 232. v. I. Atualização legislativa de Cristiano de Sousa Zanetti e Leonardo de Campos Melo. Rio de Janeiro: GZ, 2017. p. 30.

66 A doutrina é uníssona em associar a irrenunciabilidade dos direitos da personalidade à irrenunciabilidade da dignidade da pessoa humana. Na medida em que aqueles encontram fundamento nesta, a qual é irrenunciável, também os são os direitos da personalidade. Exemplificativamente ver Leonardo Zanini (ZANINI. Op. cit. p. 230) e Fernanda Borghetti Cantali (CANTALI. Op. cit. p. 144).

sua essência, como irrenunciáveis e indisponíveis.[67] Daí outro fundamento para irrenunciabilidade dos direitos da personalidade: qualificam-se eles, como já demonstrado, como direitos fundamentais, e como tais também são irrenunciáveis.

Deste modo, uma vez que os direitos da personalidade têm como fundamento a dignidade humana, a irrenunciabilidade tem como objetivo, no fim das contas, a proteção desta. Trata-se, inequivocamente, de medida que visa evitar atos de disposição em detrimento da dignidade.[68]

Em verdade, creu o legislador que, ao se atribuir à pessoa a liberdade de renunciar, poderá ela extrapolar os limites desta e se colocar em situação de sujeição tal que se subordinará a uma condição de mero objeto de realização e satisfação de outros interesses. Por essa razão, proibiram-se tais práticas.

Exemplo exaustivamente citado de irrenunciabilidade dos direitos da personalidade, com o objetivo de proteção da dignidade humana, é o célebre caso do arremesso de anão. Ainda que apresentado inúmeras vezes em livros, aulas e palestras, é importante fazer-lhe menção, pois se trata de um caso emblemático e que bem reflete a questão.

---

67 J.J. Gomes Canotilho, ao tratar da complexa questão envolvendo a possibilidade de renúncia, ou não, dos direitos fundamentais, concluiu pela irrenunciabilidade de todo e qualquer direito que em sua essência emane da dignidade da pessoa humana. CANOTILHO, José Joaquim Gomes. *Direito constitucional e teoria da constituição.* 7ª ed. Coimbra: Almedina, 2000. p. 464. Ao tratar do tema em sua tese de doutoramento em direito público na UERJ, assim explicita Letícia Martel: "Outra tese de aplicação sugerida para o exame da disposição de posições subjetivas de direito fundamental é a atenção ao conteúdo essencial dos direitos fundamentais. A orientação seria a de que o conteúdo essencial dos direitos fundamentais é o limite último e intransponível à disposição, de sorte que é dever ou ação ordenada do Estado impedir atos de disposição que afetem o conteúdo essencial dos direitos fundamentais". MARTEL, Letícia de Campos Velho. *Direitos Fundamentais Indisponíveis*: os limites e os padrões do consentimento para a autolimitação do direito fundamental à vida. Rio de Janeiro, 2010. p. 289. Mimeografado.

68 A relevância da característica da irrenunciabilidade para a preservação da dignidade humana é evidenciada na síntese de Mota Pinto: "Os direitos da personalidade são *inalienáveis e irrenunciáveis*, dada a sua essencialidade relativamente à pessoa, da qual constituem o núcleo mais profundo. Constituem «o mínimo necessário e imprescindível do conteúdo da personalidade»". PINTO, Carlos Alberto da Mota. *Teoria geral do direito civil.* 3ª ed. actual. Coimbra: Coimbra, 1999. p. 211.

Na década de 1990, em França, o Sr. Manuel Wackenheim, que media aproximadamente 1,15m de altura, passou a ganhar a vida como um objeto a ser arremessado em uma casa noturna da cidade de Morsang-sur-Orge. Ele, que tinha como profissão a atividade de dublê, viu na prática uma oportunidade de aumentar sua renda.

Tratava-se, inequivocamente, de um ato de renúncia à sua integridade física, tendo em vista os riscos de sofrer um dano em seu corpo, assim como da sua honra, ou estima,[69] além do direito ao respeito, na medida em que se tornou um mero objeto de diversão dos frequentadores do estabelecimento.

A atividade acabou por ser proibida pelo Prefeito da Cidade através de um Decreto, sob o argumento de que haveria uma violação à ordem pública. Contra esta decisão, insurgiu-se o próprio Wackenheim e os donos da casa noturna, que perante a Corte Administrativa de Versailles obtiveram a liberação do "espetáculo".

A guerra administrativa prosseguiu até o Conselho de Estado francês, que deu ganho de causa à municipalidade, entendendo que uma autoridade municipal tinha legitimidade para proibir práticas violadoras da dignidade da pessoa humana, pois se configuravam como contrárias à ordem pública.

Ainda inconformado, Wackenheim adotou uma medida extrema e recorreu à Comissão das Nações Unidas para os direitos humanos, entendendo que a medida era discriminatória e não protetiva e, nesse sentido, violadora da sua dignidade. Mas, em 27 de setembro de 2002, a Corte internacional proferiu decisão contrária aos interesses do arremessado, sob o argumento de que o banimento da atividade não violava seus direitos, ou mesmo a sua dignidade, e que poderia ser considerado como necessário à manutenção da ordem pública.

Esse caso, embora possa ser contado de inúmeras formas, e até mesmo, como comumente ocorre, em tom jocoso, apresenta uma nítida hipótese de intervenção estatal sobre a liberdade do indivíduo em prol da proteção dos seus direitos da personalidade e da sua dignidade, aqui exteriorizada pela característica da irrenunciabilidade.

Nele, o Estado interviu no sentido de promover a tutela da pessoa, entendendo que ela, diante de uma necessidade ou de interesses

69 Como explicita Carlos Alberto Bittar, a honra subjetiva alcança o sentimento pessoal de estima ou a consciência da sua própria dignidade. BITTAR. Op. cit. p. 133.

outros – como o patrimonial, por exemplo – se reduziu a uma condição degradante a ponto de ser necessária a atuação do Poder Público para protegê-la de si mesma.

Há que se frisar que com essa narrativa não estamos a defender a correção ou incorreção da decisão, mas apenas a enunciar que o seu fundamento reside, em um de seus aspectos, na irrenunciabilidade dos direitos da personalidade.

Como dito anteriormente, a renúncia a um direito da personalidade pode vir a afetar a dignidade da pessoa. Desse modo, para protegê-la de si própria, na medida em que em determinadas situações ela pode acabar se sujeitando a uma situação de degradação, o legislador, no Código Civil, optou pelo estabelecimento de um regime radical, em que se proíbe de modo absoluto qualquer ato de renúncia.

Não obstante, questão que exsurge dessa opção legislativa, que visa a tutela plena da dignidade, é se ela está em perfeita conformação com a Constituição. Dito de outro modo, questiona-se se esta medida extremada proposta pelo legislador também não é violadora da dignidade humana e, consequentemente, se é consentânea com a ordem constitucional.

Em verdade, ao assim dispor, presumiu-se que os indivíduos são incapazes de reconhecer e entender os limites dos atos de renúncia aos seus direitos, sem que isso ofenda a sua própria dignidade, razão pela qual se faz necessária a proibição total. Trata-se, pois, de uma medida nitidamente paternalista, através da qual se optou por um regime radical de irrenunciabilidade em contraposição à liberdade dos indivíduos e, consequentemente, à autonomia privada.

A liberdade da pessoa de se autodeterminar e escolher os rumos da sua própria vida também está inserida, inequivocamente, no conteúdo da dignidade da pessoa humana.[70] A autonomia privada, então, compõe o postulado da dignidade humana. Como consequência, questiona-se se a proibição de todo e qualquer ato de renúncia a um direito da personalidade também não importa em uma violação à dignidade humana, na medida em que suprime, por completo, a autonomia dos indivíduos.

Ambas se consubstanciam, por certo, em questões complexas que merecem o devido desenvolvimento, a fim de que se possa en-

70 Neste sentido, BARROSO. Op. cit., nota de rodapé 32. p. 167-173.

tender pela validade e, consequentemente, legitimidade dos atos de renúncia dos direitos da personalidade.

1.2.2. A autonomia privada como conteúdo da dignidade da pessoa humana

Tal qual ocorre com a dignidade da pessoa humana, o conceito de autonomia não é unívoco. Vista sob inúmeros aspectos, a autonomia se associa às teorias voluntaristas, refletindo-se na expressão *autonomia da vontade*; aos negócios jurídicos, expressada pela *autonomia negocial*; bem como pelo seu caráter privado, enquanto poder atribuído ao indivíduo, na locução *autonomia privada*.[71]

Nessa difícil empreitada, Immanuel Kant foi pioneiro na definição da autonomia. Em sua *Fundamentação à metafísica dos costumes*, Kant faz uma profunda investigação na busca do que ele chamou de *princípio supremo da moralidade*, cujo propósito é estabelecer uma máxima universal, aplicável forçosamente a todos e em todas as circunstâncias possíveis, de um agir moral, o qual não é imposto por uma autoridade ou força exterior – como Deus, por exemplo –, mas sim por padrões que os homens, enquanto seres racionais, estabelecem livremente. Disso se infere, dentre outras coisas, que a razão – chamada de *razão prática* –, é a fonte do princípio supremo da moralidade.

A este princípio Kant o qualificou como *imperativo categórico*, pois consiste em verdadeira ordem – imperativo – que se aplica incondicionalmente – categórico – em razão de o homem ter uma vontade racional. Tal imperativo se expressa por meio de fórmulas, cada qual com uma determinada finalidade. E dentre elas está a da autonomia, que consiste, de modo objetivo, na liberdade exercida pelo indivíduo em conformidade com a lei que ele outorga a si mesmo.[72]

---

71 Na lição de Pietro Perlingieri, a autonomia privada caracteriza-se como um poder, conferido pelo ordenamento ao indivíduo, de autorregular seu próprio interesse: "Per autonomia privata si è soliti indicare il potere riconosciuto o attribuito dall'ordinamento giuridico al 'privato' di auto-regolare (cioè di regolare 'da sé', con proprie manifestazioni di volontà) i 'propri' interessi". PERLINGIERI, Pietro. *Manuale di diritto civile*. 6ª ed. ampiamente riveduta ed aggiornata. Napoli: Scientifiche Italiane, 2007. p. 337.

72 Segundo Kant, "Este princípio da humanidade e de toda a natureza racional em geral como *fim em si mesma* (que é a condição suprema que limita a liberdade // das acções de cada homem) não é extraído da experiência, – primeiro, por causa da sua

Nesse sentido, o homem, dotado de razão, é livre para fazer suas próprias escolhas, a partir de princípios morais por ele livremente estabelecidos. É a autonomia, pois, na visão de Kant, a liberdade de agir conforme as regras estabelecidas por ele próprio para si.

Da ideia kantiana de autonomia se infere que ela está diretamente associada à liberdade. Em verdade, ela busca seu fundamento na liberdade do homem, na medida em que este só pode exercer plenamente sua autonomia (ou vontade) se for livre. Não obstante, embora concebida da liberdade, a autonomia de Kant não se confunde com a autonomia privada, pois estruturada como uma *autonomia moral*,[73] umbilicalmente ligada à liberdade de agir segundo as leis morais que o próprio homem institui para si – há que se lembrar que o estudo da

universalidade, pois que se aplica a todos os seres racionais em geral, sobre o que nenhuma experiência chega para determinar seja o que for; segundo, porque nele a humanidade se representa não como fim dos homens (subjectivo), isto é como objecto de que fazemos por nós mesmos efectivamente um fim, mas como um fim objectivo, o qual, sejam quais forem os fins que tenhamos em vista, deve constituir como lei a condição suprema que limita todos os fins subjectivos, e que por isso só pode derivar da razão pura. É que o princípio de toda a legislação prática reside *objectivamente na regra* e na forma da universalidade que a torna capaz (segundo o primeiro princípio) de ser uma lei (sempre lei da natureza); *subjectivamente*, porém, reside *no fim*; mas o sujeito de todos os fins é (conforme o segundo princípio) todo o ser racional como fim em si mesmo: daqui resulta o terceiro princípio prático vontade como condição suprema da concordância desta vontade com a razão prática universal, quer dizer a ideia *da vontade de todo o ser racional concebida como vontade legisladora universal*. Segundo este princípio são rejeitadas todas as máximas que não possam subsistir juntamente com a própria legislação universal da vontade. A vontade não está pois simplesmente submetida // à lei, mas sim submetida de tal maneira que tem de ser considerada também como *legisladora ela mesma*, e exactamente por isso e só então submetida à lei (de que ela se pode olhar como autora)". KANT, Immanuel. *Fundamentação à metafísica dos costumes*. Tradução de Paulo Quintela. Lisboa: Edições 70, 2011. p. 76-77.

73 Na concepção kantiana de autonomia, a vontade do homem, enquanto ser racional, é livre, não sendo, portanto, subordinada à lei, mas tão somente a ela própria, segundo a lei moral que emana da própria vontade. Daí a fórmula da *vontade de todo o ser racional concebida como vontade legisladora universal*. KANT. Op. cit. p. 77. Nesses termos, ensina Luís Roberto Barroso, fundado em Jeremy Waldron, que a autonomia concebida por Kant é uma autonomia moral, pois "entendida como a vontade orientada pela lei moral", a qual se difere da chamada *autonomia pessoal*, "que é valorativamente neutra e significa o livre exercício da vontade por cada pessoa, segundo seus próprios valores, interesses e desejos". BARROSO. Op. cit., nota de rodapé 32. p. 167-168.

autonomia, em Kant, é uma das fórmulas para encontrar o princípio supremo da moralidade.

Sem prejuízo, muito embora possa se afirmar que a autonomia kantiana é uma autonomia puramente moral, ela não está totalmente dissociada da ideia de autonomia privada. Muito pelo contrário. A liberdade, que é o fundamento da autonomia privada, também é a chave da autonomia kantiana, de modo que não se pode falar em autonomia, seja ela qual for, sem imaginar um homem – um privado – livre, de modo a permitir um governo de si por suas próprias leis.[74]

Nesses termos, a autonomia kantiana deve ser compreendida como a fundação para a construção de autonomia privada, sendo mais ampla do que esta. E isso porque, a autonomia privada nada mais é do que o poder reconhecido pelo ordenamento de autogoverno do indivíduo,[75] conferindo-lhe liberdade de decidir e agir segundo a sua vontade.[76]

Nisso se vê que a autonomia kantiana ganha contornos mais amplos, metafísicos, uma vez que diz respeito à esfera moral do indivíduo, de governar-se a si próprio não apenas no âmbito jurídico, frente ao ordenamento, mas de constituição do seu próprio ser a partir e nos limites das leis morais que cria para si.

Enquanto isso, a autonomia privada, na dimensão que a conhecemos hoje, busca seu fundamento na propriedade. A tutela da propriedade, e as faculdades a ela inerentes, trouxeram a ideia de autonomia

74 Como explicita Heloisa Helena Barboza, "A liberdade é um valor, conteúdo de igual princípio jurídico, que enseja uma pluralidade de significados. Liberdade implica autonomia, ausência de vínculos, pressões ou coações externas, sendo denominada, sob essa ótica, liberdade negativa, enquanto supõe a garantia de não ingerência de poderes ou forças estranhas ao sujeito no desenvolvimento de sua atividade". BARBOZA, Heloisa Helena. Reflexões sobre a autonomia negocial. In: TEPEDINO, Gustavo; Fachin, Luiz Edson (Coord.). *O direito e o tempo:* embates jurídicos e utopias contemporâneas. Estudos em homenagem ao Professor Ricardo Pereira Lira. Rio de Janeiro: Renovar, 2008. p. 409.

75 Na lição de Mota Pinto, a "autonomia privada consiste no poder reconhecido aos particulares de auto-regulamentação dos seus interesses, de autogoverno da sua *esfera jurídica*". PINTO. Op. cit. p. 89.

76 Daniel Sarmento, ao confrontar a autonomia kantiana com a concepção atual de autonomia, explicita que a "autonomia, para Kant, não era o direito do indivíduo de agir como quisesse, mas o seu dever de atuar de acordo com a lei moral que ditasse para si mesmo, e não movido por instintos, desejos ou sentimentos". SARMENTO. Op. cit., nota de rodapé 32. p. 136.

privada, na medida em que o indivíduo, ao ter o poder de usar, gozar e, principalmente, dispor da coisa, goza da possibilidade de utilização privada autônoma do bem.

Assim, ao se atribuir ao homem a liberdade de celebrar negócios jurídicos envolvendo, particularmente, os bens de sua propriedade, reconheceu-se a sua autonomia privada, inexoravelmente associada, em sua origem, à liberdade negocial.[77]

Como consequência, a ideia de autonomia privada também se revela como expressão da liberdade, embora originalmente apenas contratual, na qual se atribui ao sujeito a livre faculdade de contratar, sendo esta uma inequívoca manifestação dos direitos essencialmente atribuídos às pessoas pelos ordenamentos jurídicos vigentes à época,[78] em que a figura da pessoa, levada em consideração em si mesma,

---

77 Como explicita Ana Prata, o conceito de autonomia privada liga-se, inequivocamente, ao conceito de sujeito jurídico e propriedade. Ao se reconhecer à pessoa a condição de sujeito de direitos, com personalidade jurídica e, assim, com capacidade negocial atribui-se a ela a possibilidade de celebrar negócios jurídicos envolvendo bens de sua propriedade. Esse reconhecimento decorre, especialmente, da implantação do capitalismo e do reconhecimento da liberdade do trabalhador, que se torna proprietário de bens, e não apenas parte da terra e dos seus senhores, como ocorria no feudalismo. Assim, é com o capitalismo que o conceito de autonomia privada ganha um conteúdo autônomo e operativo, como exercício da liberdade econômica. Desse modo, a "autonomia privada ou liberdade negocial traduz-se pois no poder *reconhecido* pela ordem jurídica ao homem, prévia e necessariamente qualificado como sujeito jurídico, de juridicizar a sua actividade (designadamente, a sua actividade económica), realizando livremente negócios jurídicos e determinando os respectivos efeitos". PRATA, Ana. *A tutela constitucional da autonomia privada*. Coimbra: Almedina, 1982. p. 7-11.

78 Cf. PRATA. Op. cit. p. 76. No mesmo sentido, Maria Celina Bodin de Moraes e Thamis Dalsenter Viveiros de Castro: "a produção jurídica dos séculos XVIII e XIX erigira a patrimonialidade como valor em si, assegurando à autonomia privada patrimonial o lugar de princípio fundamental, em um sistema onde a personalidade era tomada apenas como atributo do indivíduo patrimonial. Fundada no ideal liberal burguês, a concepção tradicional de autonomia privada funcionava como instituto capaz de garantir juridicamente um sistema econômico de circulação de bens e acumulação de riquezas a salvo das ingerências estatais. [...] Reduzida à função de garantia da liberdade negocial, a noção de autonomia esteve, assim, alicerçada na concepção jurídica da personalidade como atributo do sujeito de direito capaz de realizar livremente negócios jurídicos". MORAES, Maria Celina Bodin de; CASTRO, Thais Dalsenter Viveiros de. Autonomia e o corpo de cada um. In: MONTEIRO FILHO, Carlos Edison do Rêgo; GUEDES, Gisela Sampaio da Cruz; MEIRELES, Rose Melo Vencelau. (Org.). *Direito civil*. Rio de Janeiro: Freitas Bastos, 2015. p. 113.

não tinha o devido reconhecimento, mas tão somente aquela apta a contratar e adquirir bens.

Esse panorama começou a se alterar graças às profundas alterações ocorridas nos ordenamentos jurídicos ao redor do mundo, particularmente no Ocidente, em que o patrimonialismo cedeu lugar ao reconhecimento do papel central do homem, enquanto pessoa humana. A partir de então, passou-se a uma releitura da autonomia privada a partir da ideia de promoção e tutela da dignidade humana.

A pessoa humana e a sua dignidade, ao serem erigidas a fundamento do Estado, como ocorre no ordenamento jurídico brasileiro, passaram a ser centro e destinatárias da ordem jurídica, de modo a não poderem mais, numa visão utilitarista,[79] ser um mero instrumento para a realização dos fins e interesses alheios.[80]

A dignidade humana impõe o reconhecimento de que a pessoa é um fim em si mesmo, razão pela qual todas as escolhas e projetos pessoais de vida, desde que consentâneos com os fins visados pelo ordenamento, são merecedores de reconhecimento e tutela.

É nesse sentido que a autonomia privada se insere no conteúdo da dignidade da pessoa humana. Alguém só pode ter uma vida minimamente digna se for livre para decidir e buscar, segundo os

79 O utilitarismo é uma teoria moral segundo a qual o atingimento de fins coletivos, superiores, autoriza o sacrifício de interesses individuais. Nesse sentido, explicita Gustavo Binenbojm que "a solução considerada justa pelo utilitarismo é aquela que justifica o sacrifício dos interesses de um membro da comunidade com um benefício superior, em termos comparativos, para os interesses de outros membros. Projetos e ações coletivas, assim, só serão moralmente justificáveis se (*e apenas se*) se puder demonstrar que o seu efeito é a maximização dos interesses da maioria dos indivíduos". BINENBOJM, Gustavo. *Uma teoria do direito administrativo*. 3ª ed. Rio de Janeiro: Renovar, 2014. p. 86.

80 Nesse sentido, leciona Francisco Amaral que "a autonomia privada constitui-se em um dos princípios fundamentais em torno do que se organiza o sistema de direito privado contemporâneo num reconhecimento, pelo sistema jurídico, da existência de um âmbito particular, uma esfera privada de atuação com eficácia normativa. Trata-se, efetivamente, de uma verdadeira projeção, na ordem jurídica do personalismo ético, concepção axiológica da pessoa como centro e destinatário da ordem jurídica privada, sem o que a pessoa humana, embora formalmente revestida de titularidade jurídica, nada mais seria do que mero instrumento a serviço da sociedade". AMARAL NETO, Francisco dos Santos. A autonomia privada como princípio fundamental da ordem jurídica. *Revista de informação legislativa*. a. 26, nº 102, Brasília, p. 214. abr./jun., 1989.

seus anseios, o seu ideal de vida. Daí porque se diz que a autonomia é o conteúdo ético da dignidade.[81]

A autonomia privada, enquanto parte integrante do conteúdo mínimo da dignidade humana, assegura a todos a liberdade ou o poder de decidir os caminhos que deseja seguir e, assim, estabelecer as próprias relações e as regras que irão regê-las. Trata-se, pois, da autodeterminação, em que uma pessoa autônoma, no exercício livre da sua vontade, define as regras que irão reger a sua vida, a partir de seus valores, interesses e desejos.[82]

Sob esse aspecto, a autonomia privada, enquanto conteúdo da dignidade, se dissocia da visão patrimonialista da autonomia, pois ela não se limita ao campo negocial. Em verdade, a autonomia privada, numa ótica contemporânea, se volta à realização de escolhas no campo existencial, isto é, a vida afetiva, amorosa, sexual e profissional, por exemplo.

Pela dignidade humana, é essencial assegurar a todas as pessoas a liberdade de fazer suas escolhas existenciais, de modo a realizar-se plenamente. Por isso, a autonomia é ínsita ao conceito de dignidade, pois apenas com essa liberdade de se autodeterminar e de decidir os rumos que quer dar à sua vida é que o indivíduo pode ter, efetivamente, uma vida digna.

Reconhece-se, contudo, que a autonomia não é o único conteúdo da dignidade. E jamais poderia ser. E isso porque, essa liberdade, sem as mínimas condições para o seu exercício, não é capaz de atender plenamente à dignidade. Para o efetivo exercício dessa liberdade, faz-se necessário, por exemplo, assegurar à pessoa um mínimo existencial, através de medidas ou prestações positivas do Estado. No entanto, essa é uma questão que deve ser discutida e enfrentada no âmbito do direito público e da filosofia jurídica, razão pela qual não será objeto deste estudo.[83]

81 CF. BARROSO. Op. cit., nota de rodapé 32. p. 167.

82 BARROSO. Op. cit., nota de rodapé 32. p. 167-168. Na síntese de Daniel Sarmento, "A autonomia privada corresponde à faculdade do indivíduo de fazer e implementar escolhas concernentes à sua própria vida". SARMENTO. Op. cit., nota de rodapé 32. p. 140.

83 Sobre o tema, ver RAWLS, John. *Uma teoria da justiça*. Tradução de Jussara Simões. 3ª ed. São Paulo: Martins Fontes, 2008.

Já no âmbito do direito privado, essa autonomia se revela na ampla liberdade do indivíduo, segundo a sua vontade, de decidir por travar, ou não, relações jurídicas, e assim decidir as regras que irão reger a sua vida privada.[84] E essa autonomia, para que, de fato, se caracterize como liberdade, deve ser isenta de vícios, pressões ou coações externas, tanto por pessoas públicas, quanto privadas.[85]

Isso não significa, contudo, que a autonomia privada, enquanto liberdade dos privados e conteúdo da dignidade da pessoa humana, seja absoluta e não sujeita a qualquer limitação.[86] O exercício dessa liberdade deve se dar em conformidade com as leis e, sobremaneira, com a Constituição,[87] a qual, implicitamente, serve de fundamento para a própria autonomia.

Embora a autonomia privada não esteja expressamente prevista na Constituição, ela é implicitamente extraída do texto constitucio-

---

84 Na pena de Francisco Amaral, "A autonomia privada constitui-se, portanto, no âmbito do direito privado, em uma esfera de atuação jurídica do sujeito, mais propriamente um espaço de atuação que lhe é concedido pelo direito imperativo, o ordenamento estatal, que permite, assim, aos particulares, a auto-regulamentação de sua atividade jurídica. Os particulares tornam-se, desse modo e nessas condições, legisladores sobre sua matéria jurídica, criando normas jurídicas vinculadas, de eficácia reconhecida pelo Estado. Tratando-se de relações jurídicas de direito privado, os particulares são os que melhor conhecem seus interesses e valores e, por isso mesmo, seus melhores defensores". AMARAL NETO. Op. cit. p. 213.

85 Cf. BARBOZA. Op. cit. 2008. p. 409.

86 Como esclarece Luís Roberto Barroso, "A autonomia pressupõe o preenchimento de determinadas condições, como a *razão* (a capacidade mental de tomar decisões informadas), a *independência* (a ausência de coerção, de manipulação e de privações essenciais) e a *escolha* (a existência real de alternativas). Note-se que no sistema moral kantiano a autonomia é a vontade que não sofre influências heterônomas e corresponde à ideia de liberdade. Contudo, na prática política e na vida social, a vontade individual é restringida pelo direito e pelos costumes e normas sociais. Desse modo, ao contrário da autonomia moral, a autonomia pessoal, embora esteja na origem da liberdade, corresponde apenas ao seu núcleo essencial". BARROSO. Op. cit., nota de rodapé 32. p. 168.

87 Na lição de Francisco Amaral, "Sob o ponto de vista técnico, a autonomia privada funciona como verdadeiro poder jurídico particular, traduzido na possibilidade de o sujeito agir com a intenção de criar, modificar ou extinguir situações jurídicas próprias ou de outrem. Tal poder não é, porém, originário. Deriva do ordenamento jurídico estatal, que o reconhece, e exerce-se nos limites que esse fixa, limites crescentes pelo aumento das funções estatais em virtude da passagem do Estado de direito para o Estado intervencionista e assistencial". AMARAL NETO. Op. cit. p. 214.

nal, a partir de uma interpretação *a contrario senso* do princípio da legalidade disposto em seu art. 5º, II.[88]

Segundo o referido princípio, ninguém é obrigado a fazer ou deixar de fazer algo senão em virtude de lei. Desse modo, e em sentido contrário, não havendo na lei a obrigação da prática de uma determinada conduta, positiva ou negativa, tem-se um espaço de liberdade, um campo para livre conformação do sujeito, isto é, a sua liberdade de agir.

No entanto, tal liberdade não é irrestrita, encontrando limites na própria liberdade – e direitos – dos demais integrantes do corpo social. Daí porque a liberdade do indivíduo de se autodeterminar e se autogovernar encontra barreiras no próprio ordenamento.

A ordem jurídica e constitucional brasileira é permeada por diversos valores e princípios, como a solidariedade, a isonomia e a função social, que importam na constitucionalização dos institutos jurídicos.

A constitucionalização do direito e a absorção dos valores consagrados pela Constituição Federal impõem a observância de limites a todos os direitos, em respeito ao próprio indivíduo, mediante a aplicação direta das normas constitucionais sobre as relações jurídicas.[89]

---

88 Nesse sentido, MEIRELES, Rose Melo Vencelau. *Autonomia privada e dignidade humana*. Rio de Janeiro: Renovar, 2009. p. 65. Sem prejuízo, acredita-se que, por razões históricas, a autonomia privada também pode se extrair da tutela da propriedade, prevista no art. 5º, XXII, da Constituição Federal. Com igual entendimento, assim afirma Francisco Amaral sobre o fundamento da autonomia privada: "A autonomia privada teria, assim, como fundamento prático, a propriedade privada, e como função, a livre circulação de bens". AMARAL NETO. Op. cit. p. 221.

89 Nesse sentido, ensina Maria Celina Bodin de Morais que "as normas de direito civil necessitam ser interpretadas como reflexo das normas constitucionais. A regulamentação da atividade privada (porque regulamentação da vida cotidiana) deve ser, em todos os seus momentos, expressão da indubitável opção constitucional de privilegiar a dignidade da pessoa humana. Transforma-se, em consequência, o direito civil: de regulamentação da atividade econômica individual, entre homens livres e iguais, para regulamentação da vida social, na família, nas associações, nos grupos comunitários, onde quer que a personalidade humana melhor se desenvolva e a sua dignidade seja mais amplamente tutelada. A transformação não é de pequena monta. Ao invés da lógica proprietária, da lógica produtivista e empresarial (numa palavra, patrimonial), são os valores existenciais que, privilegiados pela Constituição, se tornam, no âmbito do direito civil, prioritários". MORAES, Maria Celina Bodin. A caminho de um direito civil-constitucional. In: *Na medida da pessoa humana*: estudos de direito civil-constitucional. Rio de Janeiro: Renovar, 2010. p. 15.

Por essa razão, inequívoca é a conclusão de que o exercício dos poderes, e liberdades, conferidos pelo ordenamento deve observar certos limites por ele mesmo impostos, como, por exemplo, a função social, a qual promove a funcionalização dos institutos jurídicos, cuja preocupação é a eficácia social destes.[90]

Isso significa que, muito embora seja conferido, por conta da dignidade da pessoa humana, uma autonomia, nem todo exercício dessa liberdade é legítimo e protegido pelo ordenamento. Há que se fazer, nesse sentido, um controle constitucional e funcional sobre os atos desejados e praticados pelo sujeito, de modo que a conduta só será merecedora de tutela se atender aos valores e princípios, expressos e implícitos, do ordenamento.[91]

Portanto, a autonomia privada não é um valor em si mesmo, a se sobrepor sobre todos os demais valores e interesses existentes, devendo se conformar aos fins propostos pelo ordenamento, particularmente aqueles gravados na Constituição.[92]

A partir disso, é possível concluir que a limitação à autonomia através da irrenunciabilidade dos direitos da personalidade, não é, por si só, violadora da dignidade da pessoa humana. Muito pelo contrário, e como já vimos, ela exerce uma função promocional, na medida em que importa na própria preservação da dignidade.

Não obstante, a questão que se impõe é saber se essa irrenunciabilidade pode ser absoluta, de modo a, por completo, suprimir a autonomia do indivíduo na administração dos seus direitos da personalidade, ou se essa irrenunciabilidade é apenas relativa, a ponto

---

90 "A funcionalização dos institutos jurídicos significa então que o direito em particular e a sociedade em geral começaram a interessar-se pela eficácia das normas e dos institutos vigentes, não só no tocante ao controle ou disciplina social mas também no que diz respeito à organização e direção da sociedade, através do exercício de funções distributivas, promocionais ou inovadoras, abandonando-se a costumeira função repressiva, principalmente na relação do direito com a economia". AMARAL NETO. Op. cit. p. 228.

91 Nesse sentido, TERRA, Aline de Miranda Valverde; ORLEANS, Helen Cristina Leite de Lima. A tutela da autonomia privada e a utilização atécnica dos novos princípios contratuais. *Revista dos tribunais*. a. 103, v. 945, São Paulo, p. 60. jul., 2014.

92 Segundo Pietro Perlingieri, "O ato de autonomia negocial não é um valor em si: pode assim ser considerado, e dentro de certos limites, se e enquanto corresponder a um interesse merecedor de tutela". PERLINGIERI, Pietro. *O direito civil na legalidade constitucional*. Edição brasileira organizada por Maria Cristina De Cicco. Rio de Janeiro: Renovar, 2008. p. 355.

de revelar, em sentido oposto, uma verdadeira possibilidade de se renunciar aos direitos da personalidade, ainda que de modo parcial. Dada a complexidade da questão, impõe-se o seu exame em separado, o que faremos no tópico a seguir.

1.2.3. A autonomia privada como fundamento à possibilidade de renúncia parcial dos direitos da personalidade

Em tópico anterior, vimos que a irrenunciabilidade dos direitos da personalidade, prevista de modo absoluto no art. 11 do Código Civil, é um instrumento de proteção da dignidade da pessoa humana, na medida em que impede a prática de atos, pelo próprio titular do direito, que possam levá-lo à degradação.

Igualmente vimos que a autonomia privada pode ser considerada como a face oposta da moeda, pois é o fundamento do livre arbítrio da pessoa, é aquilo que lhe permite decidir os rumos que deseja dar à sua vida, de acordo com os seus próprios desejos e interesses, também assim promovendo a dignidade humana.

Tem-se, então, um nítido conflito entre dois institutos que visam promover e tutelar a dignidade humana: (i) a irrenunciabilidade, que visa preservar a pessoa ao impedir que ela se reduza a uma condição de indignidade, mas igualmente limita a autonomia, uma vez que impede que o indivíduo faça tudo o que quiser, de modo amplo, geral e irrestrito, inclusive naquilo que diz respeito à formação da sua própria personalidade e; (ii) a autonomia privada, que tem como propósito a plena realização do indivíduo, ao permitir que ele faça as escolhas de vida que melhor lhe convierem.

Esse *confronto* revela, na verdade, um verdadeiro paradoxo, que é a própria dignidade, através da irrenunciabilidade, limitando a autonomia, a qual compõe o seu conteúdo.[93] Disso se infere, como já observado, que a autonomia, enquanto elemento da dignidade da pessoa humana, não é absoluta, sob pena de corroer, de dentro para fora, a própria dignidade humana.

---

93 Como afirma Daniel Sarmento, "muitos sustentam que a dignidade da pessoa humana se presta também à limitação da autonomia, para impedir que as pessoas se submetam a situações consideradas indignas, mesmo quando isso decorra da sua própria vontade". SARMENTO. Op. cit., nota de rodapé 32. p. 136.

Nesse embate, a questão central é saber se em nome da preservação da dignidade humana é possível suprimir, por completo a autonomia do indivíduo e, aplicando-se o disposto no art. 11 do Código Civil, vedar todo e qualquer ato de renúncia à titularidade, exercício e tutela dos direitos da personalidade.

Sobre essa questão, veem-se na doutrina inúmeras críticas às posturas paternalistas do Estado, que através de diversos instrumentos limita a autonomia dos indivíduos,[94] muitas vezes tratando-os como incapazes, a ponto de necessitarem da intervenção protetiva estatal em razão de uma suposta incapacidade de discernir e fazer, adequadamente, as suas escolhas.

Certamente por essa razão, e evitando a imposição de proibições absolutas às escolhas e decisões do sujeito, particularmente na sua esfera privada e que digam respeito, especialmente, às situações existenciais e formadoras da sua personalidade, o legislador expressamente conferiu uma parcela de liberdade ao indivíduo.

Ao tratar dos direitos inatos, o Código Civil admitiu, nos casos previstos e autorizados por lei, a prática dos chamados atos de limitação voluntária ao exercício dos direitos da personalidade. Então, a própria lei civil admite a possibilidade de se estabelecer legalmente casos em que é admissível a prática de atos limitativos ao exercício dos direitos inerentes à pessoa humana. E os exemplos são inúmeros.

No próprio Código são previstas algumas hipóteses, como os atos de disposição do corpo por exigência médica - art. 13 -, a disposição gratuita do corpo para depois da morte - art. 14 -, a autorização para uso comercial do nome - art. 18 - e a divulgação da imagem - art. 20.

Com efeito, como a própria lei prevê os casos em que será possível a prática desses atos de limitação, dúvidas não há de que ela pode ocorrer, mas desde que se dê nos exatos termos da lei, e também desde que observem e atendam aos valores constitucionalmente assegurados,[95] sob pena de a própria autorização legal ser inválida.

---

94 Exemplificativamente, SARMENTO, Daniel. *Direitos fundamentais e relações privadas*. 2ª ed. Rio de Janeiro: Lumen Juris, 2006. p. 157-158.

95 Observa Danilo Doneda que a autorização legal para os atos de renúncia e disposição dos direitos da personalidade também não pode ser irrestrita e absoluta, devendo ser ponderada, e sempre observando os valores constitucionalmente assegurados. DONEDA, Danilo. Os direitos da personalidade no código civil [arts. 11 a 21]. In: TEPEDINO, Gustavo. (Coord.). *O código civil na perspectiva civil-constitucional*: parte geral. Rio de Janeiro: Renovar, 2013. p. 62-63.

A questão polêmica reside, contudo, na possibilidade de se praticar essas condutas limitativas ao exercício dos direitos da personalidade por ato de vontade exclusiva do sujeito, sem que haja expressa autorização em lei, fazendo-se uma verdadeira renúncia dos atributos da personalidade. Também neste caso, tal qual ocorre com as hipóteses de autorização legal, a resposta tem que ser positiva.

A preservação da dignidade humana pela irrenunciabilidade dos direitos inatos não pode significar a exclusão da autonomia privada. Muito pelo contrário, o fato de a autonomia estar inserida no conteúdo da dignidade humana leva à conclusão de que não é possível a realização desta sem uma pitada daquela. E é nesse sentido que se reconhece, na lei civil, a possibilidade de limitação voluntária ao exercício dos direitos da personalidade, o que, em diversas situações, significam a sua própria renúncia.

Ademais, não custa lembrar que a própria autonomia privada é assegurada constitucionalmente, como se viu do exame do art. 5º, II, da Constituição Federal, de modo que é possível afirmar que há autorização constitucional para esses atos de renúncia aos direitos inatos. Isso significa, como já explicitado brevemente em momento anterior, que a autonomia privada, como conteúdo da dignidade humana e assegurada constitucionalmente, é o fundamento para a possibilidade de renúncia aos direitos da personalidade. Entender de modo contrário, condicionando o livre exercício dos direitos da personalidade apenas quando a lei autorizar, é negar a dignidade humana pela limitação da liberdade a ela inerente.[96]

É por essa razão que na jurisprudência dos tribunais se encontram precedentes no sentido de que é possível a prática desses atos de limitação voluntária aos direitos da personalidade, inclusive da privacidade, como nas hipóteses em quc o indivíduo cria um perfil nas redes sociais e nele posta fotos suas. Nestes casos, inclusive, entende-se ter havido uma perda da privacidade – ou seja, uma verdadeira renúncia –, na medida em que a pessoa passa a postar, neste aplicativo, informações e imagens pessoais.[97]

---

96 No mesmo sentido, MEIRELES. Op. cit. p. 187.

97 Sobre a hipótese, ver interessante julgado do Tribunal de Justiça do DF, cujo trecho da ementa é imprescindível destacar: "4. É claro, portanto, que não pode o autor ingressar em uma rede social virtual, postar inúmeras informações pessoais, convidar pessoas para seu grupo de amigos virtuais e pretender ser indenizado

Também na doutrina é possível perceber um razoável consenso em torno do tema, reconhecendo-se a possibilidade de limitação voluntária ao exercício dos direitos da personalidade,[98] limitação essa que, em diversos casos, caracterizam-se inequivocamente como uma renúncia. Apenas com essa visão é possível compreender e admitir diversas situações comuns da vida cotidiana, em que inegavelmente a pessoa renuncia, ao menos em parte, a um seu direito inato, como no próprio caso da exposição da privacidade nas redes sociais, e em alguns programas televisivos, em que a exposição da intimidade é inequívoca.[99]

O que se quer demonstrar, de tudo o que foi dito e dos exemplos dados, é que embora o Código Civil preveja textualmente, em seu art. 11, a irrenunciabilidade dos direitos da personalidade, o próprio legislador excepcionou as hipóteses em que será possível a prática de atos limitativos ao seu exercício, que caracterizam, em inúmeras situações, uma verdadeira renúncia. O mesmo se pode dizer da

---

sob alegação de que essa mesma rede teria violado sua privacidade e imagem por exposição não autorizada. 5. A perda da privacidade, e a exposição decorrente, é característica ínsita da conta criada pelo próprio autor. De resto, não há linha sequer na inicial sobre eventual violação a atributo de sua personalidade por específica informação postada no aplicativo e que teria violado, v. g., sua honra ou sua dignidade". ACJ 20130111814676 – TJDF. Relator Des. Fábio Eduardo Marques. 1ª Turma Recursal dos Juizados Especiais do TJDF. Julgamento: 18/08/2015. DJe 04/09/2015, p. 251.

---

98 Entendendo ser possível a limitação voluntária ao exercício dos direitos da personalidade, cita-se, exemplificativamente, SCHREIBER. Op. cit. p. 26-29; TEPEDINO, Gustavo; BARBOZA, Heloisa Helena; MORAES, Maria Celina Bodin de (Org.). *Código civil interpretado conforme a constituição da república*: parte geral e obrigações (arts. 1° a 420). v. I. 2ª ed. rev. e atual. Rio de Janeiro: Renovar, 2011. p. 34; LÔBO. Op. cit. p. 165-171; LIMA, Bianca. Art. 11: autolimitação aos direitos da personalidade e os *reality shows*. In: SCHREIBER, Anderson. Dez anos de Código Civil. *Revista trimestral de direito civil*. a. 13, v. 51, Rio de Janeiro. p. 267-269, jul./set., 2012; ROCHA, Rafael da Silva. Autonomia privada e direitos da personalidade. *Revista da seção judiciária do rio de janeiro*. v. 1, nº 30, Rio de Janeiro. p. 148-150, abr., 2011.

99 Como observa Anderson Schreiber, "Exagera, contudo, o art. 11 quando veda toda e qualquer 'limitação voluntária' ao exercício dos direitos da personalidade. A vedação lançaria na ilicitude não só os *reality shows*, mas também atos bem mais prosaicos como furar a orelha, lutar boxe ou expor informações pessoais em redes sociais, como o Twitter e o Facebook". SCHREIBER. Op. cit. p. 27. No mesmo sentido, Rafael Rocha. ROCHA. Op. cit. 115. Também destacando, no contexto atual, os atos de limitação voluntária à privacidade, LÔBO. Op. cit. p. 166.

Constituição que, ao assegurar, ainda que implicitamente, o exercício da autonomia privada, autoriza a prática desses atos limitativos ou renunciantes. Além disso, a doutrina e a jurisprudência têm admitido, em nome dessa autonomia, a possibilidade da prática de tais atos, ainda que não haja lei expressamente autorizando.

De tudo o que se disse, a grande questão que exsurge é se esses atos de limitação voluntária ao exercício dos direitos da personalidade podem, de fato, corresponder a um verdadeiro ato de renúncia, ou se esta estaria definitivamente afastada do âmbito dos direitos da personalidade.[100] E para que se possa responder a esse enigma, é preciso entender o que compreende uma renúncia a direito.

De modo amplo, a renúncia é o ato por meio do qual o titular de um direito, por ato voluntário, dele se despe, retirando-o da sua esfera jurídica ou patrimônio jurídico. Trata-se, pois, de um ato unilateral de vontade, em que a pessoa abdica de um direito de que titulariza, não mais podendo exercê-lo.[101]

A renúncia é um ato unilateral que não pode ser feito em favor de ninguém. E isso porque ela se caracteriza como um verdadeiro abandono do direito ou de uma posição jurídica,[102] de modo que o ato feito em benefício ou em favor de terceiro caracteriza-se, em verdade,

100 Desde logo é preciso destacar a existência, na doutrina, de posicionamento no sentido de que não é cabível renúncia a direito da personalidade, mas tão somente atos de limitação voluntária, os quais, por esse entendimento, não compreendem aquela. Nesse sentido, afirma Paulo Lôbo que "Nenhuma pessoa pode renunciar a qualquer parte ou dimensão dos direitos da personalidade. A renúncia atingiria o núcleo essencial da dignidade da pessoa, onde se inscrevem os direitos da personalidade, pois quem renuncia a um direito o exclui de modo definitivo dos bens jurídicos de que é titular. É inconcebível, no direito atual, a renúncia à vida, à integridade física, à integridade psíquica, à identidade pessoal, a intimidade, por exemplo. Essa característica foi afirmada de modo expresso pelo CC (art. 11). LÔBO. Op. cit. p. 165-166.

101 Em uma síntese, José Paulo Cavalcanti conceitua a renúncia como "o ato ou negócio jurídico dispositivo pelo qual o titular de um direito extingue êsse direito". CAVALCANTI, José Paulo. *Da renúncia no direito civil*. Rio de Janeiro: Forense, 1958. p. 11-12.

102 Consoante lição de Ana Prata, a renúncia é um "acto voluntário pelo qual uma pessoa perde um direito de que é titular, sem uma concomitante atribuição ou transferência dele para outrem". PRATA, Ana. *Dicionário jurídico*. Coimbra: Almedina, 1995. p. 22.

como um negócio translativo de direitos que nada mais é do que uma alienação ou transferência de uma posição jurídica.[103]

Portanto, quando há a renúncia a um direito em que, eventualmente, se beneficie um terceiro, este benefício decorrerá apenas indiretamente do ato abdicativo, pois este não é o objetivo da renúncia, não sendo essa a sua função. Veja-se, como exemplo, o caso da renúncia à herança, chamada de renúncia abdicativa. O eventual acréscimo no patrimônio dos demais herdeiros é um efeito direto da lei, pois o bem ou direito renunciado retornará ao monte hereditário e, dessa forma, beneficiará os demais herdeiros. Diversa é a hipótese da renúncia em favor de um herdeiro determinado, a qual é chamada de renúncia translativa ou renúncia *in favorem*, que é verdadeira alienação, inclusive com a incidência dos tributos a ela inerentes, como o ITCMD.[104]

---

103 Como observa José Paulo Cavalcanti, a renúncia é um ato que acarreta, pura e simplesmente, a extinção do direito. Qualquer vantagem ou benefício obtido por um terceiro não decorrerá diretamente da renúncia, mas de outro título. Prossegue, ainda, o autor afirmando que "Sendo a renúncia, de sua natureza, abdicativa, as chamadas *renúncias translativas* não são verdadeiramente renúncias, mas alienações [...] Uma renúncia translativa, observou Sibiciano, seria uma verdadeira *contradictio in terminis*. Com razão, Cariota Ferrara adverte que uma renúncia translativa não existe, chocando-se o adjetivo com o substantivo. E Ruggiero, negando a distinção entre renúncia abdicativa e translativa, assinala que a segunda não é outra coisa senão alienação e que só a primeira é renúncia, pelo que não tem necessidade de epítetos. As renúncias ditas translativas, como a chamada renúncia feita em benefício de pessoas determinadas pelo renunciante (renúncia *in favorem*), são figuras de alienação, inteiramente alheias, portanto, ao campo da renúncia". CAVALCANTI. Op. cit. p. 16-21. Em sentido contrário, entende Letícia Martel que a disposição de um direito fundamental – que no seu entender, abarca a renúncia –, como o são os direitos da personalidade, pressupõe a modificação de uma posição jurídica, isto é, faz-se necessária a existência de dois sujeitos, em que haverá a modificação de uma posição subjetiva de uma pessoa em favor de outra. MARTEL. Op. cit. p. 60.

104 Nesse sentido é a jurisprudência dos tribunais pátrios, como se infere da ementa do seguinte julgado do Tribunal de Justiça do Estado do Rio de Janeiro: AGRAVO DE INSTRUMENTO. AÇÃO DE INVENTÁRIO. RENÚNCIA ABDICATIVA. ITD. INOCORRÊNCIA DO FATO GERADOR. RECURSO A QUE SE DÁ PROVIMENTO. 1. Sabe-se que, na renúncia translativa, o herdeiro aceita a sua parte da herança, porém, a transfere à pessoa certa, gratuita ou onerosamente. Não é, propriamente, uma renúncia. Trata-se, na verdade, de cessão de direitos hereditários em que se revela indispensável a aceitação do beneficiário. 2. Diferente é a renúncia abdicativa. Nesta, o herdeiro anuncia que não aceita a herança ou o legado, o qual é integralmente devolvido ao monte hereditário. Em razão disso, independe de aceitação dos demais herdeiros e não é realizada em favor de determinada

A conclusão que se extrai das afirmações anteriores é que o ato de renúncia acarreta, inexoravelmente, uma extinção do direito, razão pela qual só poderia ser ela total, e jamais parcial.

Neste sentido, e particularmente no caso dos direitos da personalidade, isso não seria possível, na medida em que afrontaria o seu núcleo essencial e, consequentemente, a dignidade da pessoa humana.[105] A ninguém é dado excluir, definitivamente do seu patrimônio ou esfera jurídica, um direito da personalidade, pois isso acarretaria, como consequência, na renúncia à própria dignidade. Assim, só se admitiria a chamada limitação voluntária ao seu exercício, que, então, se diferenciaria da renúncia.

No entanto, tal conclusão não se coaduna com a correta intepretação do que é a renúncia. Embora, e como observado, ela corresponda, de um modo geral, efetivamente à extinção do direito ou à sua exclusão da esfera jurídica do sujeito, é possível reconhecer a possibilidade da prática de atos de renúncia que não se deem, necessariamente, de modo geral, irrestrito e total.

O que se quer dizer é que, embora a renúncia seja, como regra, irrestrita e geral, ela pode se dar parcialmente, sem que isso acarrete a exclusão do direito da esfera jurídica do seu titular.

---

pessoa. 3. Para fins tributários, tem-se que o ITD somente incide na renúncia translativa, pois apenas nesta modalidade é que se aperfeiçoa o negócio jurídico de transmissão e, consequentemente, ocorre o fato gerador. Inteligência do artigo 2º, item "1", da Lei Estadual nº 1.427/89. Precedentes. [...]. TJRJ. Agravo de Instrumento nº 0043708-42.2016.8.19.0000. Relator Des. Gilberto Clóvis Farias Matos 15ª Câmara Cível. Julgamento: 14/03/2017.

105 É nesse sentido que, por exemplo, J.J. Gomes Canotilho rejeita a possibilidade de renúncia aos direitos fundamentais e, particularmente, ao seu núcleo essencial, como já explicitado em momento anterior. CANOTILHO. Op. cit. p. 464. Igualmente entendendo ser impossível a prática de ato de renúncia dos direitos fundamentais, Jorge Mirada. Sem prejuízo, admite o autor português a possibilidade de se praticar atos de auto-restrição ou auto-suspensão desses direitos. MIRANDA. Op. cit. 2012. p. 426-429. Ocorre que, tal conclusão tem como pressuposto, como observa Benedita Crorie, uma interpretação radical da renúncia como ato que importa necessariamente a extinção de um direito. Essa visão, contudo, não parece ser, na visão da autora, a mais correta, devendo-se admitir, em seu entendimento, uma concepção restritiva da renúncia. CRORIE, Benedita Mac. *Os limites da renúncia a direitos fundamentais nas relações entre particulares*. Coimbra: Almedina, 2013. p. 23.

Inicialmente, e aqui tratando do instituto da renúncia de modo amplo, a aplicação de um conhecido brocardo jurídico cai como uma luva: quem pode o mais, pode o menos. Isso significa que, se é possível ao titular de um direito renunciá-lo totalmente, também se deve admitir que esse mesmo sujeito o faça parcialmente.

Sem prejuízo, ainda assim se reconhece que essa renúncia parcial não pode se dar em todo em qualquer caso. Para que ela se dê, é imprescindível que o direito objeto da renúncia parcial seja juridicamente divisível ou cindível.[106] Direitos ou bens juridicamente indivisíveis, isto é, cuja divisão acarrete a perda da sua função ou finalidade, por certo não poderão ser parcialmente renunciados, sob pena de ter o seu esvaziamento e extinção e, consequentemente, importar em uma renúncia total.

De tudo o que se disse podemos concluir, com alguma dose de certeza, que é possível a renúncia parcial de direitos, desde que a natureza e a estrutura desse direito o permitam.

Essas premissas e conclusões, contudo, não são suficientes para dirimir a grande questão que diz respeito a este estudo: o que importa saber, verdadeiramente, é se essa possibilidade de renúncia parcial é aplicável aos direitos da personalidade.

Como visto, o grande óbice diz respeito ao próprio entendimento do que é a renúncia. Vista, de um modo geral, como uma forma de extinção do direito, ela não é admitida pelo ordenamento jurídico no caso dos direitos da personalidade, como se infere do art. 11 do Código Civil.

Por essa mesma razão, a doutrina civilista também não a tem admitido,[107] o que deu azo à criação da figura da limitação voluntária ao exercício dos direitos da personalidade, também positivada na lei civil, que importa no reconhecimento de que o sujeito, por ato voluntário, pode estabelecer limites apenas ao exercício do seu direito da personalidade, deixando até mesmo de exercê-lo.

---

106 Cf. CAVALCANTI. Op. cit. p. 125.

107 Cita-se aqui, mais uma vez, e de modo exemplificativo, a doutrina de Paulo Lôbo. LÔBO. Op. cit. p. 165-166. António Menezes Cordeiro traz igualmente essa noção ao tratar da característica da dupla inerência dos direitos da personalidade, em que, o direito da personalidade liga, inafastavelmente, a pessoa a um bem que lhe é inerente, que é o atributo da sua personalidade. Desse modo, não se pode destacá-lo da pessoa, sendo, assim, irrenunciável. CORDEIRO. Op. cit. p. 108.

Não obstante, interpretando-se os casos dispostos na própria lei, assim como os exemplos apresentados pela doutrina, e a própria forma como se dá essa limitação voluntária, é possível perceber que ela corresponde, muitas vezes, a um ato de renúncia, embora parcial, pois aquela nada mais é, como visto, do que o ato por meio do qual o indivíduo, titular de um direito, dele se despe, por ato próprio de vontade, ou seja, por sua autonomia deixa de exercer ou até mesmo postular a tutela do seu direito.[108]

Note-se que, embora a doutrina rechace a possibilidade de renúncia, propriamente dita, do direito, sob o argumento de que apenas é possível a limitação ao seu exercício,[109] em verdade, as inúmeras situações práticas demonstram que esse ato limitativo corresponde, em verdade, a uma renúncia do próprio bem jurídico.

Para que se possa admitir essa possibilidade, é preciso retomar a noção de que o reconhecimento dos direitos da personalidade como direitos subjetivos reclamam uma ampliação da noção de bem jurídico, de modo que os atributos humanos são, inequivocamente, objetos da relação jurídica.

Desse modo, é plenamente possível reconhecer que tais bens jurídicos são passíveis de ser objeto de um ato de renúncia, ainda que apenas de modo parcial. Nesse sentido, veja-se o caso da privacidade.

Como se demonstrará no capítulo seguinte, a privacidade corresponde, tradicionalmente, ao direito do indivíduo de manter a salvo da intervenção ou conhecimento alheio a sua vida privada. É, pois, o direito de afastar do conhecimento ou domínio de terceiros aquilo que diz respeito à sua vida íntima e particular.

Por esse singelo conceito já é possível perceber que, segundo a autonomia privada e a liberdade de cada um, pode uma pessoa expor aspectos da sua vida privada, renunciando a parcela desse

---

108 Como observa Anderson Schreiber, ao tratar da limitação voluntária ao exercício dos direitos da personalidade, "Em uma série de situações não previstas em lei, mas socialmente admitidas, as pessoas desejam e aceitam limitar, pontualmente, o exercício de algum atributo da própria personalidade. O escritor que concede uma entrevista, revelando ao público detalhes da sua vida particular, deixa de exercer, naquela situação específica, seu direito à privacidade. Tal limitação, derivada da vontade do titular, não deve a toda evidência ser reprimida pela ordem jurídica, porque a vontade individual aí não se opõe, mas se dirige à realização da dignidade humana daquele indivíduo". SCHREIBER. Op. cit. p. 27.

109 LÔBO. Op. cit. p. 170.

direito, ao permitir que terceiros estranhos à sua esfera privada tenham acesso, por exemplo, a informações da sua vida particular, eximindo-os de responsabilização. Não se está, nesse caso, apenas limitando-se o exercício da privacidade, mas propriamente renunciando à parcela dela.

A partir daí é possível perceber, de modo inequívoco, que ao contrário do que está previsto na lei civil, e do que sustenta parcela relevante da doutrina, os direitos da personalidade são passíveis de renúncia, ainda que apenas parcial.

Sem prejuízo, a legitimidade desse ato de renúncia não deve se limitar à sua parcialidade. Além de dever ser parcial, essa possibilidade de renúncia também deve se dar em estrita observância e respeito à Constituição e à dignidade da pessoa humana. A mera autorização legal, ou ato de renúncia pelo exercício livre e consciente de vontade do sujeito não é suficiente para a sua admissibilidade, sendo imperiosa a conformação com os valores constitucionais.

Observe-se, ademais, que há casos em que, pela própria condição da pessoa, seu discernimento é reduzido, e o próprio exercício da sua liberdade e autonomia deverá ser mitigado, como é o caso, por exemplo, das crianças e dos deficientes mentais.

Conclui-se, então, que o exercício da autonomia privada que autoriza a renúncia aos direitos da personalidade reclama a observância de certos parâmetros e requisitos, não podendo se dar de modo absolutamente livre e irrestrito, sob pena de violar a mesma dignidade que serve de fundamento para o exercício da liberdade individual. Isso significa que a autonomia ou liberdade do indivíduo pode, quando necessário, ser limitada em prestígio à dignidade humana.[110]

Assim, firmadas essas premissas, o próximo passo é estabelecer, sistematicamente, esses requisitos e parâmetros para os atos de renúncia ou limitação voluntária ao exercício dos direitos inatos, sem os quais a pessoa corre o risco de se colocar, ou ser colocada, em condições degradantes e ofensivas à sua dignidade.

---

110 Como observa Carlos Nelson Konder, em muitos casos é possível a restrição, ou mesmo supressão, do arbítrio individual quando o exercício dessa liberdade coloca em risco algum aspecto da dignidade. KONDER, Carlos Nelson. O consentimento no biodireito. Os casos dos transexuais e dos wannabes. *Revista trimestral de direito civil*. a. 4, v. 15, Rio de Janeiro. p. 62, jul./set., 2003.

1.3. Requisitos legitimadores para a renúncia parcial dos direitos da personalidade

Como visto, a questão em torno da possibilidade de renúncia dos direitos da personalidade não é uníssona. Entretanto, reconhecendo-se a sua possibilidade, como aqui admitimos, é preciso estabelecer os requisitos para que ela se dê. E isso porque, dada a relevância dos direitos inatos, que buscam fundamento na dignidade da pessoa humana, realizando-a, a renúncia a tais direitos não pode se dar sem critérios e limites.

Por essa razão, buscamos no presente tópico estabelecer alguns requisitos objetivos para que ela se dê, facilitando o trabalho do intérprete e do operador do direito mediante o emprego e observância dessas balizas.

1.3.1. Titularidade do direito

O primeiro requisito parece óbvio, mas isso não afasta a necessidade de ser mencionado. Para que alguém possa renunciar a um direito, é preciso que dele seja titular, integrando o seu patrimônio jurídico ou esfera jurídica, haja vista que ninguém pode dispor ou renunciar àquilo que não tem.

A renúncia, como já visto, é um ato unilateral de vontade por meio do qual o titular do direito dele se despe, excluindo-o da sua esfera jurídica, parcial ou totalmente. Portanto, a renúncia é um ato privativo do titular do direito.

E isso é ainda mais evidente no caso dos direitos da personalidade. Sendo eles personalíssimos e inatos ao sujeito, apenas o seu titular pode renunciá-los, despindo-se dos atributos inerentes à sua personalidade.

A conclusão que decorre dessa afirmação é que, sendo a renúncia aos direitos da personalidade um ato privativo do seu titular, uma conduta praticada por terceiro que interfere sobre o direito titularizado por outrem, sem o consentimento deste, importa em violação a esse direito, e não à renúncia. E essa conclusão importa no segundo requisito para a renúncia: ela deve consistir em uma manifestação autônoma de vontade.

1.3.2. Manifestação autônoma de vontade

A renúncia ao direito da personalidade deve decorrer de uma manifestação autônoma de vontade, isto é, ela deve decorrer de um ato de vontade livre do próprio titular no sentido de renunciar ao seu direito. Na medida em que o ato de disposição é privativo do titular, a renúncia só é válida e eficaz se decorrer da vontade dele.

Em sentido contrário, se essa manifestação for heterônoma, ou seja, se ela decorrer de um ato de vontade de um terceiro, por certo não se poderá falar em renúncia, pois, aquele que com a sua conduta atinge a esfera jurídica de outrem, pratica um ato ilícito, uma inequívoca violação a direito, salvo se houver o consentimento do seu titular.

O que se depreende é que para a caracterização da renúncia é preciso uma manifestação de vontade autônoma daquele que titulariza o direito, manifestação esta que poderá se exteriorizar através de um ato próprio dele no sentido de renunciar ao seu direito, bem como por uma conduta omissiva, assentindo com a ação de um terceiro. Então, uma eventual exposição do direito da personalidade, para se caracterizar como uma renúncia, não precisa necessariamente decorrer de uma conduta do titular, podendo, de outro modo, decorrer de uma conduta de terceiro, mas desde que tenha o consentimento daquele.

E isso porque o que se exige para a caracterização da renúncia é tão somente a manifestação de vontade autônoma do titular no sentido de se despir do direito. Caso a conduta que concretize a disposição do direito seja praticada por outro sujeito, mas com o consentimento de quem o titulariza, também estará caracterizada a renúncia.

O consentimento, portanto, é um elemento ínsito à manifestação autônoma do sujeito voltada à renúncia do direito, tendo em vista que o titular, ao autorizar o atingimento de sua esfera jurídica por um terceiro, no tocante aos seus direitos da personalidade, também estará renunciando a eles e à sua tutela, exceto se a conduta do terceiro extrapolar os limites do assentimento.

Temos aqui, por certo, uma ampliação do conceito de renúncia, que não pode, todavia, ser descartado ou desconsiderado, pois relevante para o pleno exercício da autonomia privada, cuja interpretação não deve se restringir a uma conduta positiva do titular. Desse modo, o seu consentimento para que alguém interfira na sua esfera jurídica igualmente se caracteriza como uma conduta, embora omissiva e, portanto, negativa, no sentido de não proibir a ação de terceiros.

Esse consentimento, e isso é importante observar, pode ser tanto expresso, quanto tácito. Isso significa que não se faz necessária a expressa manifestação do sujeito em permitir que terceiros atinjam a esfera jurídica da sua personalidade, a qual também pode se dar tacitamente, através de uma postura que inequivocamente demonstre que houve o assentimento do titular do direito.

Para melhor compreensão dessas questões, veja-se, exemplificativamente, o caso do direito de privacidade nas redes sociais, em que é possível constatar nitidamente as hipóteses abstratamente descritas acima.

Em um primeiro exemplo, deve-se imaginar um sujeito que mantém um perfil público numa rede social. Nessa condição, e sendo titular da sua privacidade, ele decide postar uma foto ou vídeo com conteúdo privado seu, permitindo que toda e qualquer pessoa tenha acesso à publicação.

Neste caso, é nítida a renúncia de parcela da privacidade do titular por um ato próprio de vontade, e por iniciativa – conduta – sua. Sendo ele o titular do direito, ao despir-se do véu que encobre um fato íntimo de sua vida está renunciando à sua privacidade no que diz respeito ao fato publicado.

Num segundo exemplo, imagine-se a conduta de alguém que invade virtualmente o computador de uma pessoa, e de lá extrai uma foto, um vídeo ou uma informação íntima, postando-a, posteriormente, na rede.

Nessa segunda hipótese, há inequivocamente a prática de um ato ilícito, pois um terceiro, por uma conduta sua e sem o consentimento do titular do direito, invade a privacidade daquele que a mantinha em sua estrita esfera privada, violando o seu direito inato.

Situação diversa é a da pessoa que, tendo uma foto ou um vídeo com conteúdo privado, consente que um terceiro o publique na rede social. Nesse contexto, imagine-se que esse terceiro, de posse da fotografia do indivíduo, a publique na rede, inclusive *marcando-o* sem que este nada faça para contestar a publicação, ou até mesmo faça um comentário público elogiando a postagem. Trata-se, então, de uma conduta praticada por terceiro com o inequívoco consentimento do titular da privacidade, que estará renunciando à ocultação ou preservação deste fato da sua vida privada.

Note-se que, neste terceiro caso, não há uma conduta positiva do titular, no sentido dele próprio postar o conteúdo. No entanto, ao manter-se inerte, e até mesmo fazer um comentário público na postagem, consentiu com a conduta do terceiro, de modo que estará igualmente renunciando ao seu direito.

Disso se conclui que a renúncia deve decorrer de uma manifestação autônoma de vontade, que se exterioriza tanto pela conduta comissiva do titular, de renunciar ao direito por ato próprio, quanto por uma conduta omissiva, em que apenas consente, de modo expresso ou tácito, com o atingimento da esfera jurídica da sua personalidade.

1.3.3. Renúncia no interesse do titular

O ato de renúncia deve se dar no interesse do titular, como instrumento de promoção e realização da sua personalidade e, mediatamente, da sua dignidade. Na medida em que os direitos da personalidade decorrem da própria dignidade humana, e são uma ferramenta para a satisfação desta, e a irrenunciabilidade é uma forma de protegê-la, a renúncia a um direito inato só pode se dar como forma de sua realização.

Por outro lado, em algumas hipóteses, o interesse do titular também pode ser satisfeito com a realização da dignidade de terceiros, em um nítido exercício da função promocional do direito, como ocorre, por exemplo, nos casos de transplantes de órgãos.

Nestas situações, quando o ato de renúncia visa à promoção da dignidade alheia, exige-se um *maior grau de consentimento* pelo titular, no sentido de que é preciso que o indivíduo esteja plenamente consciente e convicto do seu ato, especialmente quanto à possibilidade de que o benefício à dignidade e à personalidade do terceiro possa ser, inclusive, maior do que aquele que ele próprio poderá obter, prevalecendo, assim, o interesse alheio.

Isso não significa, contudo, que seja dispensada a demonstração da realização da dignidade do titular do direito, pois como observado anteriormente, a renúncia ao direito da personalidade deve sempre se dar no interesse do renunciante. Assim, ao contrário do que se poderia pensar, para que esse ato de altruísmo seja legítimo, também é preciso que a renúncia traga satisfação à personalidade do titular do direito.

Isso impõe um verdadeiro controle sobre o ato de renúncia, cujo consentimento deve ser livre de vícios e jamais voltado à satisfação de outros interesses que não sejam o da promoção da dignidade, como, por exemplo, os econômicos, o que por certo fulminaria o ato, particularmente por não observar a função promocional a que se destina, que é a realização da dignidade humana do indivíduo.

1.3.4. Limitação

A questão mais relevante e tormentosa ficou para o fim. E esta diz respeito à abrangência e ao alcance do ato de renúncia. Para que se possa compreender a dificuldade do tema, é preciso retomar algumas observações já feitas anteriormente e que influenciam na conclusão a que se chegará ao final.

O Código Civil, em seu art. 11, expressamente prevê que são irrenunciáveis os direitos da personalidade, não podendo o seu exercício sofrer limitação voluntária. Tal previsão tem por objetivo tutelar a dignidade humana, vedando-se que o indivíduo pratique condutas contra si mesmo, e que venham a colocá-lo numa posição degradante.

Contudo, essa é uma disposição radical, pois suprime toda e qualquer forma de exercício da autonomia privada, o que, a toda evidência, não se coaduna com o próprio postulado da dignidade da pessoa humana, uma vez que a autonomia privada também emana da dignidade.

O legislador, ao agir com total radicalismo, suprimindo a autonomia do indivíduo por meio da absoluta vedação à possibilidade de renúncia ou limitação voluntária ao exercício dos direitos da personalidade, atentou contra a dignidade humana, haja vista que a possibilidade de exercer a liberdade em relação aos seus direitos da personalidade torna incapaz a plena concretização da função promocional da personalidade.

É certo, porém, que se o legislador tivesse permitido atos plenos, permanentes e gerais de renúncia, também atentaria contra a dignidade, pois possibilitaria que o indivíduo se colocasse ou se sujeitasse a situações humilhantes ou degradantes, esvaziando a sua personalidade em nítida afronta ao postulado da dignidade humana.

O que se percebe é que, ao se tentar buscar na lei uma solução para esse problema, esta não será encontrada. Por essa razão, é preciso buscar uma medida conciliatória para esse verdadeiro dilema nos princípios e valores consagrados pelo ordenamento, especialmente na Constituição, interpretando-se as disposições legais em conformidade com esta.

Assim, há que se colocar frente a frente a dignidade da pessoa humana e a autonomia privada, a fim de encontrar a resposta para esse intricado quebra-cabeça e justificar a solução possível. Dessa forma, em prestígio à autonomia privada, consagrada, *a contrario sensu*, no art. 5º, II da Constituição Federal, é preciso reconhecer que os direitos da personalidade não são irrenunciáveis, mas, muito pelo contrário, são passíveis de renúncia. Entretanto, em respeito aos limites impostos pela dignidade humana, também é preciso reconhecer que essa possibilidade de renúncia é limitada, devendo se dar de modo restrito, a fim de preservar a dignidade do indivíduo.

Então, num primeiro momento, a conclusão é a de que os direitos da personalidade são passíveis de renúncia, e que esta deve ser limitada. Esta primeira constatação, contudo, não resolve o problema que aqui se apresenta, pois deixa em aberto uma questão ainda maior que diz respeito à definição dos limites para o ato de renúncia.

Primeiramente, e de modo a corroborar o que já afirmamos, há um razoável consenso quanto à impossibilidade de a renúncia – ou a limitação voluntária ao exercício dos direitos da personalidade, expressão essa preferida majoritariamente pela doutrina – ser permanente e geral.[111] Neste sentido, inclusive, é a redação do enunciado nº 4 da I Jornada de Direito Civil do CJF, segundo a qual "o exercício dos direitos da personalidade pode sofrer limitação voluntária, desde que não seja permanente nem geral".

Essa ideia visa, nitidamente, proteger a dignidade humana, impedindo que o sujeito renuncie a ela de modo absoluto. Uma vez que o direito da personalidade a promove, se a pessoa se despir por completo e de modo definitivo de algum de seus atributos humanos, estará inequivocamente fulminando a sua dignidade.

Para ilustrar as hipóteses de atos de renúncia que não podem ser admitidos, é possível citar alguns casos passíveis de virem a ocorrer nos chamados programas de *reality show*, em que já há, naturalmente, pela sua própria essência, uma renúncia à privacidade. Nestes casos, em que já se constatam inúmeros excessos, é inadmissível que o indivíduo não reserve um espaço mínimo de privacidade, como, por exemplo, aceitando que sejam colocadas câmeras dentro do local reservado à satisfação das suas necessi-

111 Como exemplo, ver SCHREIBER. Op. cit. p. 27; TEPEDINO; BARBOZA; MORAES. Op. cit. p. 34; e LÔBO. Op. cit. p. 170.

dades fisiológicas, ou mesmo se submetendo à obrigação de trocar de roupa sem poder se proteger debaixo de um lençol. Tais fatos apenas teriam como objetivo satisfazer a curiosidade alheia, sem que houvesse qualquer promoção da dignidade do indivíduo, mas apenas acarretar uma degradação daquela, em prol de interesses econômicos dos promotores do programa.

Embora importante essa primeira definição acerca da impossibilidade de se praticar atos de renúncia gerais e permanentes, por certo ela não é suficiente a dirimir o problema que aqui se apresenta, pois ela é, inequivocamente, generalista, deixando um grande vácuo entre os extremos da impossibilidade e da possibilidade de renúncia. E é nesse espaço vazio, nesta zona de penumbra, que surgem as inúmeras controvérsias.

Para tentar solucioná-las, cremos que devemos partir, inicialmente, de um marco seguro, e este é, sem sombra de dúvidas, o já mencionado núcleo intangível dos direitos fundamentais e, como consequência, dos próprios direitos da personalidade.[112]

Este núcleo intangível corresponde àquele espaço do direito que se assemelha, na vida do indivíduo, à noção de mínimo existencial, isto é, o conteúdo mínimo e necessário para a existência de uma vida digna, que corresponde à própria dignidade.[113]

---

112 Em sentido semelhante, e tomando como fundamento a doutrina das três esferas, de origem alemã, acerca da privacidade, explicita Paulo Lôbo que "A adaptação da doutrina das três esferas, em relação à própria pessoa titular do direito à privacidade, pode ser útil para discernir o que pode ser objeto de autolimitação. A esfera íntima ou interna, ou o núcleo irredutível e essencial integrante da dignidade de qualquer pessoa, que a sociedade assim considera, não pode ser objeto de autolimitação. Nenhuma pessoa pode permitir, por ato de liberalidade ou mediante contrato oneroso, que sua esfera íntima de privacidade possa ser violada ou exposta". LÔBO. Op. cit. p. 167.

113 Essa é a razão pela qual comumente se afirma que o mínimo existencial integra o conteúdo da dignidade da pessoa humana, como explicita, por exemplo, Ana Paula de Barcellos: "o princípio da dignidade da pessoa humana comporta várias modalidades de eficácia jurídica em faixas diferentes de sua extensão. É possível reconhecer eficácia positiva ou simétrica às faixas que compõem o seu núcleo, especialmente àquelas que dizem respeito a condições materiais da existência, isto é, exigibilidade da prestação em si diante do Poder Judiciário – e essa constatação foi o objetivo principal do estudo. Em suma: o chamado *mínimo existencial*, formado pelas condições materiais básicas para a existência, corresponde a uma fração nuclear da dignidade da pessoa humana à qual se deve reconhecer a eficácia jurídica positiva ou simétrica". BARCELLOS. Op. cit. p. 291-292. O mínimo existencial compreende, nesse sentido, os direitos constitucionais mínimos, que correspondem

Isso significa que, quando da renúncia a um direito da personalidade, não pode o indivíduo reduzir-se a uma condição degradante, e tampouco servir como mero instrumento de realização e satisfação dos interesses alheios ou coletivos, como numa visão utilitarista.

A partir dessa noção fundamental, podemos concluir que, afora os limites do núcleo essencial do direito da personalidade, é admissível todo e qualquer ato de renúncia, pois estes não acarretariam um risco para a dignidade e, assim, haveria um espaço livre de conformação em que reinaria plena a autonomia privada.

Embora acertada essa premissa, isso não significa dizer que o indivíduo que, no exercício de sua liberdade, chegando, inclusive, ao extremo do núcleo intangível do seu direito, não gozará de modo pleno da tutela estatal, protegendo-se de todo e qualquer ato violador da sua personalidade, caso esta seja atingida em decorrência da sua própria conduta abdicativa do direito.

O que se quer dizer é que entre o limite do irrenunciável núcleo intangível dos direitos da personalidade, e o espaço de liberdade plena, há para o indivíduo inúmeras consequências, inclusive negativas, que decorrem desse ato de renúncia, através do qual a pessoa abdica de uma tutela jurídica plenamente satisfatória, assumindo o risco de danos.

Por certo, o ordenamento estabelece graus de proteção a partir das condutas praticadas pelos sujeitos no âmbito de sua autonomia. A autonomia privada, como visto anteriormente, não é absoluta, só sendo legítimo o seu exercício quando este se dá dentro dos limites estabelecidos pelo próprio ordenamento jurídico.

De igual modo, o merecimento de tutela dos atos praticados pelo sujeito também está condicionado ao exercício legítimo da autonomia, no sentido de que o reconhecimento da eficácia de uma conduta, e a proteção desta pelo ordenamento, passa pela

---

aos direitos fundamentais, como leciona Ricardo Lobo Torres: "os mínimos sociais, expressão escolhida pela Lei nº 8.742/93, ou mínimo social (*social minimum*), da preferência de John Rawls, entre outros, ou mínimo existencial, de larga tradição no direito brasileiro e no alemão (*Existenzminimum*), ou direitos constitucionais mínimos, como dizem a doutrina e a jurisprudência americanas, integram também o conceito de direitos fundamentais". TORRES, Ricardo Lobo. *O direito ao mínimo existencial.* Rio de Janeiro: Renovar, 2009. p. 35.

análise da sua compatibilidade com os fins e limites impostos pelo próprio ordenamento.[114]

Neste sentido, se é possível falar em graus de proteção – merecimento de tutela – a partir da conduta do sujeito, também é possível falar em graus de renúncia que irão repercutir na esfera dessa proteção e, particularmente, do próprio direito da personalidade do indivíduo.

Ao sujeito, no âmbito da sua autonomia privada, é conferida a liberdade de renunciar parcialmente aos seus direitos da personalidade, mas desde que observados os limites anteriormente descritos. Em contrapartida, isso traz consequências potencialmente negativas para o titular do direito, haja vista que, nesse espaço de conformação, não é cabível a intervenção do Estado ante a prevalência da liberdade.

Isso significa que, nesse grande vácuo o indivíduo pode fazer o que for do seu interesse, aquilo que ele entender como necessário à realização da sua personalidade. Mas, isso também leva a uma exposição, a qual é voluntária e decorrente da sua plena liberdade, deixando o sujeito, se não descoberto, menos protegido.

Como consequência, eventuais intercorrências negativas que venham a gerar danos à própria pessoa, não gozarão do mesmo merecimento de tutela se comparado às demais pessoas que prezam por uma maior integridade do seu direito, não renunciando a ele ou renunciando-o minimamente.

A conclusão é a de que quanto maior for a exposição da personalidade do indivíduo, por ato voluntário seu, renunciando aos seus direitos inatos, maiores serão os riscos por ele assumidos.

Disso se infere que a renúncia só é admissível de modo parcial e limitado, a fim de não atingir o núcleo intangível dos direitos da personalidade. A partir desse marco, ela será possível, nos mais variados graus. Mas, quanto maior for o grau de renúncia, mais vulnerável estará a pessoa, e menor será o merecimento de tutela de sua conduta, tendo em vista que se revela até mesmo contraditório renunciar a um direito e, posteriormente, reclamar sua proteção.

---

114 Sobre a noção do sentido de merecimento de tutela, ver SOUZA, Eduardo Nunes de. Merecimento de tutela: a nova fronteira da legalidade no direito civil. In: MONTEIRO FILHO; GUEDES; MEIRELES. Op. cit. p. 73-106.

CAPÍTULO 2

A PRIVACIDADE E SUA RENÚNCIA NAS REDES SOCIAIS

2.1. A privacidade como direito da personalidade e sua tutela constitucional e legal

Os direitos da personalidade tutelam diversos aspectos da pessoa humana. Enquanto emanações da dignidade, o seu reconhecimento jurídico e sua titularidade asseguram uma existência digna, em que cada um dos direitos representa um atributo da personalidade. E essa sua representatividade leva a doutrina a classificá-los sob diversas categorias a partir do bem juridicamente tutelado.

Uma das classificações usualmente aceita é aquela em que se dividem os direitos da personalidade em direitos físicos, direitos psíquicos e direitos morais:[1] os direitos físicos são aqueles que visam assegurar a integridade física da pessoa, como o direito à vida e o direito ao corpo; os direitos psíquicos são aqueles que tutelam a integridade psíquica, como o direito à liberdade – pensamentos, ideias, expressão, culto e etc. – e o direito à privacidade; e os direitos morais que visam resguardar a integridade moral, assim compreendido o direito à identidade, o direito à honra e direito ao respeito – pessoal e social.

A partir desta classificação, insere a doutrina a privacidade entre os direitos psíquicos, protegendo a integridade psíquica do sujeito mediante a tutela de seus múltiplos aspectos íntimos e privados, em especial aqueles que dizem respeito às relações pessoais e intrínsecas ao próprio indivíduo, como a família, os amigos, as relações amorosas, as convicções políticas, morais e religiosas, podendo abranger até mesmo os gostos esportivos. Exclui-se, deste modo, as questões de caráter público, como as negociais e as profissionais.[2] Trata-se, por-

---

1 Essa é a classificação proposta por Carlos Alberto Bittar. BITTAR. Op. cit., nota de rodapé 6. p. 68-69.

2 Na lição de António Menezes Cordeiro, o chamado *direito à reserva sobre a intimidade da vida privada* "postula uma liberdade fundamental: a que cada um tem de, sem prejudicar terceiros, orientar a sua vida privada como entender. Posto isso, queda um bem: a concreta vida privada do sujeito. E este bem – claramente de per-

tanto, de um direito de especial relevância, na medida em que protege importante aspecto da vida da pessoa, formador de sua personalidade, que é a sua esfera privada.[3]

No entanto, em que pese a classificação dos institutos jurídicos seja importante para a organização das ideias e a definição do adequado regime jurídico a eles aplicável, a atual complexidade das relações jurídicas, em que diversos interesses se interpenetram ou são mesmo difusos, revela a insuficiência dos tradicionais critérios classificatórios, razão pela qual a tutela da privacidade acaba por abranger outros bens jurídicos, e não apenas a integridade psíquica.[4]

Veja-se, exemplificativamente, o direito de imagem, que igualmente tutela aspectos psíquicos, mas também abrange a integridade física, e cuja preservação é inegavelmente importante para a proteção da privacidade. Deste modo, uma classificação estanque, em verdade, se mostra insuficiente à efetiva função exercida pelos direitos da personalidade, de tutela da pessoa de modo amplo, e não apenas de determinados aspectos da individualidade humana.

Isso, contudo, não afasta do direito à privacidade o seu caráter reconhecidamente autônomo, não guardando ele submissão ou relação de acessoriedade com outros direitos da personalidade. Embora, por exemplo, seja importante na tutela da integridade psíquica, como também ocorre com o direito de imagem, a privacidade guarda estrita relação com os aspectos da vida privada e íntima do

---

sonalidade – torna-se o suporte do inerente direito. A vida privada compreende as mais diversas realidades: a origem e a identidade da pessoa; a sua situação de saúde; a sua situação patrimonial; a sua imagem; os seus escritos pessoais; as suas amizades e relacionamento sentimentais; as suas preferências estéticas; as suas opções políticas e religiosas. Em rigor, a vida privada abrangerá tudo o que não seja público e profissional ou social". CORDEIRO. Op. cit., nota de rodapé 57. p. 259.

---

3 Como afirma Danilo Doneda, "a privacidade é um aspecto fundamental da realização da pessoa e do desenvolvimento da sua personalidade". DONEDA, Danilo. *Da privacidade à proteção de dados pessoais.* Rio de Janeiro: Renovar, 2006. p. 9.

4 Daniel J. Solove observa a complexidade do atual sentido da expressão privacidade, que pode ter inúmeros significados a partir dos diversos interesses díspares envolvidos, o que acarreta, como consequência, uma dificuldade também do seu enquadramento jurídico e da sua adequada proteção. SOLOVE, Daniel J. A taxonomy of privacy. *University of Pennsylvania law review.* v. 154, nº 3, p. 477-560. jan. 2006.

sujeito, e não apenas a proteção da fotografia pessoal contra eventuais exposições públicas.

Ainda assim, e como visto, em muitos casos a tutela da privacidade se associa com outros direitos, como, mais uma vez, o exemplo do direito de imagem, especialmente quando o indivíduo mira se resguardar de aparições públicas. Mas, mesmo diante dessas situações, cada um deles se destina prioritariamente à proteção de certos atributos da personalidade, de modo a não se poder confundi-los. Uma coisa é a proteção da vida privada, outra é a tutela da reprodução dos atributos físicos, sociais e sonoros,[5] o que evidencia a autonomia dogmática de cada um deles.

Este escopo de proteção da esfera privada traz, como consequência, a conclusão de que a privacidade é um direito inerente às pessoas naturais. Como consequência, e embora preveja o Código Civil, em seu art. 52,[6] a possibilidade de se aplicar extensivamente, e no que couber, a tutela dos direitos da personalidade às pessoas jurídicas, a privacidade se restringe às pessoas naturais, pois absolutamente incompatível o seu regime ao entes ficcionais, especialmente em razão do bem juridicamente tutelado – a integridade psíquica, a qual, por certo, não é dotada a pessoa jurídica.[7]

---

5 A proteção jurídica da imagem se divide em imagem-retrato, imagem-atributo e imagem-voz. A imagem-retrato diz respeito às características físicas do indivíduo, a reprodução do seu aspecto físico e visual, como uma fotografia; a imagem-atributo é aquela associada às características pessoais do sujeito que permitem a sua identificação social – por exemplo, bons comportamentos levam à *imagem de bom moço*; e a imagem-voz é aquela que permite a identificação da pessoa por seu timbre sonoro. Sobre a trilogia conceitual da imagem, ver FARIAS, Cristiano Chaves de; ROSENVALD, Nelson. *Curso de direito civil*: parte geral e lindb. v. 1. 14ª ed. Salvador: Jus Podivm, 2016. p. 247-248.

6 Segundo o disposto no art. 52 do Código Civil, "Aplica-se às pessoas jurídicas, no que couber, a proteção dos direitos da personalidade".

7 A questão, contudo, é extremamente controvertida. Em princípio, é preciso observar que, por serem os direitos da personalidade uma emanação da personalidade e da dignidade da pessoa humana, não podem eles ser titularizados pelas pessoas jurídicas. Em verdade, eventual repercussão sobre os chamados *direitos da personalidade da pessoa jurídica* terá um cunho meramente patrimonial e econômico, e não sobre sua personalidade, como observa Gustavo Tepedino: "as lesões atinentes às pessoa jurídicas, quando não atingem, diretamente, as pessoas dos sócios ou acionistas, repercutem exclusivamente no desenvolvimento de suas atividades econômicas, estando a merecer, por isso mesmo, técnicas de reparação específicas e eficazes, não se confundindo, contudo, com os bens jurídicos traduzidos na personalidade humana (a lesão à reputação de uma empresa comercial atinge –

Outra consequência de seu caráter protetivo da esfera psíquica do sujeito é que qualquer pessoa natural pode reclamar sua tutela, independentemente da atividade que exerça. Essa observação tem relevância na medida em que é comum se afirmar que as chamadas *pessoas públicas* não gozam de proteção à privacidade ou tem esta reduzida.[8] Nessa esteira, as pessoas famosas, como, por exemplo, artistas, políticos e celebridades, que renunciam parcialmente à sua vida privada, explorando-a gratuita ou onerosamente, não poderiam

mediata ou imediatamente – os seus resultados econômicos, em nada se assemelhando, por isso mesmo, à chamada *honra objetiva*, com os direitos da personalidade)" (TEPEDINO. Op. cit., nota de rodapé 5. p. 59). Particularmente no caso da privacidade, é ainda mais difícil a sua adequação às pessoas jurídicas, tendo em vista que tais entes ficcionais não têm uma esfera íntima e privada a proteger. Por essa razão, questões atinentes ao segredo industrial, *know-how* e sigilo comercial têm caráter unicamente mercadológico, visando à tutela da concorrência contra práticas desleais, e não propriamente à proteção de sua esfera psíquica. Nesse mesmo sentido, Pietro Perlingieri: "É necessário adquirir consciência da identidade apenas aparente de problemáticas como, por exemplo, o segredo, a privacidade e a informação. Estes aspectos assumem valor existencial unicamente para a pessoa humana; nas pessoas jurídicas, exprimem interesses diversos, o mais das vezes de natureza patrimonial. O sigilo industrial, o sigilo bancário, etc. podem também ser em parte garantidos pelo ordenamento, mas não com base na cláusula geral da tutela da pessoa humana" (PERLINGIERI. Op. cit., nota de rodapé 1. p. 158). Não obstante, embora este entendimento pareça ser mais consentâneo com a natureza e o fundamento dos direitos da personalidade, é forçoso reconhecer que na jurisprudência há entendimento consolidado no sentido de que as pessoas jurídicas são aptas a titularizar os direitos da personalidade, sendo-lhes aplicável, inclusive, o regime dos danos morais, na forma do enunciado nº 227 da súmula de jurisprudência dominante do Superior Tribunal de Justiça, na qual se afirma que "A pessoa jurídica pode sofrer dano moral". Uma vez que os danos morais se caracterizam como uma lesão aos direitos da personalidade e à dignidade humana, ao se reconhecer a possibilidade de as pessoas jurídicas sofrerem dano moral, está a se concluir, em um silogismo, que as pessoas jurídicas são titulares dos direitos da personalidade. Na doutrina, defendendo a possibilidade de as pessoas jurídicas titularizarem o direito à privacidade, ver BITTAR. Op. cit. p. 114.

8 Esse é o entendimento, por exemplo, de Luís Roberto Barroso: "Em uma sociedade democrática, pessoas que ocupam cargos públicos têm menor grau de privacidade do que as demais, em razão da transparência e do controle social relativo à sua atuação. O mesmo vale para artistas e atletas, por exemplo, que exercem atividade sujeita a exposição pública e alimentada pelo interesse e pela curiosidade popular". BARROSO, Luís Roberto. Imprensa, privacidade, princesas e topless. In: BARROSO, Luís Roberto. *Temas de direito constitucional*. t. 4. Rio de Janeiro: Renovar, 2009. p. 508.

ser insurgir contra práticas invasivas de terceiros, ou teriam limitado esse direito.

Um aspecto a se observar a partir desta afirmação, é que essa ideia ínsita à privacidade, que é a da vida privada, faz eclodir, inexoravelmente, a noção de vida pública. Para a vida privada, que é aquela inerente às questões pessoais e particulares do sujeito, há uma reserva que justifica um maior merecimento de tutela, por dizer respeito a aspectos íntimos do indivíduo, enquanto que para vida pública não há ou, ao menos, é reduzida essa reserva.[9] Deste modo, aqueles que mantêm, por conta das suas atividades, uma destacada vida pública, acabam por ter menor proteção contra ingerências externas sobre a sua esfera privada.

Essa observação repercute, de modo relevante, no campo da responsabilidade civil. Para pessoas que vivem sob uma maior exposição, por conta da atividade que exercem ou da vida que se propõem a levar, a divulgação de determinados fatos de sua vida particular podem não se caracterizar como ilícitos, enquanto que para pessoas que vivem sob um intenso resguardo de sua privacidade, o serão.

Veja-se, como exemplo, o caso de um político, cuja atividade impõe uma vida pública irrepreensível, assim como uma vida privada de ilibada reputação. Nessa hipótese, é de interesse público também a divulgação de determinados fatos privados do indivíduo, até mesmo para um controle público de seus atos. De modo contrário, um anônimo que não exerça nenhuma função ou atividade pública, se tiver os mesmos fatos divulgados, fará jus inequivocamente à tutela jurídica.[10]

---

9 Cf. CORDEIRO. Op. cit. p. 265.

10 A questão envolvendo a proteção jurídica da privacidade das *pessoas públicas* e das *pessoas privadas* é extremamente sensível, particularmente quando se entra no campo da responsabilidade pela divulgação de fatos da vida privada. Sem prejuízo, parece ser nítido que há um tratamento diferenciado entre os sujeitos, de modo que, como explicita Menezes Cordeiro, "um mesmo ato poderá ser lícito perante uma pessoa e ilícito, perante outra. Por exemplo, será lícito relatar as férias do primeiro-ministro: este tomará as medidas para atuar, em face dos acompanhantes, de modo politicamente correto, aceitando livremente essa sua 'condição'. Já relatar, sem mais, as férias de um cidadão, digno mas anónimo, será atentatório da sua privacidade: não sendo 'profissional' em imagem e estando desprevenido, certamente será apanhando em situações caricatas ou menos publicitáveis. De resto, o simples facto de ser notícia incomoda, em regra, qualquer pessoa normal". CORDEIRO. Op. cit. p. 266.

Em verdade, sobre esse aspecto é preciso destacar que aquelas pessoas que vivem da exposição pública acabam por ampliar a sua vida pública, de modo que aspectos da sua vida privada se reduzem, sendo esta invadida por aquela. Há ainda, em muitos casos, uma verdadeira confusão entre a vida pública e a vida privada. Mas isso não significa que elas não são titulares do direito à privacidade, e muito menos que a sua privacidade não seja merecedora de tutela.[11] Muito pelo contrário, inúmeras situações da sua vida particular continuam a ser preservadas, como ocorre com todo e qualquer indivíduo,[12] uma vez que, por ser a privacidade um direito que emana diretamente da dignidade humana, enquanto formador da personalidade do sujeito, não pode ser ela afastada.[13]

Sua relevância se extrai, então, naturalmente da própria positivação no texto constitucional, que inequivocamente a caracteriza como um direito fundamental, inserindo-a no rol dos direitos e garantias fundamentais.[14] Consoante o disposto no art. 5º, X, da Lei

---

11 Como observa Paulo Lôbo, ainda para as pessoas chamadas de *públicas* há uma esfera mínima de proteção da privacidade que não pode ser sobrepujada, independentemente da menor ou maior exposição pública a que elas se submetam. Com efeito, elas não perdem o direito à vida privada, sendo titulares dos direitos da personalidade como quaisquer outras pessoas. LÔBO. Op. cit. nota de rodapé 58. p. 151.

12 Conforme Gustavo Tepedino, "Mesmo o homem público tem o sagrado direito de ser resguardada sua vida sentimental ou sexual; a manter sigilo em relação a quem recebe ou frequenta". TEPEDINO, Gustavo. Informação e privacidade. In: TEPEDINO, Gustavo. *Temas de direito civil.* 4ª ed. rev. e atual. Rio de Janeiro: Renovar, 2008. p. 559. No mesmo sentido, ressalta Menezes Cordeiro que não desaparece a vida privada das pessoas famosas, pois sempre deverá se resguardar as esferas secreta e íntima. CORDEIRO. Op. cit. p. 266.

13 Para Anderson Schreiber, inclusive, sequer é possível admitir a mencionada redução da privacidade, ainda que para as pessoas ditas *públicas*. Em seu entendimento, "Se a profissão ou o sucesso de uma pessoa a expõe ao interesse do público, o direito não deve reduzir, mas assegurar, com redobrada atenção, a tutela da sua privacidade. Como se destacou no tocante ao direito à imagem, o fato de certa pessoa ser célebre – equivocadamente chamada de 'pessoa pública' – não podem servir de argumento a legitimar invasões à sua privacidade, aí abrangidos não apenas o espaço doméstico de desenvolvimento da sua intimidade, mas também os mais variados aspectos do seu cotidiano e de sua vida privada". SCHREIBER. Op. cit., nota de rodapé 8. p. 146.

14 De tal relevância, Luiz Alberto Araujo chega a afirmar que a tutela da privacidade é uma decorrência do direito à vida. Sobre o tema, ver ARAUJO, Luiz Alberto David. *Artigo 5º, incisos X ao XII.* In: BONAVIDES, Paulo; MIRANDA, Jorge; AGRA, Walber de Moura (Coord.). *Comentários à constituição federal de 1988.* Rio de Janeiro: Forense, 2009. p. 109. Em sentido contrário, embora entendendo que existe uma

Fundamental, é inviolável a vida privada das pessoas, previsão essa que lhe confere especial proteção, inclusive como cláusula pétrea, de modo a não poder ser suprimida.

Já no âmbito infraconstitucional, prevê o Código Civil, em seu art. 21, que "a vida privada da pessoa natural é inviolável", assim inserindo-a expressamente no rol dos direitos da personalidade.

Dessas disposições só se pode concluir pela inequívoca qualificação da privacidade como um direito fundamental da personalidade, o qual decorre da cláusula geral da personalidade humana, elemento essencial da tutela da dignidade humana, na formação da psique da pessoa, na medida em que ela se identifica com aquilo que a pessoa é, e não com o que ela tem.[15]

Por conta de seu status, é conferida ao direito à privacidade uma especial proteção. Das disposições constitucionais e legais se nota a intenção de se prever de modo absoluto a sua inviolabilidade, bem como a impossibilidade de sua disposição e renúncia. E isso se confirma ao se associar o art. 5º, X, da Constituição Federal com os arts. 11 e 21 do Código Civil.

O dispositivo constitucional, de modo taxativo, reza que é inviolável a vida privada, regra essa reproduzida no art. 21 da lei civil, que a complementa dispondo que "o juiz, a requerimento do interessado, adotará as providências necessárias para impedir ou fazer cessar ato contrário a esta norma". Além disso, o art. 11 do Código Civil ainda prevê, de modo amplo e geral, que são irrenunciáveis e indisponíveis os direitos da personalidade.

A junção desses dispositivos deixa pouquíssima – para não dizer nenhuma – margem ao titular do direito, além de, por óbvio, também impedir ingerências externas na vida privada do sujeito. Sobre este último aspecto, veja-se que o art. 21 do Código Civil traz regra que confere ao juiz amplos poderes para adotar quaisquer medidas ne-

forte conexão entre a integridade psíquica e o direito a vida, afirma Ingo Sarlet que tais direitos não se confundem, possuindo desdobramentos distintos. SARLET. Op. cit., nota de rodapé 48. p. 417.

15 Essa é a expressão empregada por Bruno Lewicki: "é assim que a privacidade vai encontrando seus contornos no ordenamento civil-constitucional: identificada com aquilo que a pessoa **é**, e não com o que ela tem". LEWICKI, Bruno. *A privacidade da pessoa humana no ambiente de trabalho*. Biblioteca de teses. Rio de Janeiro: Renovar, 2003. p. 87.

cessárias à proteção da privacidade, não se limitando, pois, ao campo da responsabilidade civil.[16]

Assim, sem prejuízo da tutela ressarcitória, que visa reparar ou, no caso dos direitos da personalidade, compensar o dano, também é possível o uso da tutela inibitória, a qual é implementada antes do cometimento do ilícito e de ter havido lesão ao direito. A mera ameaça de lesão ao direito já justifica e autoriza o seu manejo, por expressa previsão do art. 5º, XXXV, da Constituição Federal.[17] Cite-se, como exemplo, o fato de uma pessoa que tenha sido fotografada, num momento de intimidade, por um jornalista de um *site* de fofocas. Nesse caso, admite-se que a pessoa, visando proteger a sua privacidade, e evitar que um fato íntimo de sua vida venha a público, ajuíze uma ação buscando impedir a veiculação daquelas fotografias.

É possível, ainda, após o cometimento do ilícito, e durante a prática da conduta, especialmente quando ela, ou seus efeitos, se protraem no tempo, o manejo da tutela de remoção do ilícito. O objetivo desta medida não é reparar o dano, mas sim eliminar a

---

16 Sobre o mencionado dispositivo, manifesta-se a doutrina afirmando que "Nos termos do dispositivo em análise, o juiz 'adotará as providências necessárias para impedir ou fazer cessar ato contrário a esta norma'. Trata-se de providência que não esgota, à evidência, o imperativo constitucional de proteção da dignidade humana, limitando-se o codificador, como se vê, ao aspecto patológico, ou ao momento em que há lesão à personalidade. Como sintetiza Danilo Doneda, 'não se deve entender que a proteção da privacidade não se possa fazer também por meio da responsabilidade civil – ela é mais um instrumento que pode e deve ser utilizado. Apenas é patente a dificuldade em se utilizar tantos casos de violação da privacidade, apesar de evidente a antijuridicidade pelo desrespeito à pessoa e à sua dignidade. Ao clamar pela criatividade do magistrado para que tome as providências adequadas, o Código dá mostras da necessidade de uma atuação específica de todo o ordenamento na proteção da privacidade da pessoa humana, que seja uma resposta eficaz aos riscos que hoje corre'". TEPEDINO; BARBOZA; MORAES (Org.). Op. cit., nota de rodapé 94. p. 65.

17 O art. 5º, XXXV, da Constituição Federal cuida do princípio da inafastabilidade do controle do Poder Judiciário, assegurando o direito de ação, de modo que ao Judiciário é legítimo conhecer toda e qualquer ação que tenha como objeto a lesão ou ameaça de lesão a direitos, dando-lhes efetiva tutela. Nesse sentido, leciona Luiz Guilherme Marinoni que "o objetivo do art. 5º, XXXV, neste particular, foi deixar expresso que o direito de ação deve poder propiciar a tutela inibitória e ter a sua disposição técnicas processuais capazes de permitir a antecipação da tutela". MARINONI, Luiz Guilherme. Direito fundamental de ação. In: CANOTILHO, J. J. Gomes; MENDES, Gilmar Ferreira; SARLET, Ingo Wolfgang; STRECK, Lenio Luiz. (Coord.). *Comentários à constituição do Brasil*. São Paulo/Coimbra: Saraiva/Almedina, 2013. p. 363.

sua fonte, impedindo a continuidade da situação antijurídica, ou de seus efeitos, que assim expõem o titular do direito à lesão.[18] Como exemplo, pegando carona naquele exemplo anteriormente mencionado, podemos imaginar a situação de ter sido veiculado, no *site* de notícias, o fato da vida privada do indivíduo, com a sua respectiva fotografia. Pode o indivíduo se utilizar da tutela de remoção do ilícito para requerer ao juiz que determine a exclusão daquela publicação da página da internet, evitando a propagação e a continuidade da situação lesiva.

De tudo o que se disse é possível inferir a importância dada pelo constituinte e pelo legislador à necessidade de proteção da privacidade, a qual se revela, diante do regime disposto na Constituição e na lei, como um direito em que o Estado deu especial atenção, preocupando-se em diversas disposições com a sua proteção. E isso se deve ao fato de que é fundamental assegurar a todas as pessoas o direito de se resguardar de ingerências externas sobre aspectos privados da sua vida, como se verá no tópico seguinte, quando será enfrentado o problema do conteúdo da privacidade.

Por isso, e em princípio, em que pese a radicalidade das disposições examinadas, podemos afirmar que são legítimas as intenções do constituinte e do legislador, haja vista que, criando-se óbices a disposições internas e violações externas à privacidade, impede-se a sua exposição e, consequentemente, reduz-se a possibilidade de ofensas e danos, inclusive aqueles decorrentes da própria conduta dispositiva do indivíduo.

Não obstante, embora louvável a intenção, tais disposições não se coadunam, à perfeição, com a garantia da liberdade que se deve conferir a toda e qualquer pessoa, para, no exercício da sua autonomia privada, decidir os rumos de sua própria vida. E isso porque, como visto no capítulo anterior, a autonomia privada também está inserida no conteúdo da dignidade humana, cuja supressão acarretará, inequivocamente, uma ofensa a esta.

Essas previsões ainda se revelam utópicas quando confrontadas com a realidade vigente, e vão de encontro às modernas questões associadas à sociedade de vigilância e de informação em que vivemos na atualidade. Na presente quadra, o que se vê é uma ampla circula-

---

18 Cf. MARINONI, Luiz Guilherme. *Teoria geral do processo*. 2ª ed. São Paulo: RT, 2007. p. 254.

ção de informações e de dados pessoais, os quais são fornecidos, muitas vezes, pelas próprias pessoas envolvidas, para atender aos seus legítimos interesses pessoais e patrimoniais, a demonstrar a não subsistência da irrenunciabilidade da privacidade.[19]

Como contraponto, tem-se na mesma proporção inúmeras violações à privacidade, particularmente no que toca à circulação de dados pessoais, sendo noticiado diuturnamente uma ampla e indiscriminada comercialização de endereços físicos e eletrônicos, números de telefones fixos e móveis, números de RG e CPF e até mesmo informações bancárias.[20]

Isso significa que as disposições legais, e até mesmo as constitucionais, precisam ser reinterpretadas a partir da realidade atual, fazendo-se uma espécie de mutação, alterando-se o sentido e o alcan-

---

19 A contradição entre a letra da lei e a realidade social também é observada por Anderson Schreiber, ao comentar sobre o programa televisivo *Big Brother Brasil*, um *reality show* fundado na exibição pública e diuturna do dia-a-dia de um grupo de pessoas confinadas dentro de uma casa vigiada por câmeras por todos os lados. Como observou o autor, "É evidente que o direito está aqui muito distante da realidade. Enquanto casais trocam carícias em uma casa cercada de câmeras que transmitem a cena para todo Brasil, o Código Civil declara que 'a vida privada da pessoa natural é inviolável' (art. 21) e que o exercício da privacidade, como dos demais direitos da personalidade, não pode sofrer qualquer 'limitação voluntária' (art. 11). Quem se apega à letra da lei não compreende como é possível que aquelas imagens sejam veiculadas na televisão". SCHREIBER. Op. cit., nota de rodapé 8. p. 136.

20 Inúmeras são as notícias veiculadas na imprensa sobre a comercialização de dados pessoais, os quais têm grande valia para fornecedores, que se utilizam desses dados para angariar com mais facilidade potenciais clientes, inclusive através da construção de perfis a partir das informações adquiridas. Em interessante reportagem, a revista Época mostrou o valor que os dados pessoais podem ter no mercado. http://epoca.globo.com/tecnologia/experiencias-digitais/noticia/2017/07/quanto-valem-seus-dados-pessoais.html. Diante da alarmante situação, Gustavo Tepedino frisou a necessidade de uma urgente regulamentação da matéria, ante a banalização da circulação dos dados pessoais, "oferecidos escancaradamente a fornecedores de serviços e produtos interessados em conhecer características, hábitos, faixas de renda e as preferências de consumo de quem quer que seja. Daí a urgência em se disciplinar a utilização dos dados pessoais no Brasil, onde o eloquente silêncio normativo contribui para graves violações da privacidade". TEPEDINO, Gustavo. Circulação de dados pessoais: novos contornos da privacidade. *Revista trimestral de direito civil*. a. 11, v. 42, editorial, abr.-jun. 2011. O reclamo veio, 03 anos após a publicação do texto, com a Lei do Marco Civil da Internet, em 2014, a qual ainda se revela, na prática, pouco efetiva, especialmente quando a matéria diz respeito a dados pessoais sensíveis, conteúdo esse omitido pelo legislador.

ce destas, em decorrência da mudança do contexto fático,[21] a fim de melhor regular e tutelar essas modernas e difíceis questões.

Vejam, apenas exemplificativamente, o novo regime proposto pela Lei nº 13.709/2018, a Lei Geral de Proteção de Dados Pessoais – LGPD, a qual faz evidente ponderação entre o direito à propagação de dados pessoais, inclusive os sensíveis[22] – atividade chamada pelo legislador de tratamento de dados, que consiste em toda operação realizada com dados pessoais, como as que se referem a coleta, produção, recepção, classificação, utilização, acesso, reprodução, transmissão, distribuição, processamento, arquivamento, armazenamento, eliminação, avaliação ou controle da informação, modificação, comunicação, transferência, difusão ou extração, nos termos do art. 5º, X, da referida lei –, e a tutela da privacidade que é um dos fundamentos da própria disciplina da proteção de dados, consoante o disposto em seu art. 2º, I.[23]

Acerca das novas ferramentas tecnológicas de informação e deste novo regramento jurídico, é importante destacar a existência de pensamento no sentido de que os dados pessoais se inserem, hoje, na categoria dos direitos da personalidade, configurando-se como uma verdadeira projeção da personalidade.[24]

Como vimos anteriormente, o rol dos direitos da personalidade é meramente exemplificativo, não se limitando às hipóteses constitucionais e legalmente previstas. Com efeito, segundo esse

---

21 No âmbito do direito constitucional, chama-se de *mutação constitucional* o meio informal de alteração do texto constitucional, em que se permite a mudança do sentido e alcance do texto, sem alterá-lo formalmente. Sobre o tema ver BARROSO. Op. cit., nota de rodapé 27. p. 159-175.

22 Na conceituação proposta pelo legislador, nos incisos I e II do art. 5º da LGPD, dados pessoais são todas as informações relacionadas à pessoa natural, enquanto que os dados pessoais sensíveis são todos aqueles dados que digam respeito à rigem racial ou étnica, convicção religiosa, opinião política, filiação a sindicato ou a organização de caráter religioso, filosófico ou político, dado referente à saúde ou à vida sexual, dado genético ou biométrico, quando vinculado a uma pessoa natural.

23 A LGPD tem como propósito, fundamentalmente, a tutela da privacidade Como observa Rony Vainzof, "a preocupação com a proteção de dados pessoais está associada à própria noção de proteção da privacidade". VAINZOF, Rony. et. al. *LGPD*: lei geral de proteção de dados comentada. Coordenação: Viviane Nóbrega Maldonado e Renato Opice Blum. São Paulo: Revista dos Tribunais, 2019. p. 25.

24 Cf. BIONI, Bruno Ricardo. *Proteção de dados pessoais*: a função e os limites do consentimento. Rio de Janeiro: Forense, 2019. p. 51 e ss.

entendimento, é possível reconhecer novos direitos da personalidade, direitos inatos à pessoa e que visem o desenvolvimento e formação da personalidade e a promoção da dignidade humana, como os dados pessoais, bens jurídicos inequivocamente integrados à personalidade.[25]

Não obstante tal entendimento, pensamos que os dados pessoais, em verdade, estão inseridos no âmbito da privacidade, pois dizem respeito a informações da pessoa, as quais devem ser preservadas, possibilitando, ainda, segundo a noção de privacidade que veremos a seguir, o controle sobre o seu fluxo de circulação. Deste modo, a tutela desses bens visam, ao fim e ao cabo, a proteção da privacidade do indivíduo, não sendo a tutela dos dados pessoais um fim em si mesmo.[26]

Esse entendimento pode ser reforçado pelo caráter patrimonial que hoje se revestem os dados pessoais, sendo comercializados e negociados pelos mais diversos *players* econômicos, de modo que eles não se limitam à esfera existencial e extrapatrimonial.[27]

Sem prejuízo dessa discussão, o que se percebe é que essa evolução dos meios de comunicação tem trazido inúmeros desafios para a sociedade e para os pensadores e operadores do direito, impondo-se uma releitura de conceitos outrora sedimentados.

Por essa razão, para que se possa examinar com maior profundidade essas atuais e tormentosas questões envolvendo a privacidade, é importante identificá-la, a fim de definir o seu conteúdo e alcance, o que se buscará fazer no item a seguir.

---

25 Nesse sentido, explicita Bruno Ricardo Bioni que "um dado, atrelado à esfera de uma pessoa, pode se inserir dentre os direitos da personalidade. Para tanto, ele deve ser adjetivado como pessoal, caracterizando-se como uma projeção, extensão ou dimensão do seu titular". BIONI. Op. cit. p. 64-65.

26 Na mesma linha de pensamento, colocando a proteção de dados como uma forma de evitar a violação da privacidade, tornando-a um negócio, FRAZÃO, Ana. Fundamentos da proteção de dados pessoais – noções introdutórias para a compreensão da importância da lei geral de proteção de dados. In: TEPEDINO, Gustavo; FRAZÃO, Ana; OLIVA, Milena Donato. *Lei geral de proteção de dados pessoais e suas repercussões no direito brasileiro*. São Paulo: Revista dos Tribunais, 2019. p. 23-52.

27 No mesmo sentido, FRAZÃO. Op. cit. p. 26-27.

2.2. O conteúdo da privacidade

Desde logo é preciso destacar que o conceito de privacidade vem se modificando ao longo do tempo. As mudanças pelas quais a sociedade passa, o avanço dos meios de comunicação e as constantes alterações na forma como as pessoas se relacionam impõem uma constante redefinição do que seja a privacidade, fato esse que traz um sentimento de insegurança, razão pela qual se revela importantíssima uma definição do seu conteúdo.[28]

Remete-se costumeiramente a origem das primeiras noções de privacidade, como ela é hoje conhecida, ao texto *The right to privacy*, escrito pelos advogados e juristas americanos Samuel Warren e Louis Brandeis, publicado na *Harvard Law Review* no já distante ano de 1890.[29]

Antes desse marco, a noção de privacidade era difusa e estava mais associada ao direito à honra do que propriamente a tutela da vida privada. Isso se deve ao fato de que as antigas sociedades, como o Império Romano e a Grécia Antiga, por exemplo, associavam o indivíduo à sua atuação coletiva no âmbito da sociedade, isto é, associavam-no ao conceito de público, e não de privado, de modo que a vida particular e familiar do sujeito não justificava uma proteção específica contra determinadas ingerências.[30]

Por isso, apenas no final do século XIX foram traçadas as primeiras noções da privacidade como ela é compreendida atualmente, com a sua inclusão nos ordenamentos jurídicos ao redor do mundo. Apenas quando se passou a compreender a relevância da pessoa hu-

---

28 Como observa Daniel J. Solove, em um mundo que sofre constantes transformações tecnológicas, torna-se difícil estabelecer uma definição da privacidade, assim como leis para a sua proteção, de modo que as disposições legais acabam se revelando insuficientes para a proteção desse direito: "The difficulty in articulating what privacy is and why it is important has often made privacy law ineffective and blind to the larger purposes which it must serve. Judicial opinions and statutes often depend upon some notion of the definition and value of privacy". SOLOVE, Daniel J. Conceptualizing privacy. *California law review*. v. 90: 1.087, p. 1090, 2002.

29 Texto disponível na íntegra em http://www.english.illinois.edu/-people-/faculty/debaron/582/582%20readings/right%20to%20privacy.pdf. Acessado em 10/10/2017.

30 BUENO, Daniel Augusto Contijo. Vida privada na contemporaneidade. In: FIUZA, César (Org.). *Autonomia privada*: direitos da personalidade. Belo Horizonte: D'Plácido, 2015. p. 115-116.

mana, individualmente, é que se despertou para a necessidade de tutela da sua vida privada.[31]

Nessa esteira, o texto de Warren e Brandeis é pioneiro, embora tenha sido escrito sob um contexto peculiar, pois motivado por razões particulares da vida de Samuel Warren. O advogado nova-iorquino, casado com Marian Manola, uma famosa atriz da época, cansado da grande exposição promovida pela imprensa acerca da vida pessoal de sua mulher, desenvolveu juntamente com Louis Brandeis – que algum tempo depois veio a se tornar juiz da Suprema Corte americana – a ideia inicial da privacidade como o *direito de ser deixado só – right to be let alone*, em que se reconhecia às pessoas o direito de não serem importunadas no âmbito de sua esfera íntima e pessoal.

Essa primeira noção do direito à privacidade decorria diretamente da evolução dos conceitos do direito à vida – como um *direito de aproveitar a vida* –, do direito de propriedade – que passou a abranger todas as formas de bens, tangíveis e intangíveis –, e da liberdade – no sentido da possibilidade de se exercer amplamente as garantias e os direitos civis.[32]

A finalidade do texto era construir um conteúdo e alcance da privacidade como forma de proteção da vida das pessoas no que toca às suas relações pessoais e sociais, impondo-se um dever geral de abstenção, tal como ocorre com a propriedade,[33] de modo a impedir a violação da privacidade e da intimidade por todas as demais pessoas da sociedade.

---

31 DONEDA. Op. cit., nota de rodapé 113. p. 7-8.

32 "Then the 'right to life' served only to protect the subject from battery in its various forms; liberty meant freedom from actual restraint; and the right to property secured to the individual his lands and his cattle. Later, there came a recognition of man's spiritual nature, of his feelings and his intellect. Gradually the scope of these legal rights broadned; and now the right to life has come to mean the right of enjoy life, – the right to be let alone; the right to liberty secures the exercise of extensive civil privileges; and the term "property" has grown to comprise every form of possession – intangible, as well as tangible". WARREN, Samuel; BRANDEIS, Louis. The right to privacy. *Harvard law review*. v. IV, nº 5, p. 193, dec. 1890.

33 Como observa Anderson Schreiber, numa ótica tradicional, o direito à privacidade, assim como o direito de propriedade, caracterizava-se pela existência de um dever correspondente de abstenção, que impunha aos demais sujeitos da sociedade o dever de não a violar ou criar óbices ao seu exercício. SCHREIBER. Op. cit., nota de rodapé 8. p. 137.

Tratava-se, pois, de um viés estritamente negativo da privacidade, em que se impunha aos demais sujeitos tão somente um *non facere*, isto é, um não fazer, de modo a criar uma barreira de proteção sobre a esfera privada do sujeito, ideia essa consentânea com o pensamento liberal, individualista e patrimonialista da época[34], o qual não mais subsiste.

Os antigos valores que permeavam a sociedade foram substituídos, em grande parte do mundo, por ideais sociais e humanistas, de modo que essa concepção da privacidade se revela, nos tempos atuais, limitada e insuficiente. De 1890 até hoje, a sociedade passou por inúmeras mudanças no campo das relações e também dos meios de comunicação, fazendo com que a exposição das pessoas aumentasse em progressão geométrica, numa equação inversamente proporcional ao prestígio, proteção e preservação da privacidade.

A esfera íntima dos indivíduos nunca foi tão devassada e compartilhada, o que nos leva a concluir que a noção de privacidade não pode mais se restringir a uma função apenas negativa, de mera proteção contra ingerências externas, em que se buscava tão somente impedir a intervenção alheia e não autorizada do titular sobre fatos e informações da sua vida privada.

Hodiernamente, os próprios indivíduos são instados a expor não apenas fatos de sua vida particular, mas também dados de caráter pessoal, a fim de formar perfis que são utilizados para os mais variados fins, que vão desde o simples preenchimento de uma ficha cadastral na loja de sua preferência, com o objetivo de obter futuros descontos, até a inscrição em um concurso público ou para a ocupação de uma vaga de emprego.[35] Com efeito, a mera *invasão da*

---

34 Como observa Carlos Nelson Konder, o modelo inicial de privacidade se caracterizava primordialmente pelo individualismo jurídico, em que o ordenamento é construído a partir do indivíduo como valor original e fundamental, pelo patrimonialismo, dada a semelhança com o modelo do direito de propriedade, e pelo voluntarismo, que leva em conta primordialmente o querer do sujeito, tutelando-se a privacidade a partir da expectativa deste. KONDER, Carlos Nelson. Privacidade e corpo: convergências possíveis. *Pensar*. v. 18, nº 2, p. 357-358, mai./ago. 2013.

35 O preenchimento de cadastros eletrônicos para os mais variados fins, requeridos por pessoas de direito público e de direito privado, a fim de elaborarem perfis dos indivíduos, seja para a concessão de um simples empréstimo pessoal, ou até para a obtenção de licença para o exercício de uma determinada atividade, possibilitam uma verdadeira devassa na vida das pessoas, inclusive levando-se em consideração a possibilidade de utilização indevida desses dados, dadas as facilidades ofe-

privacidade mediante a prática de atos de indiscrição sobre fatos e informações da vida privada dos indivíduos não é a única questão a ser enfrentada na tutela da privacidade.

A evolução e a massificação das relações impuseram mudanças radicais sobre a privacidade. Veja-se, nessa esteira, o já mencionado exemplo da crescente imposição de preenchimento de cadastros para a aquisição de produtos e serviços junto a lojistas, ou para usufruir conteúdos restritos em *sites* na internet, ou ainda para abrir perfis nas redes sociais, fatos esses que têm colocado as pessoas num complexo sistema social em que o resguardo e proteção da privacidade tem se tornado de difícil efetividade.

Nesse cenário, a Lei nº 13.709/2018 – Lei Geral de Proteção de Dados se revela como uma importante ferramenta de regulação dessas questões, visando a proteção do indivíduo. Como medidas protetivas, a LGPD traz, em seu art. 7º, inúmeros requisitos para o uso e compartilhamento dos dados,[36] sendo o mais importante o consenti-

---

recidas pelos atuais meios de tecnologia. Isso impõe a necessidade de se pensar sobre diversas formas de gestão de poder e de controle, como observa Stefano Rodotà. RODOTÀ, Stefano. *A vida na sociedade de vigilância*: a privacidade hoje. Organização, seleção e apresentação de Maria Celina Bodin de Moraes. Tradução de Danilo Doneda e Luciana Cabral Doneda. Rio de Janeiro: Renovar, 2008. p. 24-25.

---

36 Art. 7º O tratamento de dados pessoais somente poderá ser realizado nas seguintes hipóteses:
I – mediante o fornecimento de consentimento pelo titular;
II – para o cumprimento de obrigação legal ou regulatória pelo controlador;
III – pela administração pública, para o tratamento e uso compartilhado de dados necessários à execução de políticas públicas previstas em leis e regulamentos ou respaldadas em contratos, convênios ou instrumentos congêneres, observadas as disposições do Capítulo IV desta Lei;
IV – para a realização de estudos por órgão de pesquisa, garantida, sempre que possível, a anonimização dos dados pessoais;
V – quando necessário para a execução de contrato ou de procedimentos preliminares relacionados a contrato do qual seja parte o titular, a pedido do titular dos dados;
VI – para o exercício regular de direitos em processo judicial, administrativo ou arbitral, esse último nos termos da Lei nº 9.307, de 23 de setembro de 1996 (Lei de Arbitragem);
VII – para a proteção da vida ou da incolumidade física do titular ou de terceiro;
VIII – para a tutela da saúde, em procedimento realizado por profissionais da área da saúde ou por entidades sanitárias;
IX – quando necessário para atender aos interesses legítimos do controlador ou de terceiro, exceto no caso de prevalecerem direitos e liberdades fundamentais do titular que exijam a proteção dos dados pessoais; ou

mento do titular dos dados, o qual, conforme o art. 8º da LGPD, deve ser inequívoco.[37]

Sobre essa questão, é importante destacar que a exigência do consentimento do titular, no tratamento dos dados, revela uma preocupação do legislador e um alinhamento do ordenamento jurídico à moderna acepção da privacidade. Isso porque tem como propósito viabilizar a participação do indivíduo no fluxo circulatório de suas

---

X – para a proteção do crédito, inclusive quanto ao disposto na legislação pertinente.

§ 1º Revogado pela Medida Provisória nº 869/2018.

§ 2º Revogado pela Medida Provisória nº 869/2018.

§ 3º O tratamento de dados pessoais cujo acesso é público deve considerar a finalidade, a boa-fé e o interesse público que justificaram sua disponibilização.

§ 4º É dispensada a exigência do consentimento previsto no caput deste artigo para os dados tornados manifestamente públicos pelo titular, resguardados os direitos do titular e os princípios previstos nesta Lei.

§ 5º O controlador que obteve o consentimento referido no inciso I do caput deste artigo que necessitar comunicar ou compartilhar dados pessoais com outros controladores deverá obter consentimento específico do titular para esse fim, ressalvadas as hipóteses de dispensa do consentimento previstas nesta Lei.

§ 6º A eventual dispensa da exigência do consentimento não desobriga os agentes de tratamento das demais obrigações previstas nesta Lei, especialmente da observância dos princípios gerais e da garantia dos direitos do titular.

---

37 Art. 8º O consentimento previsto no inciso I do art. 7º desta Lei deverá ser fornecido por escrito ou por outro meio que demonstre a manifestação de vontade do titular.

§ 1º Caso o consentimento seja fornecido por escrito, esse deverá constar de cláusula destacada das demais cláusulas contratuais.

§ 2º Cabe ao controlador o ônus da prova de que o consentimento foi obtido em conformidade com o disposto nesta Lei.

§ 3º É vedado o tratamento de dados pessoais mediante vício de consentimento.

§ 4º O consentimento deverá referir-se a finalidades determinadas, e as autorizações genéricas para o tratamento de dados pessoais serão nulas.

§ 5º O consentimento pode ser revogado a qualquer momento mediante manifestação expressa do titular, por procedimento gratuito e facilitado, ratificados os tratamentos realizados sob amparo do consentimento anteriormente manifestado enquanto não houver requerimento de eliminação, nos termos do inciso VI do caput do art. 18 desta Lei.

§ 6º Em caso de alteração de informação referida nos incisos I, II, III ou V do art. 9º desta Lei, o controlador deverá informar ao titular, com destaque de forma específica do teor das alterações, podendo o titular, nos casos em que o seu consentimento é exigido, revogá-lo caso discorde da alteração.

informações pessoais.[38] Tal exigência decorre, então, da nova realidade social.

Na atual sociedade tecnológica e globalizada, um grande número de pessoas mantém uma intensa vida pública e social, divulgando fatos de sua vida privada mediante publicações nas mais variadas ferramentas de comunicação, como aplicativos de conversas e redes sociais, despertando, com isso, a curiosidade de muitos. Há, inegavelmente, uma profusão de *micro celebridades* que angariam seguidores e admiradores publicando fotos do seu dia-a-dia, desde o acordar até o dormir.

Portanto, a tutela privacidade, que antes era uma grande preocupação apenas das pessoas que tinham, por conta de suas atividades, um maior risco de exposição pública de fatos da sua vida privada, passou também a ser uma preocupação das pessoas ditas comuns, anônimas, que se expõem e são vigiadas por câmeras a todo o tempo, sejam pelo próprio Poder Público, como medida de segurança ou até mesmo para um simples controle de trânsito, sejam aquelas dos celulares que se encontram nos bolsos de qualquer sujeito.

Esses fatos também demonstram outra realidade inexorável, qual seja, a de que quanto maiores forem os avanços tecnológicos, maior será a possibilidade de exposição e invasão da privacidade, o que deveria levar a um aumento da preocupação com a preservação da esfera privada, especialmente por aquelas pessoas que prezam, com maior cuidado, pelo resguardo de sua vida particular.

Enfrentamos hoje, então, não mais apenas uma crise envolvendo o resguardo da esfera privada, em que se deve buscar ferramentas de proteção dos indivíduos contra a ação de terceiros, sedentos por saber informações sobre a vida particular das pessoas, mas também o grave problema da superexposição, causada pelos próprios indivíduos, de modo que, na mesma medida em que se anseia por uma ampliação da liberdade e da autonomia privada, também se busca instrumentos de controle e proteção contra danos decorrentes dessa mesma exposição.[39]

38 Nesse sentido, TEPEDINO, Gustavo; TEFFÉ, Chiara Spadaccini de. Consentimento e proteção de dados pessoais na LGPD. In: TEPEDINO; FRASÃO; OLIVA. Op. cit. p. 298.

39 Como observa Stefano Rodotà, a mudança da definição da privacidade altera o foco do problema, que passa a não ser mais o sigilo, e sim o controle das informações. RODOTÀ. Op. cit. p. 36.

Em princípio, poderíamos falar na existência de uma contradição, e um inevitável conflito, em decorrência de um provável antagonismo de interesses, em que a pessoa quer, ao mesmo tempo, uma total liberdade de expor a sua privacidade e, em contraponto, quer também uma proteção da sua vida privada contra a utilização, por terceiros, das informações e dos dados por ela mesma expostos. Todavia, esse conflito é apenas aparente, pois o fato de o indivíduo expor a sua privacidade, renunciando-a, não significa uma absoluta dispensa de tutela jurídica.

É certo que em muitas situações concretas, as pessoas têm renunciado, quase que totalmente, à sua privacidade, como nos já mencionados *reality shows* de celebridades, em que elas são seguidas por câmeras 24 horas por dia, tanto dentro de casa, quanto fora. Mas, ainda assim isso não significa que não haja a possibilidade de proteção contra a abusos ou desvios, a afastar o merecimento de tutela.

Disso tudo se vê que os problemas atuais envolvendo a privacidade são muito mais complexos do que se possa imaginar, pois o avanço dos meios de comunicação elevou a possibilidade de renúncia a patamares ou graus até então inimagináveis, como se evidencia, por exemplo, nas redes sociais, em que muitos indivíduos passam todo o dia fazendo publicações, desde a forma como acordou e dormiu, até o que comeu no café da manhã, no almoço e no jantar, e também com quem se encontrou e se relacionou durante o dia.

Por isso, o isolamento, a paz e o sossego tornaram-se bens escassos, um verdadeiro sonho acalentado por muitos, que não conseguem mais obtê-los no tempo presente. É cada vez mais comum ouvir de certas pessoas o desejo de buscar abrigo em locais afastados dos grandes centros urbanos e da constante vigilância imposta até mesmo por simples celulares com suas câmeras indiscretas e dos aplicativos de conversas e de e-mails.

Mas, mesmo diante de todas essas modernas e atuais questões, não cremos que a primeira noção de privacidade tenha sido totalmente superada ou abandonada.[40] Primeiro, o próprio individualis-

40 Segundo Caitlin Mulholland, e em sentido contrário ao que aqui se sustenta, essa primeira noção de privacidade está superada, sendo substituída por uma nova acepção que leva em consideração o controle de dados sensíveis pelo titular do direito da personalidade: "Este conceito habitual de privacidade está, contudo, superado. Se, tradicionalmente, o direito à privacidade (*right to privacy*) está associado

mo que permeava as primeiras ideias de privacidade ainda persiste, o que não poderia ser diferente. Se a privacidade é um direito que visa a promoção e formação da personalidade, integrando o rol dos direitos da personalidade – que são os mais personalíssimos dos direitos –, por certo que a individualidade ainda é um caráter marcante da vida privada.

Como consequência, o caráter negativo da privacidade permanece, vedando-se ações externas e não autorizadas que violem a vida privada dos indivíduos. E os exemplos são inúmeros, inclusive na legislação vigente, como se infere dos arts. 150, 151, 152, 153 e 154 do Código Penal, que tipificam como crime a conduta de violação ao domicílio, a violação à correspondência e a violação ao segredo.[41]

Em todos esses casos, o bem juridicamente tutelado é a privacidade sob sua ótica individualista, pois se impede a entrada no domicílio ou residência de uma pessoa, assim como o acesso ao conteúdo de correspondências, ou ainda a violação de segredos, sem que haja autorização ou consentimento do titular.

Desses simples exemplos já é possível perceber que não foi abandonada a noção primeira de privacidade, tendo apenas havido a ampliação do seu conceito, ao mesmo tempo em que se suavizou aquela concepção de absoluta preservação da privacidade como um mero direito de estar só.[42]

---

ao direito de ser deixado contemporaneamente pode-se afirmar que a privacidade evoluiu para incluir em seu conteúdo situações de tutela de dados sensíveis de seu controle pelo titular e, especialmente, de 'respeito à liberdade das escolhas pessoais de caráter existencial'". MULHOLLAND, Caitlin. O direito de não saber como decorrência do direito à intimidade. *Civilistica.com*. a. 1, nº 1, p. 2, 2012. Disponível em http://civilistica.com/wp-content/uploads/2015/02/Mulholland-civilistica.com-a.1.nº1.2012.pdf. Acessado em 10/11/2017.

41 Nesse sentido, BITENCOURT, Cezar Roberto. *Tratado de direito penal*: parte especial. Dos crimes contra a pessoa. v. 2. 7ª ed. São Paulo: Saraiva, 2007. p. 394-451. Segundo o autor, embora nesses casos possa se falar genericamente em proteção da liberdade individual, a intimidade e a privacidade, como liberdades individuais, ganham destaque nesses tipos penais. Na doutrina civilista, assim também reconhece Carlos Alberto Bittar. BITTAR. Op. cit. p. 113.

42 Como observa Rodotà, "não é mais possível considerar os problemas da privacidade somente por meio de um pêndulo entre 'recolhimento' e 'divulgação'; entre o homem prisioneiro de seus segredos e o homem que nada tem a esconder; entre a 'casa-fortaleza', que glorifica a privacidade e favorece o egocentrismo, e a 'casa-vitrine', que privilegia as trocas sociais; e assim por diante. Essas tendem a ser al-

Por essa razão, para uma definição adequada do conteúdo da privacidade, é preciso primeiro ter em mente que qualquer pessoa tem o direito de preservar a sua vida privada, afastando todo aquele que deseje invadi-la, de modo a poder reservá-la para si e para aquelas pessoas que lhe convierem.[43]

Isso significa dizer que, numa primeira noção de privacidade, ela significa o direito do indivíduo de não ter informações e fatos da sua vida expostos e publicizados contra a sua vontade. Por essa ótica, embora um pouco mais elástica em relação àquela histórica, é possível perceber que a privacidade tem, de fato, um viés negativo e protetivo, servindo como escudo contra ingerências indevidas alheias. Essa é, como dito, a ideia básica de privacidade, que não pode ser esquecida.

Não obstante, mesmo que mais ampla do que a primeira concepção, esta ainda é uma visão limitada. E isso porque, os tempos atuais, por certo, não permitem mais esse ideal de privacidade, em que é praticamente impossível alguém viver só ou impedir que que as demais pessoas tenham acesso a informações privadas.

Por essa razão, a privacidade é, atualmente, vista de um modo mais amplo, não apenas como o direito de impedir que terceiros interfiram, ou violem, a sua esfera privada, mas também como o direito de controlar o fluxo das informações sobre a própria vida, especialmente no âmbito da sociedade moderna, a chamada *sociedade da informação*, consequência direta da globalização e dos avanços dos meios de comunicação.[44]

ternativas cada vez mais abstratas, visto que nelas se reflete uma forma de encarar a privacidade que negligencia justamente a necessidade de dilatar esse conceito para além de sua dimensão estritamente individualista, no âmbito da qual sempre esteve confinada pelas circunstâncias de sua origem". RODOTÀ. Op. cit. p. 25.

43 Nesse sentido, afirma Celso Lafer, ao tratar da intimidade como sinônimo de privacidade, que ela é "o direito do indivíduo de estar só e a possibilidade que deve ter toda pessoa de excluir do conhecimento de terceiros aquilo que a ela só refere, e que diz respeito ao seu modo de ser no âmbito da vida privada". LAFER, Celso. *A reconstrução dos direitos humanos*: um diálogo com o pensamento de Hannah Arendt. São Paulo: Companhia das Letras, 1991. p. 239.

44 Na lição de Stefano Rodotá, "parece cada vez mais frágil a definição de 'privacidade' como o 'direito de ser deixado só', que decai em prol de definições cujo centro de gravidade é representado pela possibilidade de cada um controlar o uso das informações que lhe dizem respeito". RODOTÁ. Op. cit. p. 24.

Esse é o atual caráter positivo da privacidade, que autoriza o indivíduo a, por exemplo, exigir a correta e adequada utilização das informações e dos dados daqueles que os obtiveram, uso esse que deve se limitar aos fins para os quais foram entregues, como se vê, por exemplo, do disposto no art. 8º, § 4º da LGPD, o qual prevê que o consentimento para o tratamento dos dados pessoais deve se referir a finalidades determinadas, sendo nulas as autorizações genéricas. Como consequência, é possível à pessoa proibir que esses mesmos dados e informações sejam disponibilizados ou comercializados, além de se poder postular eventuais incorreções existentes quando do seu uso e circulação.

Trata-se, pois, de um direito subjetivo atribuído ao indivíduo de poder exercer sobre a sua privacidade um amplo controle, o que não poderia ser diferente. E isso porque, embora tenha o indivíduo, no exercício da sua autonomia privada, renunciado à parcela de sua privacidade, visando atender interesses específicos, isso não significa que ela não seja mais merecedora de tutela.

Mais uma vez observamos que isso é extremamente comum nas redes sociais, em que as pessoas alimentam as páginas virtuais com informações e dados sobre si, cujo controle se torna, a depender do perfil escolhido, muito difícil. As possibilidades de reprodução e compartilhamento de postagens, na maioria das vezes sem qualquer possibilidade de ingerência por aquele que as veiculou - tudo devidamente autorizado nos termos e condições de uso do provedor de conteúdo –, dificultam a tutela da privacidade, razão pela qual torna-se importante conferir ao indivíduo poderes de controlar o fluxo e circulação desse conteúdo e, inclusive, se utilizar das diversas modalidade de tutela processual existentes para a proteção do seu direito.

A privacidade, então, deixa de ter um viés meramente negativo para acrescer a ela um outro positivo, em que a pessoa não tem apenas a possibilidade de bloquear o acesso à sua vida privada, como também tem o poder de controlar o uso das informações e dos seus dados pessoais, inclusive aqueles fornecidos voluntariamente por ela,[45] através daquilo que se convencionou chamar de *direito à autodeterminação informativa*.

45 Nesse sentido, SCHREIBER. Op. cit., nota de rodapé 8. p. 137-138.

Por esse direito, tido nos países do sistema jurídico romano-germânico como fundamental, proporciona-se ao indivíduo a possibilidade de controle sobre as suas informações e dados postos em circulação, visando assegurar de modo pleno a tutela da sua personalidade.[46]

O que se percebe é que, por essa moderna concepção, a privacidade se caracteriza como um direito assegurado à pessoa de não apenas estar só e impedir o acesso não autorizado à sua vida privada, mas também de escolher e de controlar o fluxo dos dados e fatos da sua vida que possam circular e ser acessados pelas demais pessoas.[47]

Desse novo conceito de privacidade extraem-se as dimensões procedimental e substancial dos direitos da personalidade.[48] A dimensão procedimental está voltada à coleta das informações e dos dados, que não pode se dar de modo clandestino ou desautorizado, sob pena de caracterizar uma invasão de privacidade. Já a dimensão substancial é aquela voltada ao exercício do direito à privacidade pelo titular, que pode optar por exercê-la de modo pleno, evitando o acesso por terceiros, bem como pode controlar as informações e dados por ele fornecidos, impedindo que eles sejam utilizados indevidamente para fins não autorizados.

Tal visão se revela consentânea com a inequívoca e irreversível realidade da possibilidade de renúncia parcial da privacidade e demais direitos da personalidade. A outrora alardeada irrenunciabilidade absoluta dos direitos da personalidade, e dentre eles a privacidade, não se revela adequada com a realidade da vida atual.[49]

---

46 DONEDA. Op. cit., nota dc rodapć 113. p. 196 197.

47 Na visão de Daniel J. Solove, a concepção mínima da privacidade deve observar 06 aspectos: (i) o direito de ser deixado só; (ii) o acesso limitado a si próprio; (iii) o segredo; (iv) o controle das informações pessoais; (v) a própria personalidade; e (vi) a intimidade. SOLOVE. Op. cit. 2002. p. 1.094.

48 DONEDA. Op. cit., nota de rodapé 113. p. 140-142.

49 Sobre o tema, assim se manifestam os autores na obra coletiva coordenada por Gustavo Tepedino, Maria Celina Bodin de Moraes e Heloisa Helena Barboza: "Não há dúvidas de que a privacidade representa um direito importantíssimo da pessoa humana. Entretanto, mostra-se evidente no mundo contemporâneo a permanente colisão entre a privacidade e todos os demais interesses tutelados na sociedade globalizada. Cabe ao intérprete, pois, mais do que simplesmente alardear a inviolabilidade teórica dos direitos fundamentais, delimitá-los em sua concreta atuação". TEPEDINO; BARBOZA; MORAES. Op. cit., nota de rodapé 94. p. 61.

Com efeito, a tradicional concepção da privacidade é insuficiente para os padrões atuais da vida em sociedade, razão pela qual há que se fazer uma releitura do instituto sob a ótica constitucional, particularmente quando se verifica a sua colisão com a liberdade de informação, também constitucionalmente assegurada. E é aqui que se verifica a dramática questão da preservação da privacidade na contemporaneidade.

Diante da profusão de meios de comunicação e de informação, a tutela da privacidade tem se tornado cada vez mais difícil. Essa dificuldade não decorre apenas do agir de terceiros, mas também do atuar do próprio titular dos dados e informações, que os expõe publicamente.

Por essa razão, e para uma adequada proteção da dignidade, há que se estabelecer um limite, um conteúdo mínimo de privacidade que deve receber uma maior proteção, evitando-se ingerências até mesmo internas, como a renúncia, sob pena de redução do sujeito a condições degradantes, de uma quase absoluta inexistência de privacidade. É esse ponto que passaremos a tratar a seguir, o qual diz respeito ao núcleo essencial da privacidade.

2.3. A intimidade como núcleo essencial da privacidade

Uma questão importantíssima no exame do conteúdo da privacidade, e que por essa razão merece um tratamento separado, diz respeito ao seu núcleo essencial. Vimos anteriormente que a privacidade pode ser vista sob duas acepções, positiva e negativa, e que a partir daí se extrai o seu conteúdo, a vida privada, a qual confere ao indivíduo o direito de impedir invasões não autorizadas sobre ela, além de conferir o direito de controlar o fluxo e a circulação dos dados e informações fornecidos.

Essa possibilidade de controle dos dados e informações, contudo, só é possível porque se dá ao indivíduo, primeiramente, a liberdade de renunciar à parcela de sua privacidade, de modo que ele pode fornecê-los a terceiros, exercendo, posteriormente, um controle sobre a circulação do conteúdo disponibilizado.

A renunciabilidade, como já vimos no primeiro capítulo, decorre da autonomia privada, que não pode, no âmbito de um ordenamento jurídico que consagra a dignidade da pessoa humana como um de seus pilares, ser absolutamente suprimida, devendo ainda ser exercida dentro dos limites e dos fins propostos pelo ordenamento.

Assim, no âmbito da titularidade dos direitos da personalidade, e sendo a privacidade um desses direitos, tem a pessoa a faculdade de renunciar à parcela dela, despindo-se relativamente de sua tutela e inviolabilidade para expor aspectos da sua vida privada a terceiros. Trata-se, inequivocamente, da autonomia privada sobre a privacidade.[50]

Mas, como também já vimos, essa renunciabilidade não pode ser irrestrita, havendo uma limitação quanto à possibilidade de renúncia aos direitos da personalidade e, consequentemente, da privacidade, que corresponde à parcela do direito cuja inviolabilidade é absoluta, que é o seu núcleo essencial. O núcleo essencial é o conteúdo intangível dos direitos da personalidade, sobre o qual se impõe a sua irrestrita proteção, a fim de evitar a própria degradação do sujeito pela supressão do direito e, consequentemente, a violação à dignidade da pessoa humana.

Então, se a violação ao núcleo essencial dos direitos fundamentais e, como consequência, dos direitos da personalidade, importa na extinção do próprio direito, atos que importem no atingimento desse conteúdo, tanto por ato próprio do titular, por se caracterizar como uma renúncia total, quanto pela ação de terceiros, não são merecedores de tutela, pois se revelariam como um atentado à dignidade humana.

Tendo isso em mente, conclui-se que a privacidade, por se caracterizar como um direito da personalidade, também tem um núcleo intangível, que fica a salvo de ingerências internas e externas, e que, por essa razão, precisa ser resguardado. A questão que exsurge dessa afirmação é qual seria o conteúdo mínimo da privacidade, isto é, seu núcleo duro e inviolável. Não vamos deixar de responder. A nosso sentir, esse conteúdo mínimo corresponde à intimidadc.[51]

---

50 Conforme explicita Roxana Borges, as pessoas têm o direito de expor a sua vida privada para o público em geral, caso em que resta excluída a ilicitude do ato de divulgação de aspectos da vida privada do indivíduo quando devidamente autorizado, pelo quê não haverá violação ao direito da personalidade. BORGES, Roxana Cardoso Brasileiro. *Direitos da personalidade e autonomia privada*. Coleção Prof. Agostinho Alvim. 2ª ed. São Paulo: Saraiva, 2007. p. 164-167.

51 Conforme José Adércio Leite Sampaio, a intimidade é o núcleo mais sensível e, consequentemente, nuclear da privacidade, sendo o "'espaço último intangível da liberdade humana', em que o indivíduo, por não afetar, por meio de seu 'ser' ou de seus comportamentos, a esfera pessoal dos congêneres ou o interesse da

Primeiramente, é preciso destacar que a separação conceitual entre a privacidade e a intimidade não é uníssona na doutrina. Em verdade, diversos autores tratam a privacidade e a intimidade como sinônimos, não vendo diferenças entre elas,[52] enquanto outros afirmam que a distinção é nítida.

Dentre os que as diferenciam, há aqueles que veem entre a privacidade e a intimidade uma mera relação de gênero e espécie, em que a privacidade seria o gênero e a intimidade a espécie, e há aqueles que se utilizam da teoria dos círculos concêntricos da vida privada ou teoria das esferas da personalidade, representada pela figura de um círculo dentro de outro, em que há um de maior amplitude – externo – e outro mais restrito – o interno –, cujo raio maior corresponde à privacidade e o menor à intimidade.[53]

Sobre esse primeiro aspecto, parece mais acertada a proposição de que a privacidade e a intimidade não se confundem, embora esta esteja inserida naquela. Tal diferenciação, inclusive, é feita em diversos corpos legislativos, como na própria Constituição Federal.

Historicamente, um dos primeiros instrumentos normativos a tratar dos direitos e deveres do homem, que é a Declaração Americana dos Direitos e Deveres do Homem de 1948, já previa – e ainda prevê –

vida da comunidade, exige uma proteção maior relativamente à esfera privada, em que essa afetação se faz presente e a ação intersubjetiva se opera de forma mais contundente". SAMPAIO, José Adércio Leite. In: CANOTILHO; MENDES; SARLET; STRECK. (Coord.). Op. cit. p. 277.

52 É o caso, por exemplo, de Carlos Alberto Bittar, que sequer utiliza a expressão *privacidade*, optando por empregar apenas o termo *intimidade* para designar o direito à proteção da vida privada. BITTAR. Op. cit. p. 110-118. Sobre o tema, expressa Paulo Lôbo que "A distinção entre intimidade e vida nem sempre é fácil, pois condicionada aos variados ambientes culturais e às mutações ocorridas no tempo, razão por que quase sempre essas expressões são conjugadas, como optou a Constituição. A alusão a uma quase sempre é abrangente da outra. De toda forma, quando a norma jurídica se refere a uma delas o intérprete deve considerar implicitamente referida a outra". LÔBO. Op. cit., nota de rodapé 58. p. 151.

53 Nesse sentido, é a lição de Claudio Godoy (GODOY, Claudio Luiz Bueno. *A liberdade de imprensa e os direitos da personalidade*. 3ª ed. São Paulo: Atlas, 2015. p. 40-43), Roxana Borges (BORGES. Op. cit. p. 167), Renan Lotufo (LOTUFO, Renan. *Código civil comentado*: parte geral (arts. 1° a 232). 3ª ed. São Paulo: Saraiva, 2016. p. 129-130), Luiz Alberto Araujo (ARAUJO. Op. cit. p. 110.), José Adércio Leite Sampaio (SAMPAIO. Op. cit. p. 277) e José Afonso da Silva (SILVA, José Afonso da. *Direito constitucional positivo*. 28ª ed. São Paulo: Malheiros, 2007. p. 206.

em seu artigo V que "Toda pessoa tem direito à proteção da lei contra os ataques abusivos à sua honra, à sua reputação e à sua vida particular e familiar",[54] assim distinguindo a vida privada da vida familiar.

Igualmente a Convenção Europeia dos Direitos do Homem – Convenção Para a Proteção dos Direitos do Homem e das Liberdades Fundamentais – prevê, desde 1950, tal distinção, como se infere do disposto em seu art. 8º,[55] que também diferencia a vida privada da familiar.

No mesmo sentido, e posteriormente às convenções citadas, a Convenção Americana de Direitos Humanos, datada de 1969, em seu art. 11, alínea 2,[56] também trouxe previsão no sentido de que ninguém pode ter violada a sua vida privada e de sua família, devendo a lei prever proteção contra essas ingerências e ofensas.

Em todos os casos mencionados é possível perceber nitidamente a diferenciação proposta, em que a vida familiar, diferentemente da vida privada, é mais particular e, portanto, restrita do que esta.

Na mesma toada caminha a Constituição Federal de 1988, que em seu art. 5º, X, prevê, de modo explícito, que é inviolável a intimidade e a vida privada, evidenciando a existência de conceitos distintos, embora umbilicalmente ligados.

Mais recentemente, a Lei nº 13.709/2018 previu expressamente, em seu já mencionado art. 5º, I e II, a diferenciação entre dados pessoais e dados pessoais sensíveis, na mesma esteira da *General Data Protection Regulation – GDPR* da União Europeia, classificando os primeiros como toda informação relacionada à pessoa natural, e os segundos como dados pessoais sobre origem racial ou étnica, convicção religiosa, opinião política, filiação a sindicato ou a organização de caráter religioso, filosófico ou político, dado referente à saúde ou à vida sexual, dado genético ou biométrico, a revelar a existência de esferas mais sensíveis da privacidade.

O que se percebe é que existe, de fato, uma diferenciação entre a privacidade e a intimidade, de modo a não ser possível tratá-las

54 Disponível em http://www.cidh.oas.org/basicos/portugues/b.declaracao_americana.htm. Acessado em 8/12/2017.

55 Disponível em http://www.echr.coe.int/Documents/Convention_POR.pdf. Acessado em 8/12/2017.

56 Disponível http://www.cidh.oas.org/basicos/portugues/c.convencao_americana.htm. Acessado em 8/12/2017.

como sinônimas. Nessa diferenciação, a proposição que parece mais adequada é aquela que compreende a intimidade como parte da privacidade, em que aquela está contida nesta, ou seja, a privacidade é mais ampla, abrangendo a intimidade, que é mais restrita, razão pela qual se revela bem adequada a representação dos círculos concêntricos para demonstrar cada uma delas[57].

Sobre a referida teoria, é importante destacar que ela remonta ao direito francês, no julgamento do caso *Affaire Rachel*, julgado em 1858 pelo Tribunal Civil de Seine, em que se reconheceu à família da famosa atriz Rachel Félix o direito de não ter publicada a sua imagem no leito de morte, por dizer respeito à sua esfera íntima.

Posteriormente, já na doutrina alemã, difundiu-se a teoria através dos juristas Heinrich Hubmann e Heinrich Henkel, que no 42º Congresso Jurídico Deutscher Juristentag, tradicionalíssimo congresso alemão, e realizado à época em 1957 na Cidade de Düsseldorf, diferenciavam o privado, do íntimo e do secreto, correspondendo a três círculos concêntricos, em que a privacidade corresponderia ao círculo externo – representando as relações e situações mais superficiais do indivíduo, os dados privados "mais públicos", como o nome, o endereço e etc. –, a intimidade o círculo intermediário – que abrange o sigilo e a relação domiciliar, familiar, profissional e as comunicações pessoais – e o segredo o círculo interno – correspondendo à esfera mais íntima e privada do sujeito, como as opções sexuais, filosóficas e religiosas, cujo acesso só se admite em circunstâncias excepcionais e mediante expresso consentimento do sujeito. No direito alemão, portanto, difundiu-se a teoria dos três graus ou três camadas.[58]

No Brasil, contudo, difundiu-se a noção norte-americana dos dois círculos concêntricos, como já mencionado, em que se tem um

57 No mesmo sentido, salienta Sônia Aguiar do Amaral Vieira que a intimidade, em confronto com a privacidade, diz respeito a fatos profundamente íntimos, de caráter, inclusive, sigiloso, ao passo que a privacidade diz respeito à esfera menos íntima do sujeito. VIEIRA, Sônia Aguiar do Amaral. *Inviolabilidade da vida privada e da intimidade pelos meios eletrônicos*. São Paulo: Juarez de Oliveira, 2002. p. 25.

58 O STF, no julgamento do ARE 867.326 RG, que tratava da inclusão de nome em sistema de análise, avaliação e pontuação de risco de crédito, mantido por instituição de proteção ao crédito, fez expressa menção à teoria dos três graus ou esferas, esclarecendo a importância que tais limites tiveram, por exemplo, para a liberdade de imprensa. Nesse sentido, ver ARE 867.326 RG / SC. Relator Ministro Teori Zavascki. Tribunal Pleno. DJE 20/04/2015.

círculo exterior, que compreende a privacidade, correspondendo às relações e questões mais superficiais da vida privada, e o círculo interior, que diz respeito à intimidade, correspondendo à esfera íntima do indivíduo, às relações e situações mais sensíveis da vida da pessoa.

A partir dessa diferenciação entre o íntimo e o privado, o passo seguinte é definir cada um deles, questão essa não menos tormentosa. De modo objetivo, a vida privada corresponde às questões voltadas às relações interpessoais, mais rasas e superficiais, em que não se tem um amplo conhecimento da vida íntima da pessoa, a qual, contrariamente, diz respeito às relações e aspectos íntimos e intangíveis do sujeito, que ficam a salvo de qualquer ingerência.

A intimidade envolve, como já explicitado, as informações pessoais mais sensíveis que dizem respeito à saúde, à vida familiar e à vida sentimental, amorosa e sexual e o sentimento religioso (fé), correspondendo àquilo que os franceses chamam de *vie privée intime* (vida privada íntima), em diferenciação à *vie privée ordinaire* (vida privada ordinária), nitidamente vista no art. 9º do Código Civil francês, que trata das medidas protetivas contra ações que correspondam a *une atteinte intolérable à personnalité* (um ataque intolerável à personalidade).[59]

Então, a noção de vida privada é muito mais ampla,[60] com maior prestígio à autonomia privada do indivíduo, inclusive em observância à noção de livre desenvolvimento da personalidade, em atenção ao *direito geral de liberdade e da personalidade*,[61] em que a livre disposição da privacidade, através da sua renúncia – dentro dos limites

---

59 Prevê o art. 9º do Código Civil francês que "Chacun a droit au respect de sa vie privée. Les juges peuvent, sans préjudice de la réparation du dommage subi, prescrire toutes mesures, telles que séquestre, saisie et autres, propres à empêcher ou faire cesser une atteinte à l'intimité de la vie privée : ces mesures peuvent, s'il y a urgence, être ordonnées en référé" (Todos têm o direito ao respeito à vida privada. Os juízes podem, sem prejuízo da compensação por danos sofridos, adotar quaiquer medidas, como sequestro, apreensão e outros, para prevenir ou fazer cessar um atentado à intimdade da vida privada: essas medidas podem, se houver urgência, serem ordenadas sumariamente – ou em processo sumário). Tradução livre.

60 Na lição de Luiz Alberto Araujo, a "vida privada cuida de um convívio do indivíduo mais aberto com o meio social. O relacionamento é mais distante do que o da intimidade". ARAUJO. Op. cit. p. 110.

61 Cf. SAMPAIO. Op. cit. p. 277.

propostos no capítulo 1 –, é uma das formas de exercício da liberdade de expressão.[62]

Por outro lado, a intimidade, enquanto núcleo intangível da privacidade, corresponde à esfera secreta da vida do indivíduo, na qual ele tem o poder de impedir qualquer ingerência externa,[63] além de lhe ser, em princípio, vedado dispor, sob pena de se submeter a uma condição degradante e ofensiva à sua dignidade.

A ela corresponde o núcleo da vida afetiva, familiar, religiosa e sexual, bem como a inviolabilidade do domicílio, através do qual se protege a intimidade do lar contra ingerências não autorizadas, o sigilo à correspondência, que tutela a intimidade da circulação de informações, e o segredo pessoal e profissional. Trata-se, pois, de aspectos de maior particularidade da vida privada, não alcançáveis pela curiosidade e interferências alheias.

Sem prejuízo, um aspecto relevante que deve ser observado é o da vontade do sujeito de tornar, ou não, essas questões como íntimas e, portanto, nucleares da privacidade, bem como o reconhecimento social como sendo essas situações associadas à intimidade.

A forma como os indivíduos lidam, particularmente, com cada uma dessas questões é que, como regra, dará o tom do seu caráter

---

62 A liberdade de expressão tem relevante repercussão na sociedade e na vida das pessoas, na medida em que promove outros valores tidos por essenciais, particularmente na esfera de promoção e desenvolvimento da esfera íntima e da personalidade do sujeito, pois umbilicalmente ligada à liberdade de pensamento e o desenvolvimento e a manifestação de ideias. Como bem observa Gilberto Haddad Jabur, o pensamento "consiste na atividade intelectual através da qual o homem exerce uma faculdade de espírito, que lhe permite conceber, raciocinar ou interferir com o objeto eventual, exteriorizando suas conclusões mediante uma ação" (JABUR, Gilberto Haddad. *Liberdade de pensamento e direito à vida privada*. São Paulo: RT, 2000. p. 148). Esse aspecto da liberdade de expressão, inclusive, levou Daniel Sarmento a formular severas críticas à visão tradicional de que a liberdade de expressão se limita a seu caráter negativo, a impedir que o Estado atue para restringir ou proibir o exercício desse direito. Por essa razão, apresenta, com não rara precisão, novos critérios a demonstrar a dimensão positiva da liberdade de expressão, em que se exigem prestações positivas do Poder Público com o objetivo de viabilizar e fomentar o debate público através da manifestação de ideias e pensamentos. Sobre o tema ver SARMENTO, Daniel. Liberdade de expressão, pluralismo e o papel promocional do Estado. In: SARMENTO, Daniel. *Livres e iguais*: estudos de direito constitucional. Rio de Janeiro: Lumen Juris, 2006. p. 263-299.

63 Nesse sentido, José Afonso da Silva (SILVA. Op. cit. p. 207) e René Ariel Dotti (DOTTI, René Ariel. *Proteção da vida privada e liberdade de informação*: possibilidades e limites. São Paulo: RT, 1980. p. 69).

íntimo, pelo que não se pode afastar dessa equação a compreensão de cada um acerca do que é verdadeiramente reservado ou não.[64] Do mesmo modo, também é importante observar o consenso social acerca daquelas situações consideradas como de esfera particular.

Sobre o primeiro aspecto, que diz respeito à escolha do sujeito, viu-se que em determinadas situações a esfera pública invade a esfera privada, reduzindo-a. Essa redução decorre da escolha do indivíduo, ao optar por exercer uma atividade em que diversos aspectos de sua vida privada se tornam públicos.

E isso também acaba por ocorrer no caso da intimidade. Algumas das situações apresentadas podem, por certo, ser objeto da vida pública. Parece induvidoso que uma pessoa pode expor publicamente a religião que professa, bem como sua orientação sexual.

Em verdade, tais situações, superficialmente, não estão compreendidas na intimidade. O que se protege através dela é o seu núcleo, como, por exemplo, as práticas sexuais e as relações familiares íntimas em que se envolve, particularmente, também outras pessoas.[65]

---

64 Como observa Stefano Rodotà, com o crescimento e desenvolvimento dos meios de comunicação, e a alteração do conceito de privacidade, que agora abrange a possibilidade de controle dos dados que circulam nos meios virtuais, a própria escolha do que é privado passou a competir ao indivíduo, que pode, inclusive, ampliar a sua esfera privada para abranger situações que outrora não eram afetas à privacidade. Como observa o autor, "houve uma ampliação progressiva da noção de esfera privada que, quantitativamente, compreende agora situações e interesses antes excluídos de proteção jurídica específica, e que, qualitativamente, se projeta muito além da mera identificação de um sujeito e seus comportamentos 'privados'. Desta forma, pode-se definir a esfera privada como aquele conjunto de ações, comportamentos, opiniões, preferências, informações pessoais, sobre os quais o interessado pretende manter um controle exclusivo. Em consequência, a privacidade pode ser identificada com a 'tutela das escolhas de vida contra toda forma de controle público e de estigmatização social', em um quadro caracterizado justamente pela 'liberdade das escolhas existenciais'. RODOTÀ. Op. cit. p. 92-93.

65 No mesmo sentido, manifesta-se Stefano Rodotà, para quem, diante da ampliação do conceito da privacidade, também houve uma ampliação do seu *núcleo duro*, que é a intimidade: "O relevo atribuído ao momento da circulação e do controle não pode, evidentemente, fazer com que sejam negligenciados os aspectos clássicos do sigilo e da proteção de informações pessoais como características permanentes do direito à privacidade. Também aqui, contudo, cabe assinalar uma significativa evolução. A necessidade de intimidade dilatou-se para muito além das informações relacionadas à esfera íntima da pessoa, constituída esta pelos dados que o interessado quer ver excluídos de qualquer tipo de circulação. Do exame de textos relevantes nessa matéria, percebe-se claramente que o 'núcleo duro' da privacidade é ainda hoje constituído por informações que refletem a tradicional necessidade de

Sobre a inserção dessas situações na esfera da intimidade, poder-se-ia fazer uma "prova dos nove" a fim de demonstrar o acerto da proposição. Questiona-se, acerca dessas questões, em que medida a exposição da intimidade realiza a dignidade da pessoa humana, ou mesmo se é uma forma de liberdade de expressão. Como exemplo, pode-se citar o caso das relações sexuais de um casal. Sobre elas, pergunta-se se sua divulgação, pura e simplesmente, acrescenta ou desenvolve a personalidade dos indivíduos, ou se apenas traz uma exposição ou, até mesmo, um constrangimento.

Se as situações enumeradas como íntimas, uma vez divulgadas, não se revelam como um instrumento apto e adequado à realização ou tutela da dignidade humana, por certo compõem o núcleo intangível da privacidade, devendo ser mantidas a salvo da intervenção alheia.

Ainda em relação a esse aspecto nuclear, o ponto mais sensível diz respeito à possibilidade, ou não, de renúncia. Acerca da sua inviolabilidade, parece inequívoca a conclusão da impossibilidade de invasão da intimidade por terceiros, em que, contra a vontade do titular, se acesse a esfera íntima do indivíduo. O problema reside, então, na possibilidade de efetivamente serem expostas essas questões pelo próprio sujeito e, assim ocorrendo, se é possível alguma intervenção para impedir a exposição.

Primeiramente, impõe-se frisar que a renúncia em sentido lato, como visto no capítulo 1, é o ato através do qual o sujeito de direitos, por ato próprio, se despe de um direito. Trata-se de um ato unilateral que não pode ser feito em favor ou em benefício de alguém, sob pena de descaracterizar o ato como uma renúncia.[66]

---

sigilo (por exemplo, aquelas relacionadas à saúde ou aos hábitos sexuais): internamente, porém, assumiram cada vez maior relevância outras categorias de informações, protegidas sobretudo para evitar que pela sua circulação possam nascer situações de discriminação, com danos aos interessados. Trata-se, em especial, de informações relacionadas às opiniões políticas e sindicais, além daquelas relativas à raça ou ao credo religioso". RODOTÀ. Op. cit. p. 95-96.

66 No mesmo sentido, Mario Godinho Delgado, ao tratar da irrenunciabilidade dos direitos trabalhistas, outra espécie de direitos sobre o qual costuma-se afirmar a impossibilidade de renúncia, afirma que a "Renúncia é ato unilateral da parte, através do qual ela se despoja de um direito de que é titular, sem correspondente concessão pela parte beneficiada pela renúncia". DELGADO, Mario Godinho. *Curso de direito do trabalho*. 2ª ed. São Paulo: LTr, 2008. p. 216.

Nesse sentido, o envolvimento íntimo com uma pessoa, na qual se partilham aspectos da vida privada, não se caracteriza, tecnicamente, como uma renúncia à intimidade. Isso significa que manter uma relação sexual ou dividir um lar não importa em um ato de disposição da privacidade, pois, nesses casos, passa-se a ter uma vida a dois e uma intimidade partilhada, a qual pode ser atribuída, por exemplo, à entidade familiar, de modo que não se trata de uma renúncia propriamente dita. Tanto isso é verdade que mesmo no casamento a intimidade individual permanece resguardada ou, ao menos, deve permanecer, para a própria saúde do casal. Portanto, essas situações cotidianas não encontram óbice ao reconhecimento da irrenunciabilidade da intimidade.

Feita essa observação, e prosseguindo no exame desta complexa questão, é preciso ter em mente que, em que pese se afirme que a intimidade é juridicamente irrenunciável, concretamente é possível dela ocorrer. É certo que alguém pode, por exemplo, gravar um ato sexual seu e, posteriormente, fazer circular o vídeo pelas redes sociais. Outro exemplo emblemático, já citado e por todos conhecido, é o caso do arremesso de anão; apesar de ele ter, concretamente, renunciado a seus direitos da personalidade, como a honra e a integridade física, o Estado interviu e impediu o prosseguimento da conduta que o colocava em posição degradante.

Então, o ponto de conflito não é, propriamente, a prática do ato de renúncia. A questão a ser enfrentada não é a ocorrência, ou não, da renúncia em si, e sim se, uma vez praticada, será ela merecedora de tutela, a ponto de o sujeito poder, por exemplo, impedir a intervenção forçada de um terceiro que pratique um ato visando proteger a sua esfera íntima mediante a restrição de sua autonomia privada. E a resposta parece ser negativa. O ato de renúncia, neste caso, não será merecedor de tutela por contrariar os fins e os limites impostos pelo ordenamento, caracterizando-se, assim, como um exercício ilegítimo da autonomia a autorizar uma intervenção que vise impedir a circulação dos dados ou informações, como no caso de um provedor de rede social que, verificando o conteúdo postado pelo próprio sujeito que viole a sua intimidade, exclua a publicação.

Veja-se, mais uma vez, o caso da exposição pública, através das redes sociais, de uma relação sexual do indivíduo, ou mesmo de uma postagem que coloque o usuário ou um familiar seu em uma situação degradante. Seria possível a exclusão da postagem pelo provedor da rede social? Crê-se que, em situações como essas, é possível a intervenção para a tutela da intimidade, visando a promoção e proteção da dignidade humana.

Para ilustrar a questão, é possível citar um episódio em que o administrador da rede social suspendeu a conta de um usuário que publicou fotos da mulher em estágio terminal de câncer, situação essa que nitidamente violava a intimidade do casal, por expor uma situação grave de saúde no seio da relação do núcleo familiar.[67]

Disso se infere que é possível intervir sobre a autonomia do indivíduo para protegê-lo de atos de renúncia que atinjam o núcleo intangível da privacidade. Inclusive, no âmbito das redes sociais, tais limites são algumas vezes estabelecidos nos termos e condições estipulados pelo provedor, os quais devem ser compreendidos como válidos por atenderem aos limites e aos fins propostos pelo ordenamento.[68] Sem embargo, também é admissível a adoção de medidas judiciais para compelir o provedor a retirar do ar aquele conteúdo, caso ele se omita, de modo a tutelar a intimidade da pessoa.

É essa, portanto, a principal consequência do reconhecimento da irrenunciabilidade da intimidade, qual seja, a possibilidade de se intervir restringindo a autonomia do indivíduo para resguardar o núcleo da sua privacidade, que deve ser preservado em benefício do próprio titular do direito da personalidade.

Por fim, quanto ao segundo aspecto de identificação da esfera íntima, que diz respeito ao consenso social acerca do que é considerado

67 Neste episódio, houve a atuação do provedor sob o argumento de que seria uma atividade incomum do perfil, o qual foi suspenso como medida de segurança. Ver a notícia em https://oglobo.globo.com/sociedade/viuvo-que-compartilhou-fotos-da-mulher-em-estagio-terminal-de-cancer-tem-conta-suspensa-no-facebook-22226440. Acessado em 24/12/2017.

68 A relação entre o provedor da rede social e o usuário, como se verá no item seguinte, é contratual. Se os limites impostos pelo contrato visam atender à dignidade do indivíduo, que é um fim do ordenamento jurídico, é ele plenamente válido. A propósito, como observa Eduardo Nunes de Souza, ao examinar o ordenamento jurídico italiano e o tratamento dos contratos atípicos, um negócio jurídico só é válido se visa realizar um fim merecedor de tutela (SOUZA, Eduardo Nunes de. Merecimento de tutela: a nova fronteira da legalidade no direito civil. In: MONTEIRO FILHO, Carlos Edison; GUEDES, Gisela Sampaio da Cruz; MEIRELES, Rose Melo Vencelau (Org.). *Direito civil*. Rio de Janeiro: Freitas Bastos, 2015. p. 75). Assim, como as disposições desse contrato têm como objetivo a tutela da privacidade e, de modo mediato, a dignidade da pessoa humana, ele é válido, pois plenamente consonante com a ordem jurídica.

como algo inerente à intimidade, em que pese ser fluído o conceito do que é socialmente aceito ou consentido, há determinadas situações em que há uma concordância razoável ou um razoável consenso acerca do seu caráter íntimo, como o sentimento religioso e a orientação sexual, por exemplo.

Sobre esses casos, tem o sujeito, induvidosamente, o direito a se proteger contra ingerências externas, assim como controlar, com maior intensidade, o uso, circulação e divulgação dessas informações.[69] Inclusive, eventual violação à intimidade deve ser vista de modo mais severo do que uma *mera* ofensa à privacidade, devendo ser maior a indenização.[70]

Sem prejuízo de tudo o que se disse, e como foi visto, embora se tenha uma alta carga de subjetividade, é possível definirmos minimamente o conteúdo de cada um dos círculos – o da privacidade e o da intimidade –, o que muito influenciará nas repercussões jurídicas da sua violação e, especialmente, da sua renúncia.

2.4. A privacidade nas redes sociais

2.4.1. As redes sociais

A evolução dos meios de comunicação e de informação é assustadora. A cada dia novas ferramentas são criadas a possibilitar a interação entre as pessoas, que as utilizam das mais variadas formas e para os mais variados fins, mas especialmente para a troca de informações, notícias, dados e mensagens, não importando a distância em que estejam umas das outras. Trata-se, inequivocamente, de uma revolução digital.

Dentre esses inúmeros veículos, que ajudam a promover essa grande transformação na forma de se comunicar, estão as redes sociais. Através delas, os indivíduos ampliaram seus horizontes, exercendo, como nunca antes, a sua liberdade de expressão. Mas, por arrastamento, outro fenômeno também se manifestou, que é o da superexposição.[71]

69 Cf. SAMPAIO. Op. cit. p. 282.

70 Cf. ARAUJO. Op. cit. 110.

71 As redes sociais têm como primeira justificativa o exercício da liberdade de expressão, em que as pessoas deveriam se utilizar deste importante veículo como um instrumento para o desenvolvimento de sua personalidade, através do debate

Por conta disso, a privacidade passou a ser devassada, e não apenas por atos praticados pelas próprias pessoas, ao exporem suas vidas e seus relacionamentos nas redes sociais, mas também por atos de terceiros que, sem a devida autorização, ou desviando das finalidades desta, se utilizam de imagens, informações e dados indevidamente, promovendo uma verdadeira violação dos direitos da personalidade.

Mas antes de se enfrentar essas questões, que são o ponto central da discussão do presente trabalho, é preciso decifrar o que é o ambiente das redes sociais, e como se dá o exercício dos direitos da personalidade nessas plataformas tecnológicas, particularmente a privacidade e sua renúncia.

Desde logo é preciso frisar que o objetivo não é ingressar em discussões de caráter técnico da informática. As definições e discussões aqui apresentadas se limitarão ao seu aspecto jurídico, especialmente porque com o advento da Lei nº 12.965/2014, publicada sob a alcunha de Marco Civil da Internet, as redes sociais passaram a ser reconhecidas, inequivocamente, como institutos afetos ao mundo do Direito, isto é, como institutos jurídicos.

---

de ideias e troca de mensagens. No entanto, esse ideal se revela falacioso quando se examina mais de perto o que ocorre nas redes sociais. O alerta também é feito por Anderson Schreiber, que sensivelmente captou o problema: "A internet é usualmente vista como uma aliada da liberdade de expressão. Sua capacidade de 'amplificar' o alcance das manifestações individuais é frequentemente apontada como um estímulo à livre circulação das ideias. As redes sociais, por exemplo, estariam, no dizer de muitos teóricos da tecnologia, criando um novo espaço público, onde a livre manifestação das opiniões tenderia a alcançar níveis quase arcadianos. A internet representaria, assim, uma renovada esperança de realização da democracia, com a criação de um ambiente plenamente aberto às discussões éticas, culturais, políticas e de outras tantas espécies. Uma visita rápida às redes sociais mais acessadas do mundo (*Facebook*, *Twitter* etc.) revela uma realidade menos entusiasmante. Longe de um idílico fórum de debates, o que se vê ali, com maior frequência, é um desfile de manifestações unilaterais que não parecem compor um efetivo diálogo. As mensagens divulgadas em redes sociais acabam assumindo, muitas vezes, um caráter unilateral, quase publicitário, de autoafirmação da identidade criada pelo emissor, que as fazem soar tão pouco abertas ao debate quanto 'as mensagens iconoclásticas coladas nos vidros dos carros'". SCHREIBER, Anderson. Marco civil da internet: avanço ou retrocesso? A responsabilidade por dano derivado do conteúdo gerado por terceiro. In: DE LUCCA, Newton; SIMÃO FILHO, Adalberto; LIMA, Cíntia Rosa Pereira de. *Direito & internet III*: marco civil da internet (Lei nº 12.965/2014). t. II. São Paulo: Quartier Latin, 2015. p. 278.

A LMC atendeu, em grande parte, aos anseios da classe jurídica acerca da regulamentação das relações no âmbito da Internet.[72] Antes dela, havia uma grande lacuna legislativa, que tornavam ainda mais frágeis as já vulneráveis relações travadas eletronicamente. Uma alternativa muito comum era buscar socorro no Código de Defesa do Consumidor, particularmente no que toca à questão envolvendo a responsabilidade por danos, assim como a criação de leis penais para a tipificação de certas condutas,[73] o que, a toda evidência, era insuficiente diante da complexidade das relações travadas no âmbito da Internet.[74]

Uma das virtudes da Lei nº 12.965/2014 é a apresentação e a positivação de alguns conceitos básicos, até então de domínio exclusivo dos técnicos em informática, de modo a permitir um melhor e adequado tratamento jurídico de temas não afeitos ao meio jurídico. Com esse propósito, o art. 5º da lei estabelece um rol de conceitos, que vão desde a própria internet, até outros mais complexos, como o de conexão e registro de acesso, o que se revela importante para facilitar a solução de conflitos que emanam das relações virtuais na *grande rede*.

Dentre esses conceitos está o do provedor de aplicações, que se extrai do disposto no art. 5º, VII, da Lei nº 12.965/2014, e que se revela essencial para esta pesquisa. Segundo o mencionado dispositivo, aplicações de internet é "o conjunto de funcionalidades que podem ser acessadas por meio de um terminal conectado à internet".

---

72 A própria questão acerca da regulação, ou não, da Internet é polêmica. Para alguns, regular a Internet pode limitar e restringir o fluxo de informações e, consequentemente, a liberdade de informação. Para outros, o próprio exercício da liberdade depende da regulação, a fim de que sejam respeitados os direitos dos indivíduos. Sobre a questão, ver SOUZA, Carlos Affonso; LEMOS, Ronaldo. *Marco civil da internet*: construção e aplicação. Juiz de Fora: Editar, 2016. p. 14-16.

73 Veja-se, a título exemplificativo, a Lei nº 12.737/2012, batizada de *Lei Carolina Dieckmann*, editada após o vazamento de fotografias contidas no celular da atriz que leva o nome da lei, tipificando diversos crimes informáticos.

74 A mesma crítica é feita por João Victor Rozzati Longhi, em que observa o fenômeno da dificuldade da regulamentação da internet no Brasil, e a profusão de leis penais tornando típicas condutas comuns praticadas pelos usuários. Ver LONGHI, João Victor Rozatti. Marco civil da internet no Brasil: breves considerações sobre seus fundamentos, princípios e análise crítica do regime de responsabilidade civil dos provedores. In: MARTINS, Guilherme Magalhães. *Direito privado e internet*. São Paulo: Atlas, 2014. p. 109.

O conceito de aplicações, portanto, é amplo, e diz respeito, de modo simplificado, a todas as atividades que podem ser exercidas através da Internet, como, por exemplo, a apresentação, visualização e circulação de dados e informações,[75] bem como os serviços que são oferecidos, como, exemplificativamente, a disponibilização de determinados conteúdos, a possibilidade de se fazer pesquisas na rede, além da manutenção de páginas virtuais.[76]

A partir daí, extrai-se o conceito de provedor de aplicações, que corresponde às pessoas jurídicas, virtualmente estruturadas, que oferecem, no âmbito da internet, funcionalidades como *sites*, aplicativos, serviços e jogos,[77] isto é, todas as atividades e serviços disponíveis na Internet.

Desse amplo conceito já é possível perceber que as redes sociais, ao oferecerem conteúdo às pessoas que navegam na rede mundial de computadores, seja esse conteúdo próprio, seja aquele inserido por

75 Na lição de Michele Keiko Mori, "Através da Internet é possível realizar várias aplicações, entre elas a apresentação e a visualização de dados e informações sob forma gráfica, a transferência de informações ordenadas em arquivos armazenáveis e processáveis por computador, a transferência de imagem e som, a consulta à distância a arquivos de dados, imagens e sons, a comunicação entre dois ou mais terminais remotos". MORI, Michele Keiko. *Direito à intimidade versus informática*. Paraná: Juruá, 2001. p. 63.

76 Os provedores de aplicações diferem-se, conceitualmente, dos provedores de conexão, como explica Alan Moreira Lopes: "Pode-se conceituá-las como 'os serviços oferecidos na grande rede. (...) Diferem-se dos provedores de conexão, pois atuam somente dentro da rede mundial, ao invés de participarem dos processos de ingresso do terminal à internet, e são agentes responsabilizáveis por danos decorrentes dos conteúdos que forem exibidos em suas plataformas ou atividades praticadas, na forma da lei". LOPES, Alan Moreira. Lei 12.965, de 23.04.2014 – estabelece princípios, garantias, direitos e deveres para o uso da internet no Brasil (marco civil da internet). In: TEIXEIRA, Tarcisio; LOPES, Alan Moreira. (Coord.). *Direitos das tecnologias*: legislação eletrônica comentada, *mobile law* e segurança digital. São Paulo: RT, 2015. p. 48.

77 Na lição de Walter Aranha Capanema, os provedores são normalmente instituídos como pessoas jurídicas, e quando se caracterizam como de aplicação, correspondem a "todas as funcionalidades que existem na Internet, como sites, aplicativos, serviços e jogos. Podem ser remunerados ou gratuitos. Nesse último caso, são remunerados indiretamente pela publicidade ou pela venda dos dados dos usuários". CAPANEMA, Walter Aranha. A responsabilidade civil na internet: uma análise da Lei 12.965/2014. *Revista da emerj*. v. 20, nº 78, Rio de Janeiro. p. 108, jan./abr. 2017.

terceiros, ostentam inequivocamente a natureza jurídica de provedores de aplicações.

Não obstante, e como visto, o conceito de provedor de aplicações é muito amplo, pois abrange toda e qualquer atividade exercida, ou serviço prestado, na Internet. Por isso, essa qualificação não se revela suficiente para a exata identificação das redes sociais, assim como dos demais sites e portais existentes na *rede*.

Isso levou a doutrina a desenvolver diversas classificações dos provedores de aplicações, podendo-se extrair, como principais espécies, os provedores de conteúdo, os provedores de pesquisa e os provedores de hospedagem,[78] o que foi acompanhado pela jurisprudência do Superior Tribunal de Justiça em diversos precedentes.[79]

---

78 Na doutrina, é possível citar, exemplificativamente, Patricia Peck Pinheiro (PINHEIRO, Patricia Peck. *#Direito digital*. 6ª ed. São Paulo: Saraiva, 2016. p. 140-146), Fátima Nancy Andrighi e Daniel Bittencourt Guariento (ANDRIGHI, Fátima Nancy; GUARIENTO, Daniel Bittencourt. A responsabilidade civil das redes sociais virtuais pelo conteúdo das informações veiculadas. In: ANDRIGHI, Fátima Nancy (coord.). *Responsabilidade civil e inadimplemento no direito brasileiro*. São Paulo: Atlas, 2014. p. 234-235), Guilherme Magalhães Martins (MARTINS, Guilherme Magalhães. *Responsabilidade civil por acidentes de consumo na internet*. São Paulo: RT, 2008. p. 281) e Otávio Luiz Rodrigues Junior (RODRIGUES JUNIOR, Otávio Luiz. Responsabilidade civil e internet: problemas de qualificação e classificação de conflitos nas redes sociais. In: ANDRIGHI (Coord.). Op. cit. p. 286-187). Sem prejuízo, há quem entenda que os provedores de aplicações são sinônimos dos provedores de conteúdo, de modo que a ampla atividade e funcionalidade daqueles seria exercida por estes. Nesse sentido, Tarcisio Teixeira (TEIXEIRA, Tarcisio. *Comércio eletrônico*: conforme o marco civil da internet e a regulamentação do *e-commerce* no Brasil. São Paulo: Saraiva, 2015. p. 93). Note-se, ainda, que é comum na doutrina citar-se a classificação proposta por Marcel Leonardi, que divide os provedores em provedores de *backbone*, provedores de acesso, provedores de correio eletrônico, provedores de hospedagem e provedores de conteúdo (LEONARDI, Marcel. *Responsabilidade civil dos provedores de serviços de internet*. São Paulo: Juarez de Oliveira, 2005).

79 Sobre os provedores de conteúdo, ver, exemplificativamente, AgInt no AgInt no AREsp 956396/MG. Rel. Ministro Carlos Villas Bôas Cueva. Terceira Turma. *DJe* 27/10/2017; quanto aos provedores de pesquisa, é possível citar, por exemplo, o AgInt no AREsp 879704/SP. Rel. Ministro Paulo de Tarso Sanseverino. Terceira Turma. *DJe* 06/09/2017; e acerca dos provedores de hospedagem, ver, a título de exemplo, o AgInt no AREsp 622688/SP. Rel. Ministro Paulo de Tarso Sanseverino. Terceira Turma. *DJe* 23/09/2016.

Os provedores de conteúdo são aqueles que oferecem conteúdo variado aos usuários, como informações e dados.[80] Esse conteúdo pode ser preenchido tanto pelo provedor, quanto pelos usuários, ponto esse que acaba por gerar certo conflito, pois há vozes no sentido de que os provedores de conteúdo são apenas aqueles cujo conteúdo é oferecido pelo próprio provedor, enquanto aqueles cujo conteúdo fica a cargo dos usuários ou terceiros seriam meros prestadores de serviço, que disponibilizam um espaço para que as pessoas ali insiram dados e informações, circunstância essa que teria importante repercussão no campo da responsabilidade civil.[81]

Tradicionalmente, os provedores de conteúdo são os *sites* ou portais de notícias e de informações de um modo geral, tanto de cunho jornalístico, quanto de caráter informal, através de imagens – como páginas virtuais que oferecem conteúdo televisivo, ou vídeos, ou mesmo fotografias –, sons – como os portais de rádio ou música –, e escritos – *sites* de jornais ou mesmo páginas informais cujo conteúdo é meramente textual.

Outra espécie de provedor de aplicações é o provedor de pesquisa, os quais prestam um importante e indispensável serviço aos usuários da rede mundial de computadores. Os provedores de pesquisa são responsáveis por buscar dentro do universo público, livre e irrestrito da Internet as páginas, portais e *sites* indicados pelos navegantes a partir de parâmetros por eles indicados.[82]

80 A atividade dos provedores de conteúdo é amplíssima, como se infere da definição dada pela Portaria nº 148/1995 do Ministério das Comunicações, na qual se prevê que os provedores de conteúdo são aqueles que possuem informações de interesse, e que delas dispõe por intermédio do serviço de conexão à Internet.

81 Defendendo tal diferenciação, cita-se, por exemplo, Otávio Luiz Rodrigues Junior (RODRIGUES JUNIOR. Op. cit. p. 287). Entendendo, de outro modo, que os serviços dos provedores de conteúdo abrangem tanto as informações editadas por eles, quanto por terceiros, Tarcisio Teixeira (TEIXEIRA, Tarcisio. *Curso de direito e processo eletrônico*: doutrina, jurisprudência e prática. 3ª ed. São Paulo: Saraiva, 2015. p. 34).

82 Na lição de Manoel J. Pereira dos Santos, "O acesso a determinado *website* dá-se usualmente por intermédio da digitação de seu endereço eletrônico na rede (o denominado endereço IP), cujo código numérico é representado pelo chamado nome de domínio. O usuário, porém, nem sempre dispõe da relação de endereços eletrônicos relativos a *sites* que gostaria de visitar. Existem, portanto, mecanismos de busca que, mediante a utilização de referências (metatags, metadados ou descritores), localizam para o usuário a URL onde se encontra o documento ou *site* que ele deseja localizar. Essas referências são coletadas por meio de programas

Assim, o usuário acessa a página do provedor de pesquisa – que também pode ser chamado de provedor de busca – e indica, a partir de determinados parâmetros ou caracteres, que conteúdo ele pretende obter na Internet, e o provedor responde indicando as páginas através de seus *links*, permitindo o acesso a elas.

Deste modo, por ter como atividade a mera função de busca de conteúdos existentes na Internet, sem veicular conteúdo próprio, sua atividade teria uma natureza meramente instrumental, em que se limita a encontrar na rede mundial aquelas páginas que tenham o conteúdo buscado pelo usuário, a partir dos parâmetros por ele mesmo indicados.[83] Portanto, o conteúdo não é gerado pelo provedor, e tampouco pelos usuários, mas sim pela própria rede mundial, na qual são disponibilizados os *sites*, o que afasta sua responsabilidade pela resposta obtida na consulta.[84]

Sem prejuízo, há quem defenda que pelo fato desses provedores fazerem busca de conteúdo, disponibilizando-o aos usuários, seriam

buscadores de páginas na Internet, denominados *crawlers*". SANTOS, Manoel J. Pereira dos. Responsabilidade civil pela utilização de ferramentas de hiperconexão e de busca na internet. In: SILVA, Regina Beatriz Tavares; SANTOS, Manoel J. Pereira dos. *Responsabilidade civil na internet e nos demais meios de comunicação*. 2ª ed. Série GVlaw. São Paulo: Saraiva, 2012. p. 276.

83 Ver REsp 1582981/RJ. Relator Ministro Marco Aurélio Bellizze. Terceira Turma. DJe 19/05/2016. RSTJ, v. 243. p. 514.

84 O caso emblemático envolvendo a ausência de responsabilidade dos provedores de conteúdo é aquele envolvendo a apresentadora Xuxa Meneghel, que ajuizou ação em face do Google com o intuito de compeli-lo a retirar os resultados relativos às buscas feitas com a utilização da expressão *Xuxa pedófila*. A questão chegou ao STJ que rejeito o pedido da artista, utilizando como um dos argumentos o fato de que, em razão da importância da sua atividade, não poderiam ser obrigados a subverter o mecanismo de indexação e endereçamento de páginas alheias, por caracterizar uma indevida repressão ao direito da coletividade à informação. Ver REsp 1316921/RJ, Relatora Ministra Nancy Andrighi, Terceira Turma, DJe 29/06/2012. RDTJRJ, v. 91. p. 74. RSTJ, v. 227. p. 553. Sobre o caso, Carlos Affonso Souza e Ronaldo Lemos fazem duas observações: primeiro, ele revela a diferença de tratamento dado na jurisprudência entre os provedores de pesquisa e os provedores de conteúdo propriamente, como as redes sociais e as páginas de hospedagem de vídeos; segundo que muitas vezes as vítimas dos resultados acabam por escolher um determinado provedor, que, no caso, é o Google, em detrimento dos demais, razão pela qual se acaba por se limitar os mecanismos de responsabilização civil na Internet. SOUZA; LEMOS. Op. cit. p. 89-92.

eles, em verdade, uma subespécie de provedores de conteúdo,[85] entendimento esse também amparado por alguns precedentes do STJ.[86]

Sobre essa espécie de provedor, embora a questão se revele polêmica acerca da sua atividade, é preciso destacar que, em determinadas hipóteses, será inequívoca a sua responsabilização por ato próprio em decorrência da geração de conteúdo. Famoso é o caso da atriz e cantora que tinha o seu nome sugerido pelo provedor como parâmetro de pesquisa quando os usuários faziam uma busca com a expressão "atriz gorda".[87] Nessa e em outras hipóteses semelhantes, parece induvidoso que o próprio provedor gerou um conteúdo ofensivo, não sendo meramente instrumental a sua atividade.

A última espécie de provedores mencionada é a dos provedores de hospedagem, que têm como atividade a função de armazenamento de dados e informações, fazendo a guarda destes e possibilitando o seu acesso remotamente.[88]

Outra função comumente oferecida pelos provedores de hospedagem é o armazenamento e hospedagem de páginas da internet em seus servidores ou portais, tal qual como ocorre com os *sites* que

---

85 Neste sentido, Otávio Luiz Rodrigues Junior. RODRIGUES JUNIOR. Op. cit. p. 286.

86 Como exemplo, ver o REsp 1582981/RJ. Rel. Ministro Marco Aurélio Bellizze. Terceira Turma. *DJe* 19/05/2016. RSTJ, v. 243, p. 514.

87 O fato diz respeito à sugestão feita pelo Google à atriz e cantora Preta Gil quando os usuários faziam buscas com a expressão "atriz gorda". Embora nenhum dos resultados indicasse a cantora, o próprio provedor sugeria a busca de seu nome com a seguinte expressão "Você quis dizer: Preta Gil?". Após ameaças feitas em seu perfil pessoal numa rede social de que ajuizaria uma ação judicial, as partes fizeram um acordo e a referência foi retirada. Sobre o assunto, ver a seguinte notícia na imprensa virtual: http://g1.globo.com/Noticias/Tecnologia/0,,MUL300855-6174,-00-BUSCA+COLOCA+PRETA+GIL+CONTRA+O+GOOGLE.html.

88 Na lição de Marco Aurélio da Cunha, Carlos Costa e Laisa Ribeiro de Araújo, o provedor de hospedagem "fornece o serviço de armazenamento de dados de acesso remoto em seu disco rígido mediante remuneração (ou não) e possibilita o acesso de tais dados a terceiros nos termos do contrato entabulado com o solicitante da hospedagem. Tem dupla função: 'alojamento do arquivo e acesso à informação'". CRUZ, Marco Aurélio Rodrigues da Cunha e; COSTA, Carlos; ARAÚJO, Laisa Ribeiro de. A responsabilidade civil do provedor de conteúdo por violações à honra praticadas por terceiros: antes e pós-Marco Civil da Internet. *Revista de direito do consumidor*. a. 24, v. 99, São Paulo. p. 197. mai/jun. 2015.

hospedam blogs.[89] Quando prestam estes serviços, alguns defendem a sua natureza como a de um provedor de conteúdo.[90]

Essas são, basicamente, as principais espécies de provedores de aplicações mencionadas pela doutrina e pela jurisprudência do STJ, classificação essa feita a partir das atividades exercidas ou dos serviços prestados por cada um desses provedores. É preciso observar, contudo, que muitos deles exercem mais de uma atividade, não se limitando, por exemplo, a oferecer conteúdo ou a hospedar conteúdo ou páginas em seu servidor ou portal. Nesses casos, é preciso identificar, em cada atividade, o regime aplicável, inclusive no que toca à responsabilidade civil pelos atos praticados.[91]

A classificação apresentada, através da qual se fez uma diferenciação entre as espécies de provedores, revela sua peculiar importância, particularmente para este estudo, na qualificação das redes sociais, na medida em que é preciso encontrar em qual moldura se enquadra esta espécie de provedor de aplicações.

As redes sociais – também conhecidas como *comunidades virtuais*[92] – consistem em páginas da Internet em que é possibilitado ao usuário inserir informações e dados de sua vida, e até mesmo da vida de outras pessoas, mediante a criação de um perfil, que corresponde a uma página pessoal, na qual serão postados, de modo quase irrestrito, textos, imagens, vídeos ou outros conteúdos suportados pelo sistema do provedor.[93]

---

89 Além desses serviços, conforme explicita Marcel Leonardi, "Os provedores de hospedagem podem também oferecer serviços adicionais, tais como locação de equipamentos informáticos e de servidores, registros de nomes de domínio, cópias periódicas de segurança do conteúdo do *web site* armazenado, entre outros, mas isto não é necessário para que seja considerado um provedor de hospedagem". LEONARDI. Op. cit. p. 28.

90 Cf. Otávio Luiz Rodrigues Junior. RODRIGUES JUNIOR. Op. cit. p. 287.

91 Cf. ANDRIGHI; GUARIENTO. Op. cit. p. 235.

92 Cf. PINHEIRO. Op. cit. p. 430.

93 Na lição de Bruno Zampier, "As redes sociais são sítios de Internet que permitem ao usuário criar e exibir um perfil, relatando suas experiências pessoais, publicando suas opiniões, postando vídeos e fotografias, enfim, conversar e interagir com familiares, amigos, colegas de trabalho, da comunidade ou mesmo com desconhecidos. Permite-se com isso a criação de um perfil público (ou semi-público), a partir do qual haverá compartilhamento e publicações de conteúdos variados". ZAMPIER, Bruno. *Bens digitais*: cybercultura, redes sociais, e-mails, músicas, livros, milhas aéreas e moedas virtuais. Indaiatuba: Foco, 2017. p. 31-32.

Então, através das redes sociais o indivíduo publica fatos da sua vida pessoal e profissional, dando acesso a essas informações à todas as pessoas passíveis de serem alcançadas pelas publicações – a partir da configuração de seu perfil na página virtual –, tornando-os totalmente públicos, ou com algumas restrições, mediante a inserção de filtros ou bloqueios disponibilizados pelo próprio provedor.

Trata-se, portanto, de um portal que veicula conteúdo das mais variadas espécies, pelo que se configura, a nosso sentir, como um provedor de conteúdo,[94] no qual os mantenedores dos perfis alimentam suas páginas pessoais com informações e dados próprios ou de terceiros, assim como o próprio administrador, que também os insere.

Um último aspecto a ser examinado sobre as redes sociais diz respeito à natureza da relação existente entre os administradores ou titulares desses provedores de conteúdo e os seus usuários. E a resposta parece simples: a hipótese é, sem sobra de dúvidas, de uma relação contratual. O usuário, ao criar o seu perfil na rede social, celebra induvidosamente um contrato com um provedor, na modalidade eletrônica.

Os contratos eletrônicos, em verdade, caracterizam-se como mais uma forma de contratação, assim como são os contratos verbais, os contratos escritos e os contratos gestuais, diferenciando-se destes pelo fato de que as pessoas, nos contratos eletrônicos, não se relacionam física e concretamente, mas tão somente pela transmis-

94 Como observam Fátima Nancy Andrighi e Daniel Bittencourt Guariento, "As redes sociais virtuais atuam como provedoras de conteúdo, pois o *site* disponibiliza informações, opiniões e comentários de seus usuários. Esses usuários criam páginas pessoais (perfis), por meio das quais se relacionam com outros usuários e integram grupos (comunidades), igualmente criados por usuários, nos quais se realizam debates, viabilizando o compartilhamento de conhecimentos, interesses e esforços voltados a objetivos comuns" (ANDRIGHI; GUARIENTO. Op. cit. p. 235). Também entendendo que as redes sociais ostentam a natureza de provedores de conteúdo, na medida em que disponibilizam dados e informações próprios ou de terceiros, Tarcisio Teixeira (TEIXEIRA. Op. cit. p. 34). Em sentido contrário, entende Otávio Luiz Rodrigues Junior que as redes sociais não são provedores de conteúdo, mas prestadores de serviço, pois são meros intermediários da comunicação telemática, na medida em que o conteúdo nele inserido é fornecido quase que totalmente por terceiros, os usuários das redes (RODRIGUES JUNIOR. Op. cit. p. 287).

são eletrônica de dados, fenômeno esse chamado de *desumanização* do contrato.[95]

Tais contratos, portanto, não se caracterizam como uma nova espécie contratual, como são, por exemplo, os contratos de compra e venda, de prestação de serviço ou de doação. Por essa razão, parcela da doutrina tem afirmado que o termo mais adequado a ser utilizado a tais institutos não é, propriamente, contrato eletrônico, e sim *contratação eletrônica*, enquanto nova modalidade contratual.[96]

Assim, através da transmissão eletrônica de dados, o usuário e o provedor manifestam suas vontades, numa contratação eletrônica verdadeiramente interativa,[97] em que a rede social já disponibiliza todo um sistema para adesão dos usuários, mediante a aceitação dos

95 A expressão *desumanização* do contrato foi empregada, pela primeira vez, por Giorgio Oppo, e reproduzida por Ricardo Lorenzetti, a designar o fenômeno pelo qual não é possível se identificar, através da tela de um computador, a vontade e o consentimento do sujeito, de modo que há uma verdadeira deterioração da sua figura. Nos contratos eletrônicos o diálogo é silencioso, na medida em que as vontades são manifestadas por caracteres eletrônicos, que refletem simples atos unilaterais de autonomia. Sobre essa questão, ver LORENZETTI, Ricardo L. *Comércio eletrônico*. Trad. Fabiano Menke. São Paulo: RT, 2004. p. 276-281.

96 Como esclarece Anderson Schreiber, "Por um lado, o que se tem chamado de 'contratos eletrônicos' nada mais são do que contratos formados por meios eletrônicos de comunicação à distância, especialmente a internet, de tal modo que o mais correto talvez fosse se referir a contratação eletrônica ou contratação via internet, sem sugerir o surgimento de um novo gênero contratual" (SCHREIBER, Anderson. Contratos eletrônicos no direito brasileiro – formação dos contratos eletrônicos e direito de arrependimento. In: MELGARÉ, Plínio. (Org.). *O direito das obrigações na contemporaneidade*: estudos em homenagem ao Ministro Ruy Rosado de Aguiar Júnior. Porto Alegre: Livraria do Advogado, 2014. pp. 43-44). Silvânio Covas, por outro lado, prefere a expressao *contratação por meio de informática*. COVAS, Silvânio. O contrato no âmbito virtual: contratação por meio de informática. *Revista de direito bancário e do mercado de capitais*. v. 2, nº 5, p. 102, 1999.

97 A contratação eletrônica interativa é aquela comumente empregada nas relações de consumo, em que o usuário, ao visitar a página, passa a navegar naquele ambiente desenvolvido pelo provedor, que oferece ao navegante inúmeras funções, como observa Sheila do Rocio Cercal Santos Leal: "Os contratos eletrônicos interativos são aqueles nos quais a comunicação entre as partes é obtida por meio da interação entre uma pessoa e um sistema aplicativo previamente programado. Como exemplos, têm-se os contratos realizados quando se acessa um *site*, ou loja virtual, que mantém de forma permanente no ambiente digital a oferta de produtos, serviços e informações. A contratação eletrônica interativa é a mais comum no mercado de consumo". LEAL, Sheila do Rocio Cercal Santos. *Contratos eletrônicos:* validade jurídica dos contratos via internet. São Paulo: Atlas, 2009. p. 86-87.

termos e condições impostos unilateralmente, como um verdadeiro contrato de consumo por adesão.[98]

Sobre esse aspecto, é importante observar que o usuário é um verdadeiro consumidor dos serviços oferecidos pelo provedor de conteúdo, que disponibiliza ferramentas e tecnologia para que ele possa criar seu perfil, inserir conteúdo e *navegar* pelo *site*, visitando os demais perfis ativos e interagindo com as outras pessoas.

Problema que se apresenta nesta questão diz respeito à identificação da pessoa do contratante e, em relação às redes sociais, à criação dos perfis falsos. Isso porque na contratação eletrônica vigora o semianonimato virtual, pois não há uma pronta identificação das partes contratantes, como ocorre com os contratos físicos.[99] Essa é uma questão sensível, pois traz um sentimento de insegurança social, na medida em que qualquer pessoa pode se passar por outra, contra-

98 Ao celebrar o contrato com a rede social, não é possibilitado ao usuário discutir as cláusulas contratuais, cabendo a ele apenas manifestar sua aceitação mediante um mero clique em um campo destinado à confirmação do seu desejo de contratar, representado comumente por um quadrado vazio, o qual é acompanhado de uma expressão como *aceito os termos e condições*, e que é preenchido com o clicar do mouse. Nesse mesmo sentido manifesta-se Sheila Leal: "nas contratações eletrônicas interativas o aderente manifesta sua aceitação ao clicar o *mouse* do computador sobre palavras que aparecem na tela, tais como aceito, sim, ou concordo, sem possibilidade de discutir ou alterar as condições e os termos da contratação, caracterizando a contratação por adesão com a incidência do Código de Defesa do Consumidor e, subsidiariamente, as demais normas do sistema, compatíveis com os princípios gerais que informam as normas de defesa do consumidor". LEAL. Op. cit. p. 105. Sobre os contratos eletrônicos por adesão, Guilherme Magalhães Martins sustenta que deveria ser dada a possibilidade de os usuários-consumidores negociarem as cláusulas, mediante a inserção de um campo em que possa propor cláusulas, ao lado do botão de aceitação dos termos. No entanto, reconhece o autor que, dada a massificação das sobreditas relações, revela-se dificultosa a introdução do mecanismo: "Será sempre possível, no caso da contratação eletrônica de consumo via Internet, evitar a incidência de tal figura, dando ao cliente a oportunidade de propor um texto alternativo, ou a modificação de algumas cláusulas, o que poderia ocorrer até mesmo mediante a introdução de um outro botão junto àquele relativo à aceitação pura e simples das cláusulas, remetendo a um formulário específico para a proposta de um texto alternativo. Porém, a própria dinâmica da contratação eletrônica, baseada, de um lado, na posição de força em que comumente negociam os empresários, bem como, de outro, na alta frequência dos negócios celebrados e pela dita contratação não ponderada, já referida na Introdução desta dissertação, por intermédio do consumo compulsivo, impede um processo de negociação em tais moldes". MARTINS, Guilherme Magalhães. *Formação dos contratos eletrônicos de consumo via internet*. Rio de Janeiro: Forense, 2003. p. 137-138.

99 Sobre a questão, ver SCHREIBER. Op. cit., nota de rodapé 171. p. 44-45.

tando com o provedor da rede social e, assim, utilizar-se do espaço para a divulgação e violação da privacidade alheia.

Outro aspecto da contratação eletrônica nas redes sociais é que, embora pareça não se tratar de uma relação onerosa, ela o é, ainda que de modo indireto, na medida em que os serviços prestados pelo provedor podem ser pagos tanto diretamente pelo usuário - quando ele, por exemplo, adere a planos especiais, que lhe conferem melhores funcionalidades, ou mesmo quando pagam para impulsionar publicações -, quanto indiretamente, mediante anúncios e propagandas, cujos anunciantes são atraídos pelo grande número de membros cadastrados.[100]

Assim, ao preencher o cadastro com todas as suas informações pessoais, e *clicar* no campo referente à aceitação dos termos e condições de uso, o usuário adere ao contrato, que neste momento tem-se por aperfeiçoado, em plena conformidade com a teoria da expedição, que vigora nos contratos eletrônicos, particularmente aqueles tidos como à distância e entre ausentes.[101]

---

100 Como observa Walter Aranha Capanema, os serviços prestados pelos provedores de aplicações "podem ser remunerados ou gratuitos. Neste último caso, são remunerados indiretamente pela publicidade ou pela venda dos dados dos seus usuários". CAPANEMA. Op. cit. p. 108.

101 Esta é, por certo, uma das questões mais tormentosas envolvendo a contratação eletrônica. De início, esta modalidade de contratação é tida como entre ausentes, dada a distância física entre as partes, como observa Caitlin Mulholland: "O contrato à distância é aquele em que há o fornecimento de bens e serviços de consumo sem a presença física e simultânea dos contraentes no momento de sua formação, sendo utilizados para a celebração do contrato meios eletrônicos de comunicação. Esta inexistência da presença física, aliada à interatividade inerente aos contratos formados via *Internet*, formam a essência do contrato eletrônico". MULHOLLAND, Caitlin. *Internet e* contratação: panorama das relações contratuais de consumo. Biblioteca de teses. Rio de Janeiro: Renovar, 2006. p. 149. Sem prejuízo, a questão não possui regulamentação no ordenamento jurídico pátrio, remanescendo dúvidas quanto à teoria aplicável à sua formação. Sobre esta questão, explicita Anderson Schreiber que "Aplica-se, a rigor, a norma geral estabelecida no art. 434 do Código Civil, segundo a qual o contrato entre ausentes se forma, em regra, no momento em que aceitação é expedida". SCHREIBER. Op. cit., nota de rodapé XX, p. 48. Não obstante, a complexidade de formas de se contratar eletronicamente pode trazer uma dificuldade quanto à definição do contrato como *entre presentes* ou *entre ausentes*. Deste modo, no caso de ofertas permanentes nos sites da Internet, como as redes sociais, em que de modo instantâneo há a contratação, poder-se-ia considerar esta hipótese como uma contratação entre presentes, com a aplicação da teoria da recepção, como observa Guilherme Martins: "Em relação aos contratos eletrônicos a partir da oferta permanente *on-line*, via *home page*, o contexto

A conclusão a que se chega é que as redes sociais são verdadeiros provedores de conteúdo, que oferecem diversos serviços aos seus usuários, de caráter tecnológico e virtual, particularmente mediante o oferecimento de conteúdo que consiste em notícias, imagens, vídeos, dados e informações de um modo geral, publicados em sua maioria pelos próprios usuários, o que só possível pela celebração de um contrato de natureza consumerista.

2.4.2. A renúncia e a tutela da privacidade nas redes sociais

Como se viu anteriormente, as redes sociais promoveram uma profunda alteração na forma das pessoas se relacionarem. As facilidades oferecidas por esses provedores, que fornecem instrumentos tecnológicos e virtuais que permitem às pessoas se expressarem livremente pelas mais variadas formas, quebraram quase todas as barreiras da comunicação. Através delas, até as pessoas dotadas de maior timidez perdem seus filtros, especialmente por estarem atrás de uma tela de computador, *tablet*, celular ou outra ferramenta tecnológica.

É essa liberdade ou ausência de barreiras que deixam os indivíduos mais à vontade para agir nas redes sociais e, consequentemente, para expor a sua privacidade, situação essa que se tornou uma via de mão-dupla: ao mesmo tempo em que as pessoas se sentem mais à vontade para se expor, as demais têm a sua curiosidade aguçada, tornando a vida privada alheia um verdadeiro entretenimento[102] ou até mesmo um negócio.[103] E é aí que se abrem as portas para a discussão da

difere, em razão da noção de tempo real, a partir de uma *presença virtual simultânea* das partes, perfeitamente aplicável às relações à distância, de maneira semelhante às negociações entre presentes, do ponto de vista do tempo. Nesse caso, embora se aplique, como visto, a normativa da contratação entre ausentes, faltando, pois, a instantaneidade, o contrato se reputa formado pelo recebimento da resposta pelo proponente, através de tal técnica de transmissão de dados, na qual o envio e a recepção do sinal que contém a manifestação de vontade, ainda que não simultâneos, tendem a se perfazer em intervalos cada vez mais reduzidos". MARTINS. Op. cit. p. 181.

102 A observação feita por Daniel Augusto Bueno é adequada, na medida em que as novas tecnologias promoveram uma profunda alteração no valor da privacidade, a qual, em tempos mais remotos era inacessível e, até mesmo, inaceitável a sua invasão, passando a ser, nos tempos atuais, uma forma de entretenimento. BUENO. Op. cit. p. 119.

103 No ano de 2000, a revista InfoExame publicou interessante matéria em que questionava a subsistência da privacidade na Internet. Dentre os aspectos citados,

tormentosa e polêmica questão da renúncia à privacidade nas redes sociais e os efeitos que dela decorrem.

Em momento anterior já se observou que é possível a renúncia aos direitos da personalidade e, consequentemente, à privacidade, mediante a qual o sujeito vai expor publicamente certos aspectos da sua vida privada, possibilitando o acesso por terceiros de fatos que, em princípio, estariam resguardados pela tutela da privacidade consagrada tanto na Constituição Federal, em seu art. 5º, X, quanto no Código Civil, em seu art. 21.

Essa renúncia, contudo, não pode se dar de modo irrestrito, devendo ser observados os requisitos propostos no capítulo 1, isto é, para que se dê o ato de renúncia o indivíduo deve ser titular da privacidade, renunciando ao seu direito de modo livre e consciente, segundo o seu legítimo interesse e de modo limitado.

Sobre esse último requisito, algumas considerações merecem ser feitas, especialmente quando se examina a questão no ambiente das redes sociais. Primeiro, a limitação do ato de renúncia significa que esta deve ser parcial, isto é, não pode ser absoluta, permanente e geral. Dentro desse limite, o marco seguro é o núcleo intangível da privacidade, qual seja, a intimidade, em que havendo a renúncia será possível a intervenção alheia para recompor a esfera íntima do sujeito, como no caso do provedor que, de ofício ou por provocação – chamada comumente de *denúncia a post* –, exclui determinada publicação.

Desse modo, e como segunda observação, não atingindo o núcleo essencial da privacidade, há um maior espaço de liberdade e, consequentemente, de autonomia, que é quase plena. Sem prejuízo, a possibilidade do exercício dessa autonomia traz como consequência a assunção dos riscos inerentes a essa renúncia. Esta é a terceira observação.

O indivíduo, ao exercer a sua autonomia e renunciar à parcela de sua privacidade, especialmente no âmbito das redes sociais, se expõe publicamente, dando às demais pessoas pleno acesso aos dados e às informações postadas no ambiente virtual. É o caso, por exemplo, do

mencionou-se a utilização das redes sociais para a obtenção de informações mercadológicas, mediante a elaboração de perfis pelas informações prestadas pelos próprios indivíduos, como, por exemplo, hábitos, gostos e *status* social. FORTES, Débora. A morte da privacidade? *Revista infoexame*. a. 15, nº 171, p. 30, jun. 2000.

indivíduo que, mantendo um perfil público na rede social, posta fotografias de situações privadas do seu dia-a-dia, como o momento em que acorda, as refeições que faz, e o seu ambiente de trabalho e de lazer. Ao fazê-lo, em contrariedade àquele que mantém um perfil fechado, ou mesmo público, mas em que só são veiculadas informações públicas, acaba por assumir o risco de uma pessoa não-autorizada, e até mesmo fora do seu círculo de amizade, utilizar tais publicações de modo indesejado.

Por certo, ao utilizar inapropriadamente, ou sem a devida cautela, as ferramentas tecnológicas postas à sua disposição, sua conduta não gozará da mesma proteção dirigida àquele que privilegia a integridade plena de sua privacidade, razão pela qual não receberá o mesmo tratamento daquele conferido aos sujeitos que exercem seus direitos da personalidade de modo mais cauteloso e em plena observância à tutela da sua dignidade.

Outro problema tormentoso, mas que foge ao escopo desta pesquisa, diz respeito à eficácia temporal do ato de renúncia e seus limites. O indivíduo que posta informações ou dados privados em um perfil público, e posteriormente se arrepende e os retira da rede social, terá assegurada a mesma proteção daquele que sempre manteve resguardados tais fatos? Tal questão tangencia a tortuosa discussão do direito ao esquecimento[104], direito esse de não ser lembrado indefinidamente

---

104 O problema envolvendo o direito ao esquecimento está associado diretamente ao conflito entre liberdade de informação e privacidade. Questiona-se se um determinado fato ocorrido no passado pode ser veiculado eternamente, independentemente do momento em que se deu, ou se há um limite temporal para essa publicização. Neste momento, a questão encontra-se pendente de decisão no Supremo Tribunal Federal, o qual decidirá, em dois *leading cases* a matéria. Sem prejuízo, como observa Anderson Schreiber, há três correntes sobre o direito ao esquecimento: (i) a primeira, pró-informação, em que os defensores afirmam não existir um direito ao esquecimento, e isso porque não ter previsão no ordenamento, e por não estar amparado em nenhum direito ou garantia fundamental, de modo que a liberdade de informação deve prevalecer; (ii) a segunda, pró-esquecimento, que afirma que o direito de esquecimento existe e deve preponderar como uma expressão da dignidade humana, aí exteriorizadas no direito à privacidade e à intimidade, a fim de evitar que o indivíduo sofra "penas perpétuas", sendo obrigado a ser relembrado, por toda a sua vida, pelos erros do passado; (iii) a terceira é uma posição intermediária, segundo a qual não há uma hierarquia prévia entre o direito à informação e a privacidade, devendo ser utilizada a ponderação para resolver os conflitos concretamente apresentados. SCHREIBER. Anderson. *As três correntes do direito ao esquecimento.* Texto disponível em https://www.jota.info/artigos/as-tres-correntes-do-direito-ao-esquecimento-18062017

pela prática de atos vexatórios ou constrangedores,[105] em que se questiona se esses atos praticados no passado podem ecoar para sempre, como se fossem punições eternas ao sujeito que os praticou.

Ainda assim podemos afirmar que uma vez tornada pública uma informação privada, ou até mesmo íntima, tem-se por praticado um ato de renúncia à parcela da privacidade, mais especificamente em relação àquele fato ou evento. Se o sujeito, posteriormente, se arrepende ou percebe o excesso praticado, e retira aquele conteúdo, por certo merecerá a correspondente e adequada tutela, o que será melhor desenvolvido no Capítulo 3.

O que se percebe é que os problemas envolvendo a privacidade, e sua renúncia, nas redes sociais são incomensuráveis, particularmente por conta das inúmeras inovações postas à disposição dos usuários. Desde sua criação, em que as pessoas apenas adicionavam outras ao seu perfil, podendo criar álbuns com fotografias para serem acessados pelos amigos, como no quase jurássico *Orkut*, até os dias atuais, em que se admite, por exemplo, a publicação de *lives* em que o indivíduo, em tempo real, posta vídeos de fatos que estão acontecendo naquele exato momento, incontáveis são as possibilidades de utilização que trazem, como consequência, importantes repercussões na esfera jurídica dos sujeitos.

Diante disso, o que se vê é que a renúncia à privacidade é um fato inexorável, especialmente no âmbito da internet, e mais particularmente no seio das redes sociais, as quais consistem, nos tempos atuais, em um importante instrumento para o exercício da liberdade de expressão, o que se confirma pela existência do chamado *direito à liberdade informática*, que assegura aos indivíduos o exercício da sua liberdade, segundo a sua autonomia privada, no ambiente virtual.[106]

---

105 Essa definição do direito de arrependimento é apresentada por Carlos José Cordeiro e Joaquim José de Paula Neto, ao comentar o enunciado n 531 da IV Jornada de Direito Civil do CJF e a notícia veiculada no sítio eletrônico do Superior Tribunal de Justiça sobre a sua redação. CORDEIRO, Carlos José; PAULA NETO, Joaquim José. A concretização de um novo direito da personalidade: o direito ao esquecimento. *Civilistica.com*. a. 4, nº 2, p. 14-15, 2015. Disponível em http://civilistica.com/wp-content/uploads/2015/12/Cordeiro-e-Paula-Neto-civilistica.com-a.4.nº2.20151.pdf.

106 Como observa Danilo Doneda, a doutrina do *direito à liberdade informática* é uma releitura do *direito à autodeterminação informativa*, associado à privacidade e ao exercício da liberdade no meio eletrônico. DONEDA. Op. cit., nota de rodapé 113. p. 198.

Por esse direito, além do próprio exercício da liberdade, mediante o fornecimento voluntário de informações e dados, se assegura ao sujeito o poder de controlar a circulação destes, de modo que há um dever correspondente, por parte dos provedores e dos demais sujeitos, de utilizar as informações e dados publicados nos exatos fins para os quais eles foram fornecidos.

Inobstante a existência dessa reconhecida liberdade no meio eletrônico, e particularmente no âmbito das redes sociais, a renúncia à privacidade, como ocorre com todo e qualquer direito da personalidade, não pode ser permanente e nem geral, sob pena de levar à degradação do indivíduo, em evidente violação da dignidade da pessoa humana, que consiste em uma verdadeira fundação sobre a qual se constrói toda a ordem jurídica brasileira.

Ademais, há certos aspectos da vida privada, particularmente a esfera íntima, que devem ser necessariamente resguardados, pois a renúncia à intimidade, núcleo da privacidade, leva ao esvaziamento desta.

Desse modo, tanto a renúncia permanente e geral da privacidade, que fatalmente atingirá a intimidade, admite a adoção de medidas para a proteção do sujeito, como, por exemplo, através da intervenção do próprio provedor de conteúdo, que pode excluir a publicação.

Mas, mesmo diante dessas possibilidades de intervenção, é fácil encontrar nas redes sociais quem se disponha a expor exageradamente sua privacidade, renunciando-a quase que de modo absoluto. Sob o escudo da liberdade de expressão, direito esse também constitucionalmente assegurado, os indivíduos publicam livremente informações sobre sua vida privada, seja no objetivo de obter popularidade,[107] seja por inocência ou ingenuidade.[108]

---

107 Nesse sentido, observam Ana Maria Alvarez e Andréa Peine Jara que a vaidade é um fator impulsionador para essa exagerada exposição nas redes sociais. Na visão das autoras, "É frequente ver seres revelarem particularidades de suas vidas para exaltar, sem necessidade, seus méritos ou qualidades. Pecotche (2000, p. 62) se refere à vaidade como sendo 'uma névoa psicológica que obscurece a mente, impedindo de ver e medir honestamente a justa medida do próprio conceito'". ALVAREZ, Ana Maria Torres; JARA, Andréa C. Rodrigues Peine. Comunidades virtuais: intercâmbio de conhecimentos x privacidade. *Colabor@*. v. 4, nº 13, mar. 2007. Disponível em http://pead.ucpel.tche.br/revistas/index.php/colabora/article/view/90.

108 Como observa Gabriel Schulman, ao tratar da crise da privacidade na internet, especialmente por conta da inexperiência ou malícia do indivíduo, "parece razoável afirmar que parte das pessoas nem se deram conta do potencial da baixa segurança ou da renúncia que cotidianamente promovem na utilização de certos serviços". SCHULMAN, Gabriel.

O problema que gira em torno dessa *superexposição* é a falta quase absoluta de controle. Na prática, e como visto, os únicos limites impostos são os termos e condições de uso estabelecidos pelos próprios provedores de conteúdo, os quais se revelam insuficientes à tutela da privacidade, pois comumente se restringem a proibir a veiculação de imagens e vídeos de conteúdo ofensivo, conceito esse aberto e indeterminado e que se limita, na maioria dos casos, a fatos criminosos ou a publicações que ofendam terceiros, e não propriamente aquelas que digam respeito à exposição da privacidade pelo próprio sujeito, ou seja, a finalidade não é a tutela do próprio indivíduo que fez a publicação, mas sim os terceiros.

Essa insuficiência coloca os usuários da rede em uma situação de inequívoca fragilidade, pois diante de uma inadequada regulação e proteção contratual, associada a uma falta de bom senso na própria utilização da ferramenta eletrônica, tornam-se os indivíduos alvos fáceis de pessoas mal-intencionadas, especialmente quando se leva em conta o oceânico mundo da Internet, cujo controle da circulação dos dados e informações é quase impossível de ser feito.[109]

O mesmo pode ser dito da legislação vigente. A Lei nº 12.965/2014, que entrou em vigor em 23 de junho de 2014, após um longo período de debates, que se iniciou em 2009, com uma consulta pública na Internet, e que culminou no Projeto de Lei nº 2.126 de 2011,[110] estabeleceu alguns princípios para o uso da Internet no Brasil, e dentre eles está o da proteção da privacidade e o da proteção dos dados pessoais, como se extrai de seu art. 3º, II e III.[111]

---

www.privacidade-em-tempos-de-internet.com: o espaço virtual e os impactos reais à privacidade das pessoas. In: TEPEDINO, Gustavo; TEIXEIRA, Ana Carolina Brochado; ALMEIDA, Vitor. (Coord.). *O direito civil entre o sujeito e a pessoa*: estudos em homenagem ao professor Stefano Rodotà. Belo Horizonte: Fórum, 2016. p. 338.

---

109 Sobre os riscos decorrentes dessa falta de controle dos provedores, ver MORI. Op. cit. p. 68-70.

110 Segundo os autores Carlos Affonso Souza e Ronaldo Lemos, que participaram ativamente dos estudos e debates para a criação da LMCI, o processo de construção do Marco Civil da Internet perdurou por 07 anos, iniciando-se em 2007 com as primeiras ideias de regulação da internet, até chegar à consulta pública em 2009, que gerou o projeto de lei em 2011, que culminou, alfim, na Lei nº 12.965/2014. SOUZA; LEMOS. Op. cit. p. 13-14.

111 A tutela da privacidade e da intimidade é uma das preocupações centrais do Marco Civil da Internet, por se revelar como um direito à dignidade. TEIXEIRA, Tarcisio.

A proteção da privacidade, que abrange o resguardo dos dados pessoais, é um dos sustentáculos da adequada utilização da Internet no regime jurídico brasileiro, revelando-se como um fim a ser alcançado quando da navegação nos tormentosos mares da rede mundial de computadores.[112]

Para a concretização desse princípio, o legislador estabeleceu inúmeras regras que estão dispostas desde o art. 7º, que ao tratar dos direitos básicos dos usuários previu, em seu inciso I, a inviolabilidade da intimidade e da privacidade, inclusive assegurando a garantia de proteção e de indenização contra danos, até o art. 12, o qual prevê a possibilidade de aplicação de inúmeras sanções aos provedores, tanto na esfera cível, quanto na penal e na administrativa.

Ainda no objetivo de promover a tutela da privacidade, prevê o art. 8º da Lei do Marco Civil que a garantia do direito à privacidade é condição para o pleno exercício do direito de acesso à internet, de modo que são nulas de pleno direito as cláusulas que impliquem ofensa à inviolabilidade e ao sigilo das comunicações privadas pela Internet, como se infere de seu parágrafo único, aqui reforçando a garantia prevista no art. 51 do Código de Defesa do Consumidor acerca das cláusulas abusivas.[113]

Marco civil da internet comentado. São Paulo: Almedina Brasil, 2016. p. 38-39. Por isso, o legislador delas se preocupou em inúmeros dispositivos, estabelecendo-os como princípios da disciplina do uso da Internet no Brasil. Como observa João Victor Rozatti Longhi, a privacidade é um dos princípios mais esmiuçados e descritos ao longo do texto da lei, e isso por conta dos graves riscos a que as pessoas estão expostas no ambiente virtual. Por este motivo, "a privacidade é mais que um princípio enunciativo, mas uma garantia estruturante do texto legal. Em observância à Carta da República, é direito do usuário a inviolabilidade e sigilo de suas comunicações (art. 7º, I), ressaltando-se que privacidade e liberdade são uma condição para o pleno exercício do direito de acesso à Internet (Art. 8º, *caput*). LONGHI. Op. cit. p. 113.

---

112 Isso revela a necessidade de se tutelar a relações existenciais na Internet, que têm seu sustentáculo na dignidade da pessoa humana, como observam Maria Celina Bodin de Moraes e Chiara Spadaccini de Teffé: "As relações desenvolvidas na internet, assim como todas as demais, devem obediência estrita aos princípios constitucionais, em especial ao princípio fundador do Estado Democrático de Direito brasileiro, a dignidade da pessoa humana, e o intérprete, à luz da legalidade constitucional, diante do conflito ou do litígio, deverá colocar os interesses existenciais em posição de preeminência". TEFFÉ, Chiara Spadaccini de; MORAES, Maria Celina Bodin de. Redes sociais virtuais: privacidade e responsabilidade civil. Análise a partir do marco civil da internet. *Pensar*. v. 22, nº 1, p. 111, jan./abr., 2017.

113 LONGHI. Op. cit. p. 114.

Trata-se, portanto, de medida instrumental, que proíbe que nos contratos eletrônicos que digam respeito aos serviços prestados no âmbito da Internet se admita a violação ou o acesso das comunicações privadas.[114] Caso isso venha a ocorrer, além de ser admissível o reconhecimento da invalidade da disposição contratual, também estará o provedor sujeito às medidas previstas no mencionado art. 12 da lei, como, por exemplo, a aplicação de multa até 10% do faturamento do grupo econômico do provedor.

A preocupação com a privacidade e a intimidade prossegue no art. 10 da Lei nº 12.965/2014, ao prever que a guarda e a disponibilização dos registros de conexão e de acesso a aplicações de internet devem atender à preservação da intimidade e da vida privada das partes direta ou indiretamente envolvidas, de modo que apenas por determinação judicial é possível ao provedor disponibilizar as informações e dados privados dos usuários.

Para a implementação desse comando legal, devem os provedores de conteúdo adotar todas as medidas formais e materialmente necessárias à guarda dos dados e informações pessoais dos usuários, inclusive com a implementação de procedimentos tecnológicos de segurança de informação.[115]

Ainda preocupado com a privacidade, prevê o art. 11 da Lei do Marco Civil que qualquer operação de coleta, armazenamento, guarda e tratamento de registros de dados pessoais deve respeitar a legislação brasileira e o direito à privacidade, a demonstrar a inequívoca aplicação das disposições legais pátrias, como o Código Civil, no que toca à veiculação e circulação de informações e dados privados.

O que se percebe de todas essas disposições é que houve uma imensa preocupação do legislador com a intimidade e a vida privada das pessoas na Internet. No entanto, muito embora a Lei nº 12.965/2014 tenha trazido inúmeras regras visando a tutela da privacidade na rede mundial, elas ainda se revelam insuficientes, e isso porque as soluções propostas não são capazes de enfrentar e solu-

---

114 Ao tratar das cláusulas abusivas, no parágrafo único do art. 8º da LMCI, o legislador apresentou, como observa Tarcisio Teixeira, um rol meramente exemplificativo, assim não limitando a defesa da privacidade. TEIXEIRA. Op. cit. p. 70.

115 GONÇALVES, Victor Hugo Pereira. *Marco civil da internet comentado*. São Paulo: Atlas, 2017.p. 102.

cionar todos os problemas práticos existentes,[116] particularmente aqueles inerentes à utilização das informações e dados privados disponibilizados pelos próprios usuários, isto é, os problemas oriundos da renúncia à privacidade.

Essa situação pode ser atribuída a um importante fator: a preocupação hoje existente se restringe às condutas invasivas praticadas por terceiros, isto é, tanto o legislador, quanto a doutrina e a jurisprudência têm se limitado a tratar das condutas praticadas por terceiros que, mediante a prática de atos ilícitos, como, por exemplo, a invasão de perfis pessoais ou a publicação de mensagens ofensivas, violam a esfera privada e íntima alheia, e não os danos decorrentes da própria ação da vítima que, dispondo da sua privacidade, permite que terceiros se utilizem dos dados e informações em seu desfavor. E é isso que se propõe neste texto, com a análise das repercussões no campo da responsabilidade civil, especialmente pelos fatos lesivos decorrente da renúncia da privacidade.

116 Como observa Victor Hugo Gonçalves, "Muitos foram os caminhos para definir a proteção da privacidade em tempos de internet. A despeito de toda a pluralidade de questões e problemas apresentados nesta vasta doutrina, a proteção da privacidade, na perspectiva do Marco Civil, torna-se problemática e indefinida sem enfrentar todos os problemas devidos". GONÇALVES. Op. cit. p. 31.

CAPÍTULO 3

A RESPONSABILIDADE PELA VIOLAÇÃO DA PRIVACIDADE NAS REDES SOCIAIS

3.1. As espécies de tutela jurídica da privacidade no âmbito das redes sociais

Como visto no Capítulo 2, a privacidade se caracteriza como um direito da personalidade que objetiva, principalmente, tutelar a esfera privada e íntima do sujeito. Seu conteúdo, embora de difícil precisão nos tempos atuais, dada a diversidade de interesses direta e indiretamente envolvidos, tem um caráter negativo e positivo, consistente, essencialmente, no direito de impedir o acesso não autorizado sobre a vida privada do indivíduo, bem como o poder de controlar o fluxo das informações e dados pessoais que possam circular e serem passíveis de acesso pelas demais pessoas.

A privacidade, então, se qualifica como um direito inato e formador da personalidade do indivíduo, sendo fundamental para a concretização e realização da dignidade da pessoa humana, o que lhe confere especial merecimento de tutela pelo ordenamento, particularmente no atual cenário de avanço em progressão geométrica dos meios de comunicação na presente sociedade de informação.

Em contrapartida, ao mesmo tempo em que se anseia por mais proteção e controle de circulação das informações, também se constata um exercício desmedido da autonomia privada, em que os indivíduos dispõem da sua privacidade quase sem limites, tendo como fundamento principal a liberdade de expressão e de informação, as quais parecem conferir aos sujeitos uma carta branca para o exercício dos seus direitos, mas que põem em risco a própria dignidade.[1]

---

1 A liberdade de escolhas existenciais, caracterizada pela possibilidade de os sujeitos agirem livremente no que toca à formação e desenvolvimento da sua personalidade, traz, em inúmeras situações, grandes riscos à adequada e efetiva tutela da dignidade humana. Ainda assim, defende-se na doutrina esse espaço de liberdade na sociedade atual, como se infere da lição de Stefano Rodotà. Segundo o jurista italiano, no ambiente da sociedade de informação, a privacidade ganhou novos contornos, e hoje "pode ser identificada com 'a tutela das escolhas de vida contra toda forma de controle público e de estigmatização social', em um quadro caracterizado justamente pela 'liberdade das escolhas existenciais'". RODOTÀ. Op. cit. p. 92-93.

No âmbito das redes sociais, a questão se revela ainda mais complexa, dada a ampla liberdade conferida às pessoas e a ausência de controle sobre o conteúdo que nelas circula. Isso dá margem a inúmeras violações a direitos, dificultando a defesa dos interesses existenciais dos indivíduos, que se veem vilipendiados em sua honra, imagem e privacidade sem a eficaz tutela jurídica.

Sobre esse aspecto, é importante destacar que a tutela jurídica aqui mencionada é a jurisdicional, isto é, aquela exercida pelo Estado na condição de substituto das partes e garantidor da paz social. No princípio de tudo, prevaleciam a força e a barbárie, fazendo-se a justiça pelas próprias mãos dos homens.[2] Era cada um por si.[3] Posteriormente, com o avanço do processo civilizatório, a função punitiva e repressora passou das mãos do particular para o Estado, através da jurisdição,[4] remanescendo, atualmente, algumas poucas hipóteses de legitimidade do uso da força humana para a tutela dos direitos.[5]

---

2 Como observa Humberto Dalla Bernardina de Pinho, a autotutela, através da qual o homem, por si mesmo e através da força, defendia os seus interesses, é a forma mais primitiva de resolução dos conflitos. Em síntese, "Utilizava-se da força física contra o adversário para vencer sua resistência e satisfazer uma pretensão". PINHO, Humberto Dalla Bernardina de. *Direito processual civil contemporâneo*: teoria geral do processo. v. 1. 5ª ed. São Paulo: Saraiva, 2013. p. 41.

3 BARROSO. Op. cit. nota de rodapé 27. p. 29.

4 Na lição de Luiz Fux, "Através da jurisdição, provocado pelo interessado que exerce a ação, o Estado institui um método de composição do litígio com a participação dos reais destinatários do comando que regulará a situação litigiosa, dispondo sobre os momentos em que cada um poderá fazer valer as suas alegações, cujo escopo final é alcançar um resultado corporificado em tudo quanto o Judiciário 'sentiu' das provas e do direito aplicável retratado na 'sentença jurisdicional'. Jurisdição, ação e processo são assim os monômios básicos da estrutura do fenômeno judicial". FUX, Luiz. *Tutela de segurança e tutela de evidência*. Fundamentos da tutela antecipada. São Paulo: Saraiva, 1996. p. 4.

5 O uso da força para a defesa de um direito, em princípio, é uma conduta tipificada no Código Penal, em seu art. 345, como exercício arbitrário das próprias razões, que consiste em "Fazer justiça pelas próprias mãos, para satisfazer pretensão, embora legítima, salvo quanto a lei o permite". A regra, portanto, é que ainda que a pretensão seja legítima, não pode o indivíduo agir por conta própria para satisfazê-la, de modo que se deve recorrer ao Judiciário para a sua satisfação. No entanto, se a lei expressamente admitir, será possível o uso da força para a tutela do direito. Como observa Rogério Greco, "*Fazer justiça pelas próprias mãos* tem o significado de agir por si mesmo, de acordo com a sua própria vontade, não solicitando a intervenção do Estado, responsável pela aplicação da Justiça ao caso concreto. O agente atua no sentido de, ele próprio, satisfazer uma *pretensão*. [...] Não haverá

A tutela dos direitos, portanto, compete ao Estado, especialmente no exercício da sua função jurisdicional, o que se extrai do disposto no art. 5º, XXXV, da Constituição Federal, que consagra o princípio da inafastabilidade do controle do Poder Judiciário.[6] Trata-se de uma das principais garantias dos direitos subjetivos, na medida em que assegura a todos os indivíduos o direito de se socorrer da poderosa mão do Estado para a defesa dos seus direitos, garantindo-se a todos os participantes do processo o contraditório e a ampla defesa,[7] isto é,

---

a infração penal em estudo, conforme ressalva a última parte do art. 345 do Código Penal, quando a própria lei admite a possibilidade de atuação pessoal do agente, a exemplo do que ocorre quando pratica o fato em legítima defesa, exercício regular de direito, etc". GRECO, Rogério. *Código penal comentado*. 4ª ed. Niterói: Impetus, 2010. p. 923. No direito civil, exemplo tradicional é do desforço possessório e da legítima defesa da posse, previstos no § 1º do art. 1.210 do Código Civil. Tratam-se, por certo, de hipóteses excepcionais em que o indivíduo se utiliza da autotutela para impedir violações à sua posse, sendo plenamente admissíveis por força expressa de lei. Nesse sentido, afirma Gustavo Tepedino que "No Estado de Direito a prestação da tutela jurisdicional é monopólio do Estado-juiz, garantindo-se que nenhuma lesão ou ameaça a direito seja excluída da apreciação do Poder Judiciário (CF, art. 5º, XXXV). O particular que resolve fazer justiça pelas próprias mãos comete crime de exercício arbitrário das próprias razões (CP, art. 345), ainda que pudesse ser legítima a sua pretensão. Contudo, em alguns casos, em que demora da intervenção do Poder Judiciário poderia acarretar a ineficácia da tutela jurisdicional, o ordenamento prevê a faculdade de autodefesa por parte do titular da situação subjetiva violada ou ameaçada. O desforço pessoal constitui modalidade de legítima defesa (v. art. 188, I, do Código Civil) que permite ao possuidor, turbado ou esbulhado, manter-se ou restituir-se por si próprio, desde que a reação seja imediata e que sejam utilizados dos meios proporcionais à ofensa. Nessa hipótese, não precisará ingressar com a ação de reintegração ou manutenção da posse". TEPEDINO, Gustavo. *Comentários ao código civil*: direito das coisas (arts. 1.196 a 1.276). v. 14. Coordenador Antônio Junqueira de Azevedo. São Paulo: Saraiva, 2011. p. 154.

6 Pelo princípio da inafastabilidade de controle do Poder Judiciário atribui-se ao Poder Judiciário o chamado *monopólio da jurisdição*, em que se atribui a ele a função de decidir os conflitos de interesses, tanto quando ocorre a efetiva lesão a direitos, quanto nos casos em que há um mera ameaça de violação a eles. Assim, na expressão de José Afonso da Silva, assegura-se o "direito de invocar a atividade jurisdicional sempre que se tenha como lesado ou simplesmente ameaçado um direito, individual ou não". SILVA. Op. cit. p. 431. No mesmo sentido, observa André Ramos Tavares que o "princípio em questão significa que toda controvérsia sobre direito, incluindo ameaça de lesão, não pode ser subtraída da apreciação do Poder Judiciário". TAVARES, André Ramos. *Curso de direito constitucional*. 6ª ed. São Paulo: Saraiva, 2008. p. 667.

7 As garantias do contraditório e da ampla defesa são uma consequência do princípio da inafastabilidade do controle do Poder Judiciário, emanando diretamente

o direito de ter acesso e conhecer todos os fatos, fundamentos e decisões ao longo do *iter* processual, podendo se manifestar sobre eles e, assim, influir no resultado do processo.[8]

Então, o sujeito de direitos, titular de uma posição jurídica, busca a tutela jurisdicional para a sua proteção, o que se dará de acordo com a lesão ou ameaça de lesão ocorrida. Sobre este aspecto, a tutela jurídica é prestada fundamentalmente sob três formas ou espécies: (i) tutela inibitória ou preventiva; (ii) tutela de remoção do ilícito; e (iii) tutela ressarcitória.[9]

Tais formas de se tutelar os direitos são plenamente aplicáveis aos direitos da personalidade e, particularmente, à privacidade, e devem ser empregadas, isolada ou conjuntamente, a partir da conduta praticada contra o titular do direito.

---

dele. Na observação de José Afonso da Silva, o direito de acesso ao Judiciário para a tutela de direitos não se limita ao exercício do direito de ação mediante a invocação da jurisdição, mas também o direito daquele contra quem se age, contra quem se propõe a ação, pelo quê deve-se assegurar o contraditório e a ampla defesa. SILVA. Op. cit. p. 431.

---

8 Como observa Alexandre Freitas Câmara, "o contraditório deve ser compreendido como a garantia que têm as partes de que participarão do procedimento destinado a produzir decisões que as afetem. Em outras palavras, o resultado do processo deve ser fruto de intenso debate e da efetiva participação dos interessados, não podendo ser produzido de forma solitária pelo juiz". CÂMARA, Alexandre Freitas. *O novo processo civil brasileiro*. 2ª ed. São Paulo: Atlas, 2016. p. 11.

9 A classificação das tutelas jurídicas não é unívoca. Como exemplo, Luiz Guilherme Marinoni, Sérgio Cruz Arenhart e Daniel Mitidiero afirmam que há três formas de tutelas jurisdicionais dos direitos: a tutela inibitória, exercida antes da lesão a direito, com o intuito de impedir que ela ocorra; a tutela de remoção do ilícito, utilizada nos casos em que é praticado um ato ilícito – uma violação ao direito –, mas ainda não ocorreu, efetivamente, um dano; e a tutela ressarcitória, empregada após a ocorrência da lesão (MARINONI, Luiz Guilherme; ARENHART, Sérgio Cruz; MITIDIERO, Daniel. *Novo curso de processo civil*: teoria do processo civil. v. 1. São Paulo: RT, 2015. p. 293-303). Já na visão de Cândido Rangel Dinarmarco, tem-se a tutela preventiva, consistente em evitar a violação de direitos ou o agravamento de situações desfavoráveis; a tutela inibitória, na qual o sujeito previne o dano através do veto a uma conduta e a condenação da parte a abster-se de praticá-la; a tutela reparatória, utilizada quando já consumada a ação ou omissão lesiva, para reconduzir as partes, na medida do possível, ao *status quo ante*; e a tutela ressarcitória, empregada quando não for possível a tutela específica de reparação, com o objetivo de ressarcir a vítima do evento lesivo mediante o pagamento em dinheiro, assim substituindo o bem ou a situação subtraída do titular do direito (DINAMARCO, Cândido Rangel. *Instituições de direito processual civil*. v. I. 8ª ed. São Paulo: Malheiros, 2016. p. 247-250).

A tutela inibitória é empregada antes da prática do ato lesivo ou violador do direito, e isso a torna a forma ideal para a proteção do titular de um direito da personalidade, na medida em que visa evitar a sua violação. Uma vez que os direitos da personalidade situam-se no âmbito das situações jurídicas existenciais, sendo de difícil ou impossível reparação específica, com o retorno da vítima ao seu estado original, revela-se importantíssimo conferir-lhe a possibilidade de, havendo ameaça de lesão ao seu direito, poder impedi-la.

No caso do direito à privacidade, e particularmente no âmbito das redes sociais, a relevância da tutela inibitória é inequívoca, uma vez que se trata de um direito que visa resguardar informações e dados privados e íntimos do sujeito, os quais, muitas vezes, não devem ser acessados por nenhuma pessoa, excluindo-se do conhecimento alheio.[10]

Desse modo, a revelação e a divulgação desses fatos podem acarretar danos irreparáveis, impossíveis de serem revertidos, o que justifica a adoção de medidas que visem, inclusive, proibir divulgações ou publicações referentes à esfera privada do indivíduo.

Sabe-se, por certo, que a tutela inibitória de proteção à privacidade pode, em contrapartida, restringir a liberdade de informação e, consequentemente, a liberdade de expressão de terceiros, revelando, nesse aspecto, um verdadeiro conflito entre direitos fundamentais, além de suscitar a polêmica questão envolvendo a censura. Este, inclusive, e como se verá adiante, é um dos fundamentos utilizados na jurisprudência dos tribunais para justificar a impossibilidade de se impor aos provedores de conteúdo a responsabilidade por postagens feitas por terceiro que violem direitos da personalidade, uma vez que eles não poderiam fazer tal controle por se caracterizar como uma censura. Mas, muito embora não seja o objeto desta pesquisa, algumas breves considerações merecem ser feitas sobre o tema envolvendo o conflito entre a liberdade de informação e a privacidade.

---

10 Como observado por Luiz Guilherme Marinoni, a tutela inibitória para os direitos da personalidade é fundamental, e no caso da privacidade revela-se de suma importância para assegurar a liberdade de autodeterminação no desenvolvimento da personalidade, de modo que através da tutela inibitória impede-se a divulgação de notícias relativas à vida privada. No direito italiano, inclusive, admite-se a tutela preventiva à lesão da privacidade, fundada no *diritto generale alla riservatezza* e no *diritto alla segretezza della vita privata*. MARINONI, Luiz Guilherme. *Tutela inibitória*: individual e coletiva. 5ª ed. São Paulo: RT, 2012. p. 228-232.

A liberdade de informação é espécie do gênero liberdade de expressão,[11] sendo ambas previstas constitucionalmente. A liberdade de expressão está prevista, de modo lato, nos incisos IV e IX do art. 5º da Constituição Federal,[12] enquanto que a liberdade de informação é prevista no inciso XIV do mesmo dispositivo constitucional.[13]

Tanto a liberdade de expressão quanto a de informação se inserem no rol dos direitos fundamentais, sendo a primeira mais ampla, pois abrange a liberdade de manifestação de pensamento e de criação,[14] e diz respeito à possibilidade de manifestação pública de pensamentos, ideias, opiniões, juízos de valor, críticas e crenças, ao passo que a liberdade de informação diz respeito apenas à divulgação e acesso público de fatos, informações, dados e notícias.[15] A liberdade de informação, então, assegura aos indivíduos o direito de

---

11 No mesmo sentido, KOATZ, Rafael Lorenzo-Fernandez. As liberdades de expressão e de imprensa na jurisprudência do STF. In: SARMENTO, Daniel; SARLET, Ingo Wolfgang. (Coord.). *Direitos fundamentais no supremo tribunal federal*: balanço e crítica. Rio de Janeiro: Lumen Juris, 2011. p. 398. Em sentido contrário, entendendo que a liberdade de expressão é gênero, sendo espécie a liberdade de comunicação, a qual abrange a liberdade de informação e a liberdade de imprensa, afirma Edilsom Farias que "A opção pelos termos *liberdade de expressão* e *comunicação* justifica-se, em primeiro lugar, pelo fato de o termo liberdade de expressão (gênero) substituir os conceitos liberdade de manifestação de pensamento, liberdade de manifestação da opinião, liberdade de manifestação da consciência (espécies), podendo-se, pois, empregar a frase *liberdade de expressão* para abranger as expressões de pensamento, de opinião, de consciência, de idéia, de crença e de juízo de valor. A utilização da forma *liberdade de expressão e comunicação* justifica-se, em segundo lugar, em razão de os termos *liberdade de comunicação* representarem melhor do que as expressões *liberdade de imprensa* e *liberdade de informação* o atual e complexo processo de comunicação de fatos ou notícias existentes na vida social". FARIAS, Edilsom. *Liberdade de expressão e comunicação*: teoria e proteção constitucional. São Paulo: RT, 2004. p. 53.

12 Dispõem, respectivamente, os incisos IV e IX do art. 5º da Constituição Federal que "é livre a manifestação do pensamento, sendo vedado o anonimato" e "é livre a expressão da atividade intelectual, artística, científica e de comunicação, independentemente de censura ou licença".

13 Prevê o art. 5º, XIV, da Constituição Federal que "é assegurado a todos o acesso à informação e resguardado o sigilo da fonte, quando necessário ao exercício profissional".

14 BARROSO, Luís Roberto. Liberdade de expressão, direito à informação e banimento da publicidade de cigarro. In: BARROSO, Luís Roberto. *Temas de direito constitucional*. t. 1. 2ª ed. Rio de Janeiro: Renovar, 2006. p. 250.

15 Sobre essa diferenciação, embora o autor utilize a expressão *liberdade de comunicação*, ao invés de *liberdade de informação*, ver FARIAS. Op. cit. p. 80-83.

divulgar e ter conhecimento dessas questões, aí se identificando o seu caráter positivo – enquanto direito de transmitir a informação – e negativo – que se revela no direito de pesquisar, consultar, receber e obter uma informação.

Do que se disse é possível constatar a importância da liberdade de informação, tanto para o indivíduo, quanto para a sociedade, uma vez que para a formação dos pensamentos e ideias e, consequentemente, da própria personalidade, faz-se necessário o amplo acesso ao conhecimento, aí abrangidos dados e informações, alguns, inclusive, de âmbito privado.

Entretanto, o exercício ilimitado e irrestrito dessa liberdade pode violar direitos de terceiros, inclusive de natureza também fundamental. Não há dúvidas de que um direito não deve ser merecedor de tutela se o seu exercício importa, necessariamente, na lesão ou ameaça de lesão a outros direitos, especialmente aos direitos da personalidade, como a privacidade o é.

É nesse momento que se tem o conflito entre direitos fundamentais, em que se vai questionar a possibilidade de prevalência do direito de se veicular informações que possam causar danos irreversíveis à privacidade da pessoa, em prestígio à liberdade de informação.[16] A solução para essa tormentosa questão está na já conhecida técnica da ponderação.[17]

Tratando-se de direitos ou princípios constitucionais fundamentais, pois ambos têm sede na Constituição Federal, a ponderação

---

16 Sobre a sensível questão envolvendo o conflito entre a liberdade de expressão e a privacidade, ver BARROSO, Luís Roberto. Colisão entre liberdade de expressão e direitos da personalidade. Critérios de ponderação. Interpretação constitucionalmente adequada do código civil e da lei de imprensa. *Revista de direito administrativo*. nº 235, p. 1-36, 2004.

17 Sobre a ponderação de princípios ou direitos constitucionais fundamentais ver, dentre outros, BARCELLOS, Ana Paula de. *Ponderação, racionalidade e atividade jurisdicional*. Rio de Janeiro: Renovar, 2005; BARROSO, Luís Roberto; BARCELLOS, Ana Paula de. O começo da história. A nova interpretação constitucional e o papel dos princípios no direito brasileiro. In: BARROSO, Luís Roberto. (Org.). *A nova interpretação constitucional. Ponderação, direitos fundamentais e relações privadas*. Rio de Janeiro: Renovar, 2003; SARMENTO, Daniel. *A ponderação de interesses na Constituição Federal*. Rio de Janeiro: Lumen Juris, 2000; SARLET, Ingo Wolfgang. *A eficácia dos direitos fundamentais*: uma teoria geral dos direitos fundamentais na perspectiva constitucional. 12ª ed. Porto Alegre: Livraria do Advogado, 2015; STRECK, Lênio Luiz. *Jurisdição constitucional e hermenêutica*: uma nova crítica do direito. Rio de Janeiro: Forense, 2004.

é o principal instrumento para a resolução do conflito. Através dela, e ao contrário do que ocorre no conflito entre regras, não há uma declaração de invalidade de um deles ou a necessidade de introdução de uma cláusula de exceção.[18] Em verdade, deve ser reconhecida, no caso concreto, a prevalência de um dos princípios sobre o outro, pois, também ao contrário do que ocorre com a colisão entre regras, o choque entre princípios não se dá na dimensão da validade, mas sim na dimensão de peso.[19] Especificamente no caso dos princípios, a solução da colisão é resolvida, segundo Robert Alexy, pela *lei da colisão*, fazendo-se um sopesamento entre os interesses conflitantes, a fim de identificar qual deles tem um peso maior na hipótese concreta.

Vê-se, portanto, que não se trata de uma questão fácil, haja vista não haver uma solução pronta no ordenamento, pelo que é possível que, em determinadas hipóteses, a tutela inibitória, que vise impedir a veiculação ou divulgação de uma informação ou dado privado de uma pessoa no âmbito de uma rede social, pode acarretar a violação da liberdade de informação, como, por exemplo, no caso de algumas pessoas ditas *públicas*, em que o interesse público justifica a publicação de fatos sobre a sua vida, inclusive da esfera privada.

Sem prejuízo, é preciso ter em mente que nessa colisão não há, a nosso sentir, uma primazia *prima facie* do direito à informação, como sustenta parcela da doutrina.[20] Segundo entendemos, a tutela dos direitos da personalidade, dentre eles a privacidade, ostenta especial relevância, particularmente no que toca à dignidade da pessoa humana, na medida em que os direitos inatos são essenciais à formação psicofísica do indivíduo, pois protegem os traços físicos e psíquicos da pessoa através da tutela do nome, da imagem, da honra e da integridade física.

18 ALEXY, Robert. *Teoria dos direitos fundamentais*. Tradução de Virgílio Afonso da Silva. São Paulo: Malheiros, 2008. p. 92.

19 Ibidem. p. 93-94.

20 É essa opinião professada, por exemplo, por Daniel Sarmento, em seu já citado parecer, por Rafael Koatz (KOATZ. Op. cit. p. 402), assim como por Luís Roberto Barroso, o qual afirma que, por servir a liberdade de informação como fundamento para o exercício de outras liberdades, tem ela uma posição de preferência em relação aos direitos fundamentais individualmente considerados (BARROSO. Luís Roberto. Liberdade de expressão versus direitos da personalidade. Colisão de direitos fundamentais e critérios de ponderação. In: BARROSO, Luís Roberto. *Temas de direito constitucional*. t. 3. Rio de Janeiro: Renovar, 2005. p. 105-106).

Tendo-se em mente que pela dignidade humana toda pessoa tem um valor intrínseco, devendo ser considerada como um fim em si mesmo, não pode ela ser reconhecida, num argumento utilitarista, como um meio para a promoção de outros direitos,[21] razão pela qual há que se entender que a privacidade de uma pessoa não pode ser um instrumento para a realização do direito de alguém informar ou ser informado.

Desse modo, entendemos que a única conclusão possível, caso se diga que é possível ter uma prevalência de algum desses direitos, é a de que a tutela dos direitos da personalidade deve prevalecer sobre a liberdade de informação, como já reconheceu o Superior Tribunal de Justiça em alguns precedentes.[22]

---

21 Nesse sentido, BARROSO, Luís Roberto. Aqui, lá e em todo o lugar: a dignidade humana no direito contemporâneo e no discurso transnacional. *Revista dos tribunais*. a. 101, v. 909, São Paulo, p. 160. mai./2012; SARMENTO, Daniel. *Dignidade da pessoa humana*: conteúdo, trajetórias e metodologia. 2ª ed. Belo Horizonte: Fórum, 2016. p. 109; e SARLET, Ingo Wolfgang. *Dignidade da pessoa humana e direitos fundamentais na constituição federal de 1988*. 8ª ed. rev., atual., e ampl. Porto Alegre: Livraria do Advogado, 2010. p. 37-38.

22 A título de exemplo, no julgamento do REsp 1334097, entendeu o relator, o Ministro Luís Felipe Salomão, que "a explícita contenção constitucional à liberdade de informação, fundada na inviolabilidade da vida privada, intimidade, honra, imagem e, de resto, nos valores da pessoa e da família, prevista no art. 220, § 1º, art. 221 e no § 3º do art. 222 da Carta de 1988, parece sinalizar que, no conflito aparente entre esses bens jurídicos de especialíssima grandeza, há, de regra, uma inclinação ou predileção constitucional para soluções protetivas da pessoa humana, embora o melhor equacionamento deva sempre observar as particularidades do caso concreto. Essa constatação se mostra consentânea com o fato de que, a despeito de a informação livre de censura ter sido inserida no seleto grupo dos direitos fundamentais (art. 5º, inciso IX), a Constituição Federal mostrou sua vocação antropocêntrica no momento em que gravou, já na porta de entrada (art. 1º, inciso III), a dignidade da pessoa humana como – mais que um direito – um fundamento da República, uma lente pela qual devem ser interpretados os demais direitos posteriormente reconhecidos. Exegese dos arts. 11, 20 e 21 do Código Civil de 2002. Aplicação da filosofia kantiana, base da teoria da dignidade da pessoa humana, segundo a qual o ser humano tem um valor em si que supera o das 'coisas humanas'". REsp 1334097 / RJ. Rel. Ministro Luis Felipe Salomão. Quarta Turma. DJe 10/09/2013. Em outro precedente, também se entendeu pela limitação da liberdade de informação quando em confronto com os direitos da personalidade, como se infere do seguinte trecho da ementa do AgInt no REsp 1238093, de relatoria do Ministro Ricardo Villas Bôas Cueva: "[...] 1. Consoante a jurisprudência sedimentada nesta Corte Superior, os direitos à informação e à livre manifestação do pensamento, apesar de merecedores de relevante proteção constitucional, não possuem caráter absoluto, encontrando limites em outros direitos e garantias constitucio-

Como consequência desse reconhecimento da primazia ou prevalência *prima facie* da tutela da personalidade, tem-se a inversão do ônus argumentativo, em que competirá àquele que pretender fazer prevalecer, na ponderação, o direito à informação, trazer fatos e provas cabais de que, no caso concreto, este último deverá prevalecer. Se não lograr êxito em demonstrar, prestigiar-se-á a tutela da personalidade.

Outra forma de se tutelar os direitos da personalidade e, particularmente, a privacidade, é através da tutela de remoção do ilícito. É ela uma espécie de tutela a ser manejada após a prática de um ato contrário ao direito, isto é, um ato ilícito, visando fazer cessá-lo, ainda que não tenha ocorrido o dano, assim permitindo ao indivíduo retornar ao seu estado anterior.[23]

A tutela de remoção do ilícito é, portanto, o passo seguinte na proteção dos direitos contra a sua violação. Enquanto a tutela inibitória visa impedir que o ilícito e, consequentemente, o dano, venha a ocorrer, a tutela de remoção do ilícito é o instrumento adequado para

---

nais não menos essenciais à concretização da dignidade da pessoa humana, tais como o direito à honra, à intimidade, à privacidade e à imagem. 2. No desempenho da nobre função jornalística, o veículo de comunicação não pode descuidar de seu compromisso ético com a veracidade dos fatos narrados e, menos ainda, assumir postura injuriosa ou difamatória com o simples propósito de macular a honra de terceiros. 3. A desconstituição das conclusões a que chegaram as instâncias ordinárias – no tocante ao conteúdo ofensivo e antecipatório de injusto juízo de valor contra a honra e a imagem do autor da demanda e à responsabilidade dos réus pelo dever de indenizar os danos morais – ensejaria incursão no acervo fático-probatório da causa, o que, como consabido, não se coaduna com a via do recurso especial, a teor do que dispõe a Súmula nº 7/STJ". AgInt no REsp 1238093 / RS. Rel. Ministro Villas Bôas Cueva. Terceira Turma. DJe 06/09/2017.

---

23 Conforme entendimento esposado por Luiz Guilherme Marinoni, Sérgio Cruz Arenhart e Daniel Mitidiero, a tutela de remoção do ilícito é aquela adequada àquelas situações antijurídicas, mas que ainda não tenha ocorrido o dano e que, portanto, não se satisfaz com o pagamento em dinheiro. Assim, é modalidade de tutela específica que permite às partes retornar ao seu estado anterior, revelando-se, deste modo, adequada e imprescindível à proteção dos direitos fundamentais, tanto que, no entender dos autores, "sem esta espécie de tutela jurisdicional, o dever de proteção estatal aos direitos se tornaria impossível e o direito de proteção normativa dos direitos fundamentais quase que inútil". MARINONI; ARENHART; MITIDIERO. Op. cit. p. 296.

os casos em que já houve a prática do ato antijurídico, visando fazê-lo cessar,[24] e especialmente quando o dano ainda não veio a ocorrer.

Sobre esse último aspecto, uma observação se faz necessária. Na visão da doutrina processual, a tutela de remoção do ilícito só deve ser manejada nos casos em que, embora praticado o ato ilícito, ainda não veio a ocorrer o dano, e isso porque ela busca eliminar a fonte deste, e não o remediar ou ressarci-lo.[25]

Caso venha a ocorrer o dano, a hipótese seria de manejo da tutela ressarcitória, e não de remoção do ilícito, que pode se dar sob duas formas: (i) a *forma específica*, na qual se busca restabelecer a situação a seu estado original, o que consequentemente levará à cessação do ato delituoso e seus efeitos; e (ii) a forma *em pecúnia*, na qual se objetiva dar à vítima o valor equivalente à perda patrimonial sofrida - no caso das indenizações por dano material - ou a compensação pelo dano não-patrimonial sofrido - a hipótese do dano moral.[26]

Portanto, na identificação da tutela adequada para a proteção do direito, no caso de já ter sido cometido o ato ilícito, faz-se necessário verificar a ocorrência, ou não, do dano. Caso este não tenha ainda ocorrido, a tutela a ser empregada é a de remoção do ilícito; se, de outro modo, ele veio a ocorrer, a tutela a ser manejada é a ressarcitória.

Note-se, então, que é possível verificar-se a ocorrência de um ilícito, em sentido lato, sem que haja dano, apenas por contrariar uma norma jurídica, tornando, assim, o interesse jurídico passível ou merecedor de tutela, inclusive com a aplicação de uma sanção ao

24 Como observa Cândido Rangel Dinamarco, que nomina essa forma de tutela de reparatória, o seu objetivo é restabelecer as situações jurídicas ao seu estado original, mediante a cessação da conduta transgressora ao direito. DINAMARCO. Op. cit. p. 248.

25 Cf. MARINONI; ARENHART; MITIDIERO. Op. cit. p. 296-297.

26 Ibidem. p. 297-298. Na visão de Cândido Rangel Dinamarco, a primeira hipótese seria de tutela reparatória, na qual se busca fazer cessar a conduta causadora do dano, fazendo as partes retornar ao seu estado anterior, sem que haja o ressarcimento em dinheiro. Contudo, se do dano ocorre uma lesão aferível economicamente, a hipótese será de tutela ressarcitória, que é modalidade de tutela reparatória na qual se dá dinheiro em lugar do bem ou da situação subtraída do sujeito. DINARMARCO. Op. cit. p. 248.

agente.[27] Com efeito, embora controvertido[28], é possível afirmar que o dano é elemento apenas eventual do ato ilícito, tratando-se de uma consequência que pode advir ou não da conduta antijurídica.[29]

---

27 Conforme Nelson Rosenvald, "Um ato é qualificado como antijurídico por objetivamente divergir da conduta exterior que a norma indicava como correta. Destarte, mesmo na falta de um evento danoso, por vezes o ordenamento jurídico não renunciará à possibilidade de aplicar uma sanção a um ato ilícito". ROSENVALD, Nelson. *As funções da responsabilidade civil*: a reparação e a pena civil. São Paulo: Atlas, 2013. p. 31.

28 Parcela da doutrina insere o dano como elemento do ato ilícito, dele não se dissociando, pelo quê só há ato ilícito se aquele vier a ocorrer. Nesse sentido, defende Orlando Gomes que o dano é elemento integrante do ato ilícito, sendo irrelevante para o direito o ato antijurídico que não cause prejuízo: "*Ato ilícito*, portanto, é necessariamente, ação *humana*. A *norma* violada pelo agente há de ser das que conferem *direitos absolutos* e *unilaterais*. Ao infringi-la, o agente terá de lesar, do mesmo passo, *direito subjetivo* de outrem. Quem viola deve ter *discernimento*. A violação há de ser intencional, ou resultar de imprudência ou negligência. Necessário, por fim, que, da violação, resulte *prejuízo* indenizável, pois, do contrário, será irrelevante no campo do Direito privado". GOMES, Orlando. *Obrigações*. 15ª ed. Atualizada por Humberto Theodoro Júnior. Rio de Janeiro: Forense, 2002. p. 254. No mesmo sentido, TOLOMEI, Carlos Young. A noção de ato ilícito e a teoria do risco na perspectiva do novo código civil. In: TEPEDINO, Gustavo (Coord.). *A parte geral do novo código civil*: estudos na perspectiva civil-constitucional. 2ª ed. Rio de Janeiro: Renovar, 2003. p. 365-366; TEPEDINO; BARBOZA; MORAES. Op. cit., nota de rodapé 94. p. 338. Ainda sobre o tema, Machado Paupério se utiliza da comparação entre o ilícito civil e o ilícito penal para demonstrar a essencialidade do dano no primeiro caso: "Só há *ilícito civil*, se ocorrer dano. O *ilícito penal*, porém, pode configurar-se sem dano, com a simples *tentativa*". PAUPÉRIO, A. Machado. *Introdução à ciência do direito*. 3ª ed. Rio de Janeiro: Forense, 1974. p. 229.

29 No mesmo sentido, MARINONI; ARENHART; MITIDIERO. Op. cit. p. 294. Exemplo que comprova a assertiva é o do abuso de direito. Segundo o disposto no art. 187 do Código Civil, "Também comete ato ilícito o titular de um direito que, ao exercê-lo, excede manifestamente os limites impostos pelo seu fim econômico ou social, pela boa-fé ou pelos bons costumes". Nessa hipótese, a caracterização do ato ilícito independe de uma conduta dolosa ou culposa e, até mesmo, da ocorrência do dano. A caracterização do abuso de direito se dá de modo objetivo, pela violação da boa-fé, dos bons costumes e dos fins econômicos ou sociais. Por isso, afirma Sergio Cavalieri Filho que a "diferença entre o ato ilícito previsto no art. 186 e o do art. 187 é que apenas o primeiro faz alusão ao *dano*. Isso importa dizer que a ilicitude configuradora do abuso do direito pode ocorrer sem que o comportamento do agente cause dano a outrem". CAVALIERI FILHO, Sergio. *Programa de responsabilidade civil*. 8ª ed. rev. e ampl. São Paulo: Atlas, 2008. p. 11. Sobre a dicotomia existente entre os arts. 186 e 187 do Código Civil, esclarece Maria Cláudia Cachapuz que "Vistos conjuntamente os enunciados dos arts. 186 e 187 do CC/2002, pode-se afirmar que bastam os elementos da antijuridicidade, em relação à violação do dever jurídico, e do ato em si mesmo à caracterização da ilicitude. Imputabilidade, nexo de causalidade, dano provável ou culpa são elementos que, embora suficien-

Para uma melhor compreensão, há que se fazer uma breve explanação sobre a questão. Primeiramente, é preciso ter em mente que os conceitos de ilicitude e danosidade não se confundem. O ato ilícito, de modo puro e simples, é aquele contrário ao direito e, portanto, antijurídico, verificando-se pela prática de um ato positivo ou negativo que viole um dever jurídico. Quanto à danosidade, ela consiste nos efeitos danosos do ato, o qual pode ser, inclusive, lícito.[30]

O conceito de ilícito, portanto, é muito mais amplo, e não se resume a um fato gerador do dever de indenizar, a qual é uma mera consequência que pode advir, ou não, da ilicitude.[31] A desconformidade entre o fato e o comando normativo, por si só, caracteriza a antijuridicidade e, portanto, a ilicitude, que pode ser formal, pela simples desconformidade entre um comportamento e uma regra, ou material, em que há uma contrariedade da conduta frente ao ordenamento jurídico. Disso se conclui que é possível existir ato antijurídico que não cause dano, e até mesmo inexistir antijuridicidade que, ainda assim, gere dever de indenizar.

Assim, em que pese a redação do art. 186 do Código Civil estabeleça que "Aquele que, por ação ou omissão voluntária, negligência ou imprudência, violar direito e causar dano a outrem, ainda que exclusivamente moral, comete ato ilícito", e assim consigne a ideia de que

---

temente caracterizados no art. 186 do CC/2002 a partir de uma concepção subjetiva, recebem relativização pelo art. 187, na medida em que a situação de ilicitude nele descrita e os elementos que a caracterizam só podem ser analisados frente ao caso concreto, nunca abstratamente". CACHAPUZ, Maria Cláudia. A ilicitude e as fontes obrigacionais: análise do artigo 187 do novo código civil brasileiro. *Revista dos tribunais*. v. 94, nº 838, p. 122, ago. 2005. Também entendendo pela possibilidade da caracterização do ato ilícito sem dano, STOCO, Rui. *Tratado de responsabilidade civil*. Doutrina e jurisprudência. 7ª ed. rev. atual. e ampl. São Paulo: RT, 2007. p. 1.232; LEMOS, Vinicius Silva. Dano punitivo: a necessidade da separação do dano punitivo e da punibilidade do dano moral. *Revista da faculdade de direito da UERJ*. v. 2, nº 26, p. 181, 2014; e LOPEZ, Teresa Ancona. Principais linhas da responsabilidade civil no direito brasileiro contemporâneo. *Revista da faculdade de direito da Universidade de São Paulo*. v. 101, p. 113, jan.-dez. 2006.

30 ROSENVALD. Op. cit. p. 29.

31 "É amplo o espectro da contrariedade ao direito ou ilicitude, que ocorre sempre que um ato ou omissão da pessoa violam norma cogente em sentido oposto, quando determina ou proíbe, em todos os ramos jurídicos. [...] A exigência de prejuízo ou dano, que o CC, art. 186, faz, restringiu o alcance do ato ilícito civil, em sentido estrito, distanciando-o do conceito amplo de ilicitude". LÔBO. Op. cit., nota de rodapé 58. p. 339.

o dano é elemento essencial para a caracterização do ato ilícito, tal conclusão não deve ser levada ao extremo para restringir o conceito deste, o qual, em verdade, se aplica apenas ao ato ilícito em sentido estrito,[32] que é aquele sujeito à reparação e que remete ao campo da responsabilidade civil.[33]

Tal conclusão, inclusive, mostra-se consentânea com uma interpretação sistemática dos arts. 186 e 927 do Código Civil. Neste último, prevê-se que "Aquele que, *por ato ilícito* (arts. 186 e 927), *causar dano a outrem*, fica obrigado a repará-lo", o que evidencia que apenas haverá dever de indenizar por ato ilícito se for causado dano a alguém. Em sentido contrário, se do ato ilícito não sobrevier dano, não haverá dever de indenizar.[34]

Então, para a caracterização da ilicitude do ato, em sentido lato, não se faz necessária a ocorrência do dano. A ilicitude da conduta decorre da sua contrariedade ao direito, e não, propriamente, da existência do dano.[35] De modo contrário, quando se trata de respon-

---

32 Na lição de Paulo Lôbo, "A norma do art. 186 'não se refere à ilicitude civil como gênero, mas, na verdade, *define uma espécie de ato ilícito*, o ato ilícito *stricto sensu*, também chamado de *ato ilícito absoluto*', e 'a limitação da ilicitude nesses atos constitui opinião cientificamente arbitrária' (Mello, 2003, p. 233)". LÔBO. Op. cit. p. 336.

33 No mesmo passo caminha Luiz Edson Fachin ao asseverar que a compreensão do ato ilício não decorre, necessariamente, das suas consequências ou efeitos, como o dever de indenizar que deflui do dano. Deste modo, afirma que "É forçoso reconhecer que *dano* e sua *indenização* não importam ou integram o conteúdo conceitual e essencial de ato ilícito. Poderá ocorrer que, em certos casos, se verifique a concretização de ato ilícito, com a violação da esfera de direitos de determinada pessoa, sem que se perceba *necessariamente* a ocorrência de um *dano* reparável. Este, quando verificado, pode ensejar uma determinada consequência (indenização) do ato ilícito, mas não integra o seu núcleo conceitual". FACHIN, Luiz Edson. Uns nos outros: ato ilícito e abuso de direito. In: NEVES, Thiago Ferreira Cardoso. (Coord.). *Direito & justiça social*: por uma sociedade mais justa, livre e solidária. Estudos em homenagem ao Professor Sylvio Capanema de Souza. São Paulo: Atlas, 2013. p. 381-382.

34 No mesmo sentido, FACHIN. Op. cit. p. 382.

35 Em sentido diverso, afirma Pietro Perlingieri que o ato essencialmente ilícito reclama a causação de dano, pois em seu entender a mera contrariedade ao direito não significa ilicitude. Conforme expressa, "Essencialmente ilícito é o fato doloso ou culposo que causa um dano injusto. Nem todos os fatos não conformes ao ordenamento são ilícitos, porque o ordenamento não totalmente formado por normas imperativas, por princípios de ordem pública e por bons costumes. Existem normas dispositivas, isto é, derrogáveis pelos sujeitos. Os atos que derrogam normas dispositivas, ainda que não conformes à lei, não são ilícitos". PERLINGIERI. Op. cit., nota de rodapé 88. p. 649.

sabilidade civil, o dano se torna elemento indispensável, haja vista que ele é o fundamento para a reparação. É por essa razão, inclusive, que é admissível a reparação por ato lícito, pois no campo da responsabilidade civil o que importa é a consequência lesiva, e não apenas a antijuridicidade do ato.[36]

Disso se conclui que é possível a adoção de medidas judiciais para a proteção do indivíduo contra atos ilícitos, mesmo que o dano não tenha ocorrido, na medida em que este não é elemento necessário daquele, sendo adequada à hipótese a tutela de remoção do ilícito.

Especificamente no caso da privacidade nas redes sociais, a tutela de remoção do ilícito é medida bastante eficaz para a proteção da vida privada, mediante a cessação de uma conduta ilícita e potencialmente lesiva. Basta imaginar a hipótese de alguém que obtenha, através de mecanismos ilícitos, a senha de acesso de um álbum virtual de fotografias mantido na *nuvem* por um desafeto e, de posse dela, a altere. No entanto, antes de acessar os arquivos digitais, noticia o fato em sua página na rede social com ameaça de postagem das imagens, ou mesmo posta a senha em seu perfil, a fim de permitir que qualquer pessoa tenha acesso. Ciente do ocorrido, o usuário tem à sua disposição a tutela de remoção do ilícito, a qual pode ser utilizada tanto para suspender ou remover a conta do *hacker*, a fim de que ele não possa divulgar o conteúdo, quanto para impedir o acesso por terceiros com a possibilidade de alteração de sua senha, evitando que as imagens sejam acessadas por terceiros e pelo próprio invasor.[37]

---

36 Toma-se emprestado, neste ponto, a lição de Pontes de Miranda, segundo a qual "há mais atos ilícitos ou contrários a direito que os atos ilícitos de que provém obrigação de indenizar. Por outro lado, há obrigação de indenizar sem ilicitude do ato ou de conduta". MIRANDA, Pontes. *Tratado de direito privado*: parte geral. Bens e fatos jurídicos. t. II. Atualizado por Ovídio Rocha Barros Sandoval. São Paulo: RT, 2012. § 164, p. 275. Sobre a responsabilidade civil por ato lícito, inúmeros são os exemplos que podem ser citados, como o caso do agente que, agindo em estado de necessidade, causa dano a terceiro. Nesse sentido, ver REsp 1278627 / SC. Relator Ministro Paulo de Tarso Sanseverino. Terceira Turma. DJe 04/02/2013. RSTJ v. 229, p. 337.

37 Ilustrativo é o caso do *hacker* russo que obteve, ilicitamente, senhas de acesso de contas de e-mail de mais de 5 milhões de usuários, tendo posteriormente postado em sua página de uma rede social uma imagem que continha alguns endereços de e-mail com as respectivas senhas. http://www.correiobraziliense.com.br/app/noticia/tecnologia/2014/09/10/interna_tecnologia,446481/hacker-rouba-5-milhoes-de-senhas-do-gmail-e-divulga-em-forum-russo.shtml. Acessado em 08/01/2018.

Por fim, a última espécie de tutela jurídica a ser examinada, que é o objeto central desta pesquisa, é a tutela ressarcitória. Como visto anteriormente, embora não seja imprescindível à caracterização do ato ilícito, o dano é elemento essencial para a responsabilidade civil. Assim, ocorrido o dano, nasce para o ofendido a pretensão de obter a correspondente reparação, o que se dará através da tutela ressarcitória.[38]

A tutela ressarcitória, então, é o instrumento para a reparação dos danos, tanto sob a modalidade de tutela específica,[39] visando retornar a vítima ao seu *status quo ante*, quanto pelo equivalente em dinheiro, hipótese em que vítima será reparada ou compensada pela lesão sofrida.[40]

Tais funções da tutela ressarcitória se revelam de grande importância para a proteção dos direitos da personalidade e, particularmente, da privacidade. Através da tutela específica, a vítima do dano fará cessar a situação lesiva, impedindo que o dano continue a ocorrer, como, por exemplo, no caso do pleito de retirada de uma postagem da rede social que viole a privacidade do indivíduo. Pela simples postagem, o dano já ocorreu, mas com a medida judicial este cessará, não se protraindo no tempo. Já pelo equivalente em dinheiro, o indivíduo obterá a correspondente indenização pelo dano sofrido ao seu direito da personalidade.

Contudo, dentre essas duas espécies de tutela jurídica da privacidade, a que verdadeiramente interessa a esta pesquisa é a do equivalente em dinheiro, através da qual se compensará monetariamente o sujeito pela violação à sua esfera privada e, portanto, não

38 Segundo o disposto no art. 927 do Código Civil, aquele que pratica um ato ilícito e, em razão dele, causa dano a alguém, fica obrigado a reparar. Desse modo, e como observa Caio Mário da Silva Pereira, o dano é um dos requisitos elementares da responsabilidade, pelo quê praticada a conduta antijurídica que cause mal a alguém, fica o ofensor obrigado a repará-lo. Assim, segundo o autor, "Existe uma obrigação de reparar o dano, imposta a quem quer que, por ação ou omissão voluntária, negligência ou imprudência, causar prejuízo a outrem". PEREIRA, Caio Mário da Silva. *Responsabilidade civil*. 11ª ed. rev. e atual. Atualizador: Gustavo Tepedino. Rio de Janeiro: Forense, 2016. p. 52.

39 Neste caso, Cândido Rangel Dinamarco a nomina de tutela reparatória. DINAMARCO. Op. cit. p. 248.

40 Cf. MARINONI; ARENHART; MITIDIERO. Op. cit. p. 294.

patrimonial, naquilo que se convencionou chamar de dano moral ou extrapatrimonial.[41]

A primeira questão envolvendo a tutela ressarcitória e a indenização por dano moral é a sua caracterização e fundamento.[42] Em um primeiro momento, ultrapassada a fase da irreparabilidade do dano moral,[43] vislumbrou-se uma divergência quanto à sua conceituação e identificação. Na visão de alguns, a sua caracterização decorria unicamente da violação aos atributos humanos, isto é, da ofensa aos direitos da personalidade.[44] Já para outros, entendimento este que se espraiou pela doutrina e jurisprudência brasileiras, a caracterização do dano moral não dependia da natureza do bem ou interesse violado, mas sim do exame dos efeitos da conduta lesiva. Quando estes repercutiam sobre a esfera psicofísica do sujeito, isto é, quando ocasionavam dor, sofrimento ou angústia física ou psíquica, assim estava caracterizado o dano moral.[45]

---

41 A expressão *dano extrapatrimonial* é empregada por parcela da doutrina para designar os danos morais, isto é, a repercussão não-patrimonial sobre a esfera jurídica do indivíduo, como, por exemplo, Judith Martins-Costa (MARTINS-COSTA, Judith. *Comentários ao novo código civil*: do inadimplemento das obrigações (arts. 389-420). v. V. t. II. Coordenador Sálvio de Figueiredo Teixeira. 2ª ed. Rio de Janeiro: Forense, 2009. p. 467-470) e Maria Celina Bodin de Moraes (MORAES. Op. cit., nota de rodapé 10. p. 155-165).

42 Sobre a natureza ou fundamento dos danos morais, ver MORAES. Op. cit., nota de rodapé 10. p. 156-158.

43 Como observou Caio Mário da Silva Pereira sobre essa fase da irreparabilidade do dano moral, "a grande escolha a que se apegavam os adversários residia num argumento especioso, a dizerem que o dano moral não podia ser indenizado, porque a dor, o sofrimento, a honorabilidade são inestimáveis financeiramente, e, portanto, não são indenizáveis". PEREIRA. Op. cit., nota de rodapé 250. p. 75.

44 Neste sentido, exemplificativamente, Orlando Gomes, para quem "O dano é imaterial quando se verifica em bem jurídico insuscetível de apreciação econômica, como, por exemplo, quando são lesados direitos personalíssimos. Usa-se, entre nós, de preferência, a expressão *dano moral*". GOMES. Op. cit., nota de rodapé 240. p. 50.

45 Neste sentido, na doutrina é possível citar, exemplificativamente, José de Aguiar Dias, segundo o qual "Releva observar, ainda, que a inestimabilidade do bem lesado, se bem que, em regra, constitua a essência do dano moral, não critério definitivo para a distinção, convindo, pois, para caracterizá-lo, compreender o dano moral em relação ao seu conteúdo, que '*[...] não é o dinheiro nem coisa comercialmente reduzida a dinheiro, mas a dor, o espanto, a emoção, a vergonha, a injúria física ou moral, em geral uma dolorosa sensação experimentada pela pessoa, atribuída à palavra, dor o mais largo significado*'". DIAS, José de Aguiar. *Da responsabilidade civil*. 11ª ed. rev. atual. e ampl. de acordo com o Código Civil de 2002 por Rui Ber-

Posteriormente, desenvolveu-se na doutrina o entendimento de que o dano moral pode ser compreendido sob duas acepções: uma objetiva, também chamada de conceito positivo do dano moral, segundo o qual ele se caracteriza pela violação objetiva a um dos direitos da personalidade e à dignidade da pessoa humana; e uma subjetiva, nominada por alguns de conceito negativo de dano moral, em que ele consiste no mal sofrido pela pessoa em sua subjetividade, ou seja, são as sensações e emoções negativas causadas pela conduta do agente, como a dor ou o sofrimento.[46]

Não obstante, modernamente, e numa linha evolutiva, vem se entendendo na doutrina que o dano moral, em verdade, se caracteriza simplesmente de modo objetivo, como uma violação aos direitos da personalidade e, de modo mais amplo, como uma lesão à dignidade da pessoa humana, em que o dever de indenizar decorre da cláusula geral de tutela da personalidade humana. E isso porque, entende-lo sob um aspecto subjetivo, como a dor e o sofrimento, por exemplo, levaria à confusão entre o dano e sua eventual repercussão sobre a esfera íntima do sujeito,[47] o que se revela inadequado.

Portanto, o dano moral se afere pela própria qualificação da conduta lesiva aos atributos da personalidade, de modo que, ocorrido o

ford Dias. Rio de Janeiro: Renovar, 2006. p. 993. Na jurisprudência do STJ, assim se reconhecia o dono moral, como se infere da seguinte ementa: "DANO MORAL - PROVA DESNECESSARIA A DEMONSTRAÇÃO DE QUE A PERDA DE UM MEMBRO INFERIOR ACARRETA GRAVE SOFRIMENTO, ALEM DE EVENTUAIS PREJUIZOS ECONOMICOS. ESSA CONSEQUENCIA É DA NATUREZA DAS COISAS, DE CIENCIA COMUM. JUROS - ILICITO ABSOLUTO - DELITO. NOS TERMOS DO ARTIGO 962 DO CODIGO CIVIL, FLUEM OS JUROS A PARTIR DA DATA DO FATO". REsp 17073 / MG. Relator Ministro Cláudio dos Santos. Relator para o acórdão Ministro Eduardo Ribeiro. Terceira Turma. DJ 23/11/1992, p. 21883. RTJE v. 119, p. 93.

46 Conforme LOUREIRO, Francisco Eduardo. Ato ilícito. In: LOTUFO, Renan; NENNI, Giovanni Ettore. *Teoria geral do direito civil*. São Paulo: Atlas, 2008. p. 732; REALE, Miguel. O dano moral no direito brasileiro. In: REALE, Miguel. *Temas de direito positivo*. São Paulo: RT, 1992. p. 23. Sérgio Cavalieri Filho associa os dois aspectos para entender que, embora o dano moral se caracterize pela agressão à dignidade da pessoa humana, para a sua configuração não basta qualquer contrariedade, de modo que só pode ser reconhecido como dano moral a dor ou o sofrimento que extrapolem a normalidade, de modo que o mero dissabor ou aborrecimento não o caracteriza. CAVALIERI FILHO. Op. cit. p. 83-84.

47 Neste sentido, MORAES. Op. cit. p. 131; SCHREIBER. Op. cit., nota de rodapé 8. p. 16-17; e OLIVA, Milena Donato. Dano moral e inadimplemento contratual nas relações de consumo. *Revista de direito do consumidor*. a. 23, v. 93, p. 17, São Paulo.

evento violador dos interesses extrapatrimoniais, tem-se por caracterizado o dano, independentemente de se verificar a ocorrência de qualquer abalo íntimo no sujeito.[48]

Em verdade, a repercussão sobre a esfera psicofísica do sujeito tem grande relevância no tocante à fixação do montante indenizatório. É neste ponto que se diferencia a gradação da indenização a ser imposta aos ofensores em favor de cada vítima em particular.[49] A mera verificação objetiva do dano moral, a partir de um determinado evento, não pode ser o único aspecto a ser examinado quando do arbitramento do *quantum* da compensação pecuniária, pois isso criaria situações anti-isonômicas, haja vista que um mesmo fato pode ter repercussões distintas para pessoas diferentes.[50]

---

48 No mesmo sentido encontra-se a orientação do enunciado nº 445 da V Jornada de Direito Civil do CJF, o qual dispõe que "o dano moral indenizável não pressupõe necessariamente a verificação de sentimentos humanos desagradáveis como dor ou sofrimento". Entender o contrário levaria a situações de difícil solução, como do incapaz, que por ter a capacidade de entendimento reduzida não é capaz de compreender ou mesmo sentir qualquer tipo de abalo ou sofrimento em determinadas situações em que há uma inequívoca violação dos direitos da personalidade, como no caso de uma inclusão indevida do nome do indivíduo nos cadastros de inadimplentes. Portanto, a repercussão subjetiva da conduta ofensiva não deve ser levada em consideração para a caracterização do dano moral. Sobre essa questão, observa Anderson Schreiber que "Os problemas que derivam desta confusão conceitual são múltiplos, a começar pela própria dificuldade de aferição do dano não patrimonial diante da configuração absolutamente subjetiva da dor e do sofrimento. [...] O masoquista, o insensível e o que padece de hipoalgesia também fazem jus à reparação do dano moral. Embora pitoresca, a constatação revela que reconhecer validade ao critério da dor implica em desnecessárias discussões acerca, por exemplo, da reparabilidade do dano moral decorrente da lesão extrapatrimonial (física, à honra etc.) causada a paciente em coma. A toda evidência, a dor não representa elemento ontológico do dano moral, mas puro reflexo consequencialístico, que pode se manifestar ou não, sem que isto elimine o fato da lesão a um interesse extrapatrimonial". SCHREIBER, Anderson. *Novos paradigmas da responsabilidade civil:* da erosão dos filtros da reparação à diluição dos danos. 5ª ed. São Paulo: Atlas, 2013. p. 132-133.

49 Conforme expressão de Anderson Schreiber, "A consequência (dor, sofrimento, frustração) que a lesão à honra possa a vir a gerar é irrelevante para a verificação do dano, embora possa servir de indício para a análise da sua extensão, ou seja, para a quantificação da indenização a ser concedida". SCHREIBER. Op. cit., nota de rodapé 261, p. 128.

50 Sobre o tema, Anderson Schreiber critica essa visão "tabelada" na fixação de indenizações por danos morais, em que se preestabelecem valores para cada evento. Para demonstrar o equívoco, o autor exemplifica com uma ilustração sobre o tabelamento feito pelo STJ para as indenizações por dano moral, como no caso de

O segundo e ultimo ponto a merecer observação sobre a tutela ressarcitória e a indenização por dano moral diz respeito ao seu caráter compensatório. Embora repetida quase que como um mantra,[51] a afirmação de que os danos morais apenas são passíveis de compensação, e não de reparação, parece acertada. E isso porque, violado um direito da personalidade, como a privacidade, por exemplo, assim causando dano à esfera extrapatrimonial do sujeito, nenhuma medida será capaz de retornar a vítima ao seu estado anterior. Do mesmo modo, não é possível mensurar, com exatidão, o valor de um dano que, na verdade, é extrapatrimonial, o que significa que o pagamento de uma indenização terá apenas o condão de amenizar, ou compensar, a ofensa sofrida.[52]

Basta imaginar a veiculação indevida, por um terceiro, de uma fotografia íntima de uma pessoa em uma página da rede social. Ainda que seja determinada, pelo manejo da tutela ressarcitória na forma específica, a retirada da publicação, a lesão já ocorreu, e todos aqueles que viram a imagem não a terão apagada das suas memórias. Portanto, a lesão ocorrida é irreversível, de modo que só será possí-

revista íntima abusiva: "ao contrário do que sugere a tabela acima, não se pode entender que toda indenização por 'revista íntima abusiva' equivale a cinquenta salários-mínimos. A intensidade do dano moral sofrido varia conforme as condições e a intensidade da revista. A consumidora que é compelida por uma funcionária a abrir a bolsa em uma loja de cosméticos sofre dano moral, mas não há dúvida de que maior indenização é à empregada de uma fábrica de joias que é revistada de alto a baixo por um segurança do sexo masculino. São situações muito distintas entre si, que deveriam dar ensejo a indenizações de valores diversos". SCHREIBER, Anderson. Reparação não pecuniária dos danos morais. In: MARTINS, Guilherme Magalhães (Coord.). *Temas de responsabilidade civil*. Rio de Janeiro: Lumen Juris, 2012. p. 7-8.

51 Anderson Schreiber critica a afirmação, entendendo que ela cria uma barreira para o avanço de novas formas de reparação do dano moral, que não apenas a compensação pelos danos sofridos: "Os juristas, entretanto, acostumaram-se com a esta insuficiência, repetindo, a todo tempo, que o dano moral não é 'reparado', mas apenas 'compensado' pela indenização atribuída à vítima. Contra este muro erguido artificialmente entre a 'reparação' e a 'compensação', chocam-se todas as tentativas de avanço". SCHREIBER. Op. cit., nota 262, p. 5.

52 Como observa Aguiar Dias, diante da impossibilidade de se estabelecer uma exata equivalência entre o dano e o ressarcimento, no caso da lesão extrapatrimonial, atribui-se à vítima uma compensação a fim de proporcionar a ela uma satisfação. DIAS. Op. cit. p. 1003-1004.

vel compensar a vítima monetariamente, assim amenizando o dano extrapatrimonial sofrido.

Sem prejuízo, faz-se imperioso ressaltar os esforços da doutrina em encontrar alternativas à indenização compensatória por danos morais sofridos, através de uma reparação não pecuniária, como, por exemplo, a retratação ou o pedido público de desculpas, que muitas vezes são mais eficazes e atingem melhor o propósito de amenizar ou mesmo superar a dor causada pela ofensa.[53]

3.2. A responsabilidade dos provedores das redes sociais pela violação à privacidade

Passo seguinte ao exame da tutela ressarcitória por danos causados à privacidade dos indivíduos nas redes sociais é a questão envolvendo a responsabilidade dos provedores das redes sociais pelos danos morais sofridos pelos usuários, tanto por ato próprio, quanto por ato de terceiro,[54] o que faremos em tópicos separados, para melhor exame dos casos.

3.2.1. A responsabilidade do provedor por danos causados por ato próprio

O primeiro ponto a ser examinado diz respeito à responsabilidade do provedor da rede social, no caso de violação da privacidade, por ato próprio seu. A identificação do que é um ato próprio perpassa,

53 A esse respeito, ver SCHREIBER. Op. cit., nota 262, p. 9-16.

54 Como observam Marco Aurélio Rodrigues da Cunha e Cruz, Carlos Costa e Laisa Ribeiro de Araújo, no que toca à relação entre o provedor de conteúdo e os usuários da rede mundial de computadores, três são as possibilidades: (i) divulgação de conteúdo de autoria do próprio provedor; (ii) divulgação de conteúdo de terceiro, com fiscalização do provedor; e (iii) divulgação de conteúdo de terceiro sem a possibilidade de fiscalização do provedor. Em cada uma dessas situações, diverso será o regime jurídico aplicável no que toca à responsabilização do provedor. CRUZ, Marco Aurélio Rodrigues da Cunha e; COSTA, Carlos; ARAÚJO, Laisa Ribeiro de. A responsabilidade civil do provedor de conteúdo por violações à honra praticadas por terceiros: antes e pós marco civil da internet. *Revista de direito do consumidor*. a. 24, v. 99, p. 204, maio-jun. 2015. No tocante especificamente às redes sociais, Thiago Guimarães Moraes explicita que os provedores das redes sociais também podem exercer controle editorial sobre as postagens, caso em que se colocam como coautores do conteúdo veiculado. MORAES, Guimarães Thiago. Responsabilidade civil dos provedores de conteúdo da internet. *Revista brasileira de direito civil*. v. 4, p. 82, abr./jun. 2015.

necessariamente, pelo exame da atividade do provedor. Deste modo, praticará um ato ilícito e causará dano por ato próprio se, no âmbito do serviço que é objeto da sua atividade, o fizer de modo defeituoso.[55]

No ambiente das redes sociais, e particularmente no caso do direito à privacidade, pode-se exemplificar com a hipótese do provedor que, tendo o controle editorial sobre o conteúdo, veicula na rede por ele gerida uma informação, um dado, uma imagem ou um vídeo que ofenda a privacidade alheia. Questiona-se se, nesses casos, poderá ele ser responsabilizado por sua conduta.

Desde logo, impõe-se relembrar que, conforme explicitado no item 2.4.1 do Capítulo 2 deste trabalho, os provedores das redes sociais qualificam-se como provedores de conteúdo e, como tais, têm como objeto a prestação de serviço de oferecimento e disponibilização de conteúdo, que não se limita à ação de terceiro, podendo, deste modo, ser abastecido o portal eletrônico com informações disponibilizadas pelo próprio provedor. Isso significa que nada impede que o provedor veicule conteúdo próprio no ambiente da rede social que administre.

Assim ocorrendo, é possível que o provedor, no exercício abusivo ou inadequado da liberdade de expressão, disponibilize conteúdo que viole a esfera jurídica de terceiro, o qual pode ser um usuário da rede, ou mesmo uma pessoa não integrante dela, de modo que eventual responsabilidade pode ser contratual ou extracontratual.

Em se tratando de violação à privacidade do usuário da rede, a questão dirá respeito, inequivocamente, à responsabilidade civil contratual, na qual se discute sobre a aplicação, ou não, do Código de Defesa do Consumidor.

Também como visto no item 2.4.1 do Capítulo 2, a relação entre o usuário da rede social e o seu provedor é induvidosamente de consumo,[56] tendo em vista que em um dos polos da relação há um

---

55 Como observa Marcel Leonardi, "Como regra geral para estabelecer a responsabilidade de um provedor de serviços por seus próprios atos, é preciso analisar a natureza da atividade por ele exercida e as cláusulas contratuais estabelecidas com o tomador dos serviços. Uma mesma empresa pode fornecer serviços de acesso, de correio eletrônico, de hospedagem e de conteúdo, e será responsabilizada pela má prestação de cada um deles individualmente, conforme dê causa para tanto". LEONARDI, Marcel. *Responsabilidade civil dos provedores de serviços de internet.* São Paulo: Juarez de Oliveira, 2005. p. 99.

56 Neste sentido, ANDRIGHI; GUARIENTO. Op. cit. p. 235-237; DE LUCCA, Newton. Aspectos atuais da proteção aos consumidores no âmbito dos contratos informá-

fornecedor de serviços, nos exatos termos do art. 3º do CDC, que é o provedor,[57] e do outro lado um destinatário final desses serviços, caracterizando-se, deste modo, como consumidor. Assim, aplicar-se-á o CDC à referida relação, com a incidência das normas protetivas do diploma consumerista.

Neste passo, no que toca à responsabilidade civil, serão plenamente aplicáveis as disposições do CDC que tratam da responsabilidade do fornecedor por danos causados no exercício da sua atividade, responsabilidade essa que é objetiva, nos termos do art. 14 do diploma consumerista.[58]

Isso significa que o provedor de rede social, como qualquer fornecedor de serviços, responde pelos atos por ele praticados que venham a causar danos aos seus usuários, especialmente quando o conteúdo é disponibilizado e veiculado por ele, pois haverá inequívoca falha na prestação do serviço que caracteriza a sua atividade.[59]

---

ticos e telemáticos. In: DE LUCCA, Newton; SIMÃO FILHO, Adalberto. *Direito & internet*: aspectos jurídicos relevantes. v. II. São Paulo: Quartier Latin, 2008. p. 27; BINICHESKI, Paulo Roberto. *Responsabilidade civil dos provedores de internet*: direito comparado e perspectivas de regulamentação no direito brasileiro. Curitiba: Juruá, 2001. p. 207; CASTRO FILHO, Sebastião de Oliveira. Da responsabilidade do provedor de internet nas relações de consumo. *Doutrina do Superior Tribunal de Justiça*. Edição comemorativa – 15 anos. Brasília: Brasília Jurídica, STJ, 2005. p. 152-153.

---

57 Como observa Fernando Vasconcelos, "o serviço preconizado na Lei 8.078/90 é o mesmo prestado pelas várias empresas que operam no setor [rede virtual]. Fica, pois, difícil dissociar o prestador [provedor] de serviços da Internet do fornecedor de serviços definido no Código de Defesa do Consumidor". VASCONCELOS, Fernando Antônio de. *Internet*: responsabilidade do provedor pelos danos praticados. Curitiba: Juruá, 2004. p. 116.

58 Como observa Caitlin Mulholland, responde o provedor de serviços de Internet pela teoria do risco e, assim, objetivamente, com fundamento no art. 14 do CDC, pela má-prestação do serviço por ele diretamente oferecido, como nas hipóteses de veiculação de material difamatório publicado em sua página quando atuar como editor do conteúdo e tenha o controle prévio do material divulgado. MULHOLLAND, Caitlin. Responsabilidade civil indireta dos provedores de serviço de internet e sua regulação no marco civil da internet. In: CELLA, José Renato Gaziero; ROVER, Aires José; NASCIMENTO, Valéria Ribas do. (Coord.). *Direito e novas tecnologias*. Organização CONPEDI/UFS. Florianópolis: CONPEDI, 2015. p. 490.

59 O STJ, em inúmeros precedentes, também reconhece a aplicabilidade do Código de Defesa do Consumidor aos provedores de conteúdo como as redes sociais. Não obstante, entende aplicável a responsabilidade objetiva prevista no art. 14 do CDC apenas nos casos em que há falha na prestação do serviço, isto é, quando os pro-

Trata-se, a toda evidência, de mera verificação da existência do nexo de causalidade,[60] de modo que, se a atividade do provedor de conteúdo envolve o oferecimento deste, deverá indenizar ao causar danos no exercício dessa atividade.

Outra hipótese que também merece ser examinada é a do dano causado pelo provedor, por ato seu, a terceiro não usuário da rede. Neste caso, por não manter a vítima uma relação contratual com o provedor, a hipótese é, por óbvio, de responsabilidade extracontratual. A questão que exsurge é se diante da ausência de uma relação jurídica, em que o provedor não presta nenhum serviço ao indivíduo, seria possível fazer incidir as disposições do Código de Defesa do Consumidor.

A resposta a esse questionamento deve ser positiva, e isso porque, embora não seja a vítima do dano uma consumidora direta dos serviços prestados pelo provedor, ela irá se inserir no conceito de consumidor *bystander* previsto no art. 17 do diploma consumerista, segundo o qual equiparam-se aos consumidores todas as vítimas do evento lesivo decorrente da falha da prestação do serviço. Tem-se, pois, neste caso, a aplicação da teoria da socialização dos riscos.[61]

Então, se o provedor de rede social postar conteúdo que viole os direitos da personalidade e, especificamente, a privacidade de alguém, usuário ou não da própria rede, responderá objetivamente, na

vedores agirem de modo defeituoso nas atividades inerentes aos serviços que por eles são prestados, o que não ocorre, na visão da Corte, e como se verá, quando o conteúdo é inserido por terceiro. Neste sentido, e exemplificativamente, ver REsp 1642997/RJ. Relatora Ministra Nancy Andrighi. Terceira Turma. DJe 15/09/2017.

60 Toda solução para o problema da responsabilidade civil deve perpassar, primeira e necessariamente, pelo exame do nexo de causalidade, isto é, pela verificação da existência do liame entre a conduta e o dano. Como observa Sergio Cavalieri Filho, o nexo causal é "a primeira questão a ser enfrentada na solução de qualquer caso envolvendo a responsabilidade civil". CAVALIERI FILHO. Op. cit. p. 45.

61 A teoria da socialização dos riscos tem como fundamento o princípio da solidariedade, em que se reconhece a necessidade de reparação integral de todos os danos para efetiva proteção da vítima. Como consequência, os riscos criados no exercício das atividades não são considerados como meros riscos individuais, mas sim sociais, de modo que as consequências danosas de uma conduta lesiva devem ser repartidas por todos os membros da sociedade. Sobre o tema, ver, dentre outros, LOPEZ, Teresa Ancona. Responsabilidade civil na sociedade de risco. *Revista da faculdade de direito da Universidade de São Paulo*. v. 105, p. 1223-1234, jan./dez. 2010.

forma do art. 14 do CDC, por se caracterizar como um fornecedor, e a vítima uma consumidora, direta ou por equiparação.[62]

Por tudo o que se disse, faz-se necessário observar que a aplicação do Código de Defesa do Consumidor em nada prejudica a regulação das relações no âmbito da Internet pela Lei nº 12.965/2014, e isso porque a própria lei do Marco Civil possibilita este diálogo das fontes, como se infere do disposto no parágrafo único do seu art. 3º, o qual prevê que os "princípios expressos nesta Lei não excluem outros previstos no ordenamento jurídico pátrio relacionados à matéria ou nos tratados internacionais em que a República Federativa do Brasil seja parte". Reforçando a assertiva, vale ainda destacar o disposto no art. 2º, V, da LMCI, segundo o qual a disciplina do uso da Internet no Brasil tem como um de seus fundamentos a defesa do consumidor, previsão essa que evidencia a necessidade de respeito às disposições legais consumeristas ainda que no ambiente da internet.[63]

3.2.2. A responsabilidade do provedor por danos causados por ato de terceiro

O último ponto a ser examinado na análise da responsabilidade civil do provedor de rede social diz respeito à conduta praticada por terceiro que viole e cause danos à privacidade alheia. Neste momento é necessário enfrentar a tormentosa questão da responsabilidade do provedor de conteúdo da rede social por ato de terceiro.

---

62 Como observa Bruno Miragem, aplicar-se-ão as disposições do Código de Defesa do Consumidor quando os provedores de conteúdo se caracterizarem como fornecedores, o que ocorrerá nos casos em que "realizarem atividade negocial no fornecimento de conteúdo (mediante pagamento, por exemplo)". MIRAGEM, Bruno. Responsabilidade por danos na sociedade de informação e proteção do consumidor: desafios atuais da regulação jurídica da internet. *Revista de direito do consumidor*. a. 18, v. 70, p. 50, abr./jun. 2009. Tal pagamento se dará diretamente, mediante a cobrança de algum valor, ou mesmo indiretamente, com a obtenção de publicidade, por exemplo.

63 Neste sentido, MARQUES. Op. cit. p. 117. Tal entendimento, contudo, não se revela unívoco. Há na doutrina quem formule severas críticas à aplicação *indiscriminada* das disposições do Código de Defesa do Consumidor no âmbito da Internet, e particularmente no campo da responsabilidade civil, com a aplicação da responsabilidade objetiva prevista no art. 14 do CDC, e isso porque, sendo fundada na teoria do risco, a responsabilidade objetiva só deve ser aplicada a atividades perigosas em si, o que não ocorre, por exemplo, com a atividade dos provedores de serviços. Por todos, ver TEIXEIRA. Op. cit., nota de rodapé 210, p. 41-42.

Inicialmente, em uma breve digressão histórica, é preciso observar que até o advento da Lei nº 12.965/2014 a questão revelava uma severa controvérsia, a qual era fruto, por certo, da ausência de regulação da matéria. A insegurança causada pela ausência de normatividade fazia com que a doutrina e a jurisprudência vacilassem entre a plena responsabilidade dos provedores por conteúdo postado por terceiro e a responsabilização condicionada.[64]

Por um lado, as vítimas das lesões aos seus direitos da personalidade postulavam a plena responsabilização dos provedores pelo conteúdo inserido por terceiros, entendimento este que era amparado em diversos precedentes dos tribunais pátrios, que ora reconheciam a existência de uma relação de consumo e, assim, responsabilizavam objetivamente os provedores com base no art. 14 do CDC, ante o reconhecimento de falha na prestação do serviço,[65] e ora entendiam que a hipótese era de responsabilidade objetiva pela teoria do risco, com fundamento no parágrafo único do art. 927 do Código Civil.[66]

---

64 Sobre o tema, ver SCHREIBER, Anderson. Marco civil da internet: avanço ou retrocesso? A responsabilidade por dano derivado do conteúdo gerado por terceiro. In: DE LUCCA, Newton; SIMÃO FILHO, Adalberto; LIMA, Cíntia Rosa Pereira de. *Direito & internet III*: marco civil da internet (Lei nº 12.965/2014). t. II. São Paulo: Quartier Latin, 2015. p. 282-286.

65 O Superior Tribunal de Justiça, em alguns de seus precedentes, entendia que o provedor que permite a inserção de conteúdo por terceiro sem indicar uma ferramenta apta a controlar a sua idoneidade responde objetiva e solidariamente com todos os integrantes da cadeia, segundo a principiologia do Código de Defesa do Consumidor. Neste sentido, ver REsp 997.993/MG. Relator Ministro Luis Felipe Salomão. Quarta Turma. DJe 06/08/2012. RSTJ, v. 240, p. 826. RT, v. 927, p. 697.

66 Ver, a título de exemplo, TJRJ, Apelação Cível 0006047-50.2009.8.19.0040. Relator Desembargador Benedicto Ubicair. Julgamento: 01/12/2010. DJ 10/01/2011. Transcreve-se, a seguir, a ementa: "APELAÇÃO CÍVEL. AÇÃO DE OBRIGAÇÃO DE FAZER C/C INDENIZATÓRIA. RESPONSABILIDADE CIVIL. OFENSAS INSERIDAS POR ANÔNIMO NO SITE DE RELACIONAMENTOS 'ORKUT'. PRELIMINAR DE ILEGITIMIDADE PASSIVA AFASTADA. DANO MORAL CONFIGURADO. 1. Ação movida contra a Google em razão de referências ofensivas inseridas por terceiros desconhecidos no Orkut. 2. Se o réu é proprietário do domínio 'Orkut' e permite a postagem de mensagens anônimas e ofensivas, responde pelo dever de indenizar à parte que sofreu dano a sua honra e dignidade. Preliminar de ilegitimidade passive que não se acolhe. 3. Aplicação do art. 927, parágrafo único, do CPC, que adota a teoria da responsabilidade civil objetiva, estabelecendo que haverá obrigação de reparar o dano, independentemente de culpa, quando a atividade normalmente desenvolvida pelo autor do dano implicar, por sua natureza, risco para os direitos de outrem. 4. Vedação ao anonimato nas livres manifestações de pensamento, de acordo com o art. 5o, inciso IV, da CRFB/88. 5. Caracterizado o dever de indenizar do réu. 6. Valor arbitrado em R$ 10.000,00, para cada um dos autores, que se reve-

O fundamento da aplicação da responsabilidade objetiva, em ambos os casos, era o de que a atividade dos provedores de conteúdo consiste na prestação de serviço de fornecimento e disponibilização de conteúdo e, deste modo, estaria inserida no risco da sua atividade a veiculação, ainda que por terceiros, de conteúdo ofensivo, não podendo o provedor alegar incapacidade técnica de controle e varredura de conteúdo, isso, dentre outros fundamentos, também por conta do princípio da vedação do comportamento contraditório.[67]

Por outro lado, os provedores buscavam afastar sua responsabilidade argumentando, em síntese, que: (i) o serviço prestado aos usuários é gratuito, pelo que é inaplicável o Código de Defesa do Consumidor; (ii) a sua atividade não é de risco, de modo que também é inaplicável a responsabilidade objetiva calcada na teoria do risco prevista no parágrafo único do art. 927 do Código Civil; (iii) não possui capacidade técnica de fazer o controle de conteúdo de todas as postagens; (iv) não está inserida, na sua atividade, a fiscalização de conteúdo postado por terceiros, nem exercer controle sobre as informações veiculadas; e (v) tal controle, se exercido, violaria o sigilo de correspondência e comunicação, além de se caracterizar como censura.[68]

Alguns desses argumentos acabavam por ser acolhidos, especialmente o fato de não ser intrínseco à atividade dos provedores de conteúdo a fiscalização e controle prévio deste, assim como a possibilidade de se caracterizar, caso seja feito o controle, como censura e violação a garantias constitucionais, como a liberdade de comunicação. Assim, em inúmeros precedentes do Superior Tribunal de Justiça é possível verificar o posicionamento no sentido de que a responsabilidade dos provedores de conteúdo é apenas indireta,[69] isto é, ape-

la adequado, de acordo com os princípios da razoabilidade e proporcionalidade. 6. Sentença de procedência que se mantém. 7. Desprovimento de ambos os recursos".

67 Exemplificativamente, ver REsp 1.306.157/SP; Relator Ministro Luis Felipe Salomão. Quarta Turma. DJe 24/03/2014, RT v. 944, p. 411.

68 Também argumentos podem ser encontrados, a título de exemplo, no REsp 1.308.830/RS. Relatora Ministra Nancy Andrighi. Terceira Turma. DJe 19/06/2012, RDDP, v. 114, p. 134.

69 Sobre a questão, Caitlin Mulholland observa ser indireta ou subsidiária a responsabilidade dos provedores, como reconheciam inúmeros precedentes do Superior Tribunal de Justiça, na medida em que só responderiam nos casos em que, cientes da existência do conteúdo lesivo, omitirem-se no seu dever de retirar a publicação. MULHOLLAND. Op. cit., nota de rodapé 270, p. 487-489.

nas se, uma vez notificado da existência do conteúdo indevido, não o retirar, caso em que responderá solidariamente com o terceiro autor da conduta.[70]

Já na doutrina encontravam-se posições ponderadas, não contaminadas pelos interesses exclusivos de nenhuma das partes, segundo as quais o provedor de conteúdo seria passível de responsabilização por ato de terceiro caso exercesse controle editorial prévio da publicação ou, no caso de não o fazer, se fosse notificado do conteúdo indevido e permanecesse inerte.[71]

Assim, em um primeiro momento, viam-se entendimentos e decisões ponderadas, em que se examinava casuisticamente as relações e condutas, a fim de concluir pela responsabilização, ou não, do provedor da rede social.

No cenário atual, contudo, outro entendimento se consolidou, especialmente no âmbito da jurisprudência do Superior Tribunal Justiça, e particularmente após a entrada em vigor da Lei nº 12.965/2014.

Mas, antes mesmo da promulgação desta, o STJ já havia firmado posicionamento no sentido de que os provedores de conteúdo não seriam responsáveis, ao menos diretamente, por conteúdo ofensivo postado por terceiro, mas apenas no caso de omissão da retirada do conteúdo se devidamente notificados.[72]

Por oportuno, é preciso observar que o firmamento dessa posição teve a contribuição do direito alienígena, que serviu de inspiração aos operadores do direito brasileiros, inclusive sendo utilizado nas razões de decidir de alguns precedentes da Corte. Assim, utilizando-se como reforço argumentativo o disposto no art. 15 da Diretiva CEE 2000/31 da União Europeia,[73] e no *Telecomunications Act,* 47 U.S.C. §

---

70 Importante citar, neste caso, o *leading case* REsp 1.193.764/SP. Relatora Ministra Nancy Andrighi. Terceira Turma. DJe 08/08/2011. RDTJRJ v. 100, p. 234, RSTJ v. 223, p. 379.

71 Cf. LEONARDI. Op. cit. p. 157.

72 Ver REsp 1.406.448/RJ. Relatora Ministra Nancy Andrighi. Terceira Turma. DJe 21/10/2013.

73 O mencionado dispositivo visa assegurar, à toda evidência, a livre circulação de ideias e pensamentos através da internet, impedindo que os Estados-membros imponham aos provedores o dever de exercer fiscalização sobre o conteúdo da comunicação dos usuários. Nesse sentido, assim dispõe o art. 15 da Diretiva CEE 2000/31 da União Europeia, na versão em português de Portugal: "Artigo 15º. Au-

230 dos EUA,[74] nos quais expressamente se afasta do provedor o dever de fiscalizar o conteúdo de informações veiculadas por terceiros que ele venha a transmitir ou armazenar, o STJ passou a reconhecer, em remansosa e pacífica jurisprudência, a ausência de responsabilidade direta e objetiva destes prestadores de serviço.[75]

sência de obrigação geral de vigilância. 1. Os Estados-Membros não imporão aos prestadores, para o fornecimento dos serviços mencionados nos artigos 12.o, 13.o e 14.o, uma obrigação geral de vigilância sobre as informações que estes transmitam ou armazenem, ou uma obrigação geral de procurar activamente factos ou circunstâncias que indiciem ilicitudes. 2. Os Estados-Membros podem estabelecer a obrigação, relativamente aos prestadores de serviços da sociedade da informação, de que informem prontamente as autoridades públicas competentes sobre as actividades empreendidas ou informações ilícitas prestadas pelos autores aos destinatários dos serviços por eles prestados, bem como a obrigação de comunicar às autoridades competentes, a pedido destas, informações que permitam a identificação dos destinatários dos serviços com quem possuam acordos de armazenagem". A íntegra desta diretiva está disponível em http://eur-lex.europa.eu/legal-content/PT/TXT/?uri=celex%3A32000L0031.

74 Assim está previsto na alínea "c", item "2", do *Telecomunications Act,* 47 U.S.C. § 230: "47 U.S. Code § 230 – Protection for private blocking and screening of offensive material. [...] (c) Protection for "Good Samaritan" blocking and screening of offensive material. [...] (2) Civil liability. No provider or user of an interactive computer service shall be held liable on account of (A) any action voluntarily taken in good faith to restrict access to or availability of material that the provider or user considers to be obscene, lewd, lascivious, filthy, excessively violent, harassing, or otherwise objectionable, whether or not such material is constitutionally protected; or (B) any action taken to enable or make available to information content providers or others the technical means to restrict access to material described in paragraph (1)" – Proteção para bloqueio e seleção privada de material ofensivo. [...] (c) Proteção para o bloqueio e seleção de material ofensivo "Bom Samaritano". [...] (2) Responsabilidade civil. Nenhum fornecedor ou usuário de um serviço informático interativo deve ser responsabilizado em função de (A) qualquer ação voluntariamente tomada de boa fé para restringir o acesso ou a disponibilidade de material que o fornecedor ou o usuário considere obsceno, lascado, lascivo, imundo, excessivamente violento, assediante ou de outra forma censurável, independentemente de esse material estar ou não constitucionalmente protegido; ou (B) qualquer ação tomada para permitir ou disponibilizar aos provedores de conteúdo de informações ou outros os meios técnicos para restringir o acesso ao material descrito no parágrafo (1). (Tradução livre). A íntegra deste ato legislativo está disponível em https://www.law.cornell.edu/uscode/text/47.

75 Como exemplo de julgado no qual se utilizam tais regras de direito comparado, é possível citar o REsp 1.193.764/SP, da relatoria da Ministra Nancy Andrighi, e divulgado no informativo nº 460 da Corte. Ao tratar do tema, a Ministra Relatora ressaltou o interesse global da matéria, e assim observou: "Trata-se de questão global, de repercussão internacional, que tem ocupado legisladores de todo o

Seguindo essa linha argumentativa o STJ estabeleceu uma responsabilidade subsidiária - ou indireta - dos provedores de conteúdo, os quais só respondem por atos praticados por terceiro se, uma vez notificados, permanecessem omissos quanto à retirada do conteúdo.[76]

Há que se frisar, sobre essa questão, que a referida notificação, antes da entrada em vigor da LMC, poderia se dar extrajudicialmente, mediante mera comunicação inequívoca ao provedor da ocorrência de uma publicação com conteúdo indevido.[77]

---

mundo, sendo possível identificar, no direito comparado, a tendência de isentar os provedores de serviço da responsabilidade pelo monitoramento do conteúdo das informações veiculadas em seus sites. Os Estados Unidos, por exemplo, alteraram seu *Telecommunications Act*, por intermédio do Communications *Decency Act*, com uma disposição (47 U.S.C. § 230) que isenta provedores de serviços na internet pela inclusão, em seu site, de informações encaminhadas por terceiros. De forma semelhante, a Comunidade Europeia editou a Diretiva 2000/31, cujo art. 15, intitulado "ausência de obrigação geral de vigilância", exime os provedores da responsabilidade de monitorar e controlar o conteúdo das informações de terceiros que venham a transmitir ou armazenar". REsp 1.193.764/SP. Relatora Ministra Nancy Andrighi. Terceira Turma. DJe 08/08/2011. RDTJRJ. v. 100, p. 234. RSTJ. v. 223, p. 379.

---

76 Questão também tormentosa diz respeito ao prazo para a retirada do conteúdo, após a comunicação ao provedor. Em um primeiro momento, o Superior Tribunal de Justiça firmou posicionamento de que o provedor tinha, após a notificação, um prazo de 48 horas para retirar o material ofensivo. Neste sentido, ver REsp 1175675 / RS. Rel. Ministro Luis Felipe Salomão. Quarta Turma. DJe 20/09/2011. Posteriormente, o mesmo tribunal modificou seu entendimento para estabelecer um prazo mais exíguo, de 24 horas, sendo este o entendimento atual da Corte. Ver REsp 1.403.749/GO. Relatora Ministra Nancy Andrighi. Terceira Turma. DJe 25/03/2014.

77 Nesse sentido, ver AgRg no AREsp 712456/RJ. Relator Ministro João Otávio de Noronha. Terceira Turma. DJe 28/03/2016. Recentemente, o STJ voltou a enfrentar o assunto, deixando claro que antes da entrada em vigor da Lei do Marco Civil da Internet, a mera notificação extrajudicial era suficiente para fazer nascer em desfavor do provedor o dever de retirá-lo, de modo que controle *a posteriori* do conteúdo publicado e armazenado em seus servidores dependia de notificação meramente extrajudicial. Veja, pois, o seguinte aresto: AGRAVO INTERNO NO RECURSO ESPECIAL. DIREITO CIVIL. MARCO CIVIL DA INTERNET. NOME, IMAGEM E TELEFONE. VEICULAÇÃO. SITE. CONTEÚDO ERÓTICO. CENAS DE NUDEZ. NOTIFICAÇÃO EXTRAJUDICIAL. PROVEDOR DE APLICAÇÃO. CIÊNCIA INEQUÍVOCA. RECUSA. FATO ANTERIOR À LEI Nº 12.965/2014. DANOS MORAIS. INDENIZAÇÃO. CABIMENTO. REDUÇÃO. CONJUNTO FÁTICO-PROBATÓRIO DOS AUTOS. REEXAME. SÚMULA Nº 7/STJ. 1. Recurso especial interposto contra acórdão publicado na vigência do Código de Processo Civil de 2015 (Enunciados Administrativos n

A Corte Superior, então, importara para o ordenamento jurídico a teoria do *notice and takedown*, nascida no campo do direito autoral quando da violação de direitos autorais na internet, para proteger os provedores. Segundo ela, apenas nos casos em que os provedores, devidamente notificados, não excluíssem o material indevidamente veiculado, é que se poderia imputar-lhes responsabilidade.[78]

No entanto, com o advento da Lei do Marco Civil da Internet, particularmente por força do disposto em seu art. 19, passou-se a exigir na legislação uma notificação judicial aos provedores da existência do conteúdo lesivo, de modo que, só após a prolação de uma decisão judicial determinando a retirada do material ofensivo é que nasce para o provedor o dever de retirá-lo, o que foi acompanhado pela jurisprudência do STJ.[79] [80]

9ºs 2 e 3/STJ). 2. No caso em apreço, aplica-se a jurisprudência do Superior Tribunal de Justiça, que se orienta no sentido de que a responsabilidade do provedor de aplicação quanto a atos lesivos anteriores à publicação da Lei nº 12.965/2014 independe da notificação judicial. Precedentes. 3. No caso dos autos, por envolver materiais que contêm "cenas de nudez", há responsabilidade do provedor de aplicações após a notificação do participante ou seu representante legal, nos termos do art. 21 da Lei nº 12.965/2014. Precedente. 4. A fixação da indenização por danos morais baseia-se nas peculiaridades da causa. Assim, afastando-se a incidência da Súmula nº 7/STJ, somente comporta revisão por esta Corte quando irrisória ou exorbitante, o que não ocorreu na hipótese dos autos. 5. Agravo interno não provido. AgInt no REsp 1652406 / MG. Relator Min. Ricardo Villas Bôas Cueva. Terceira Turma. DJe 04/10/2019.

78 Conforme SCHREIBER. Op. cit., nota 59, p. 286.

79 O STJ, inicialmente, e mesmo após a entrada em vigor da Lei nº 12.965/2014, manteve a desnecessidade de notificação judicial, exigindo apenas uma comunicação extrajudicial do provedor para que surgisse a possibilidade de ser ele responsabilizado. Neste sentido, ver AgRg no AREsp 515776 / RJ. Relator Min. Marco Buzzi. Quarta Turma. DJe 24/02/2015. Posteriormente, contudo, o STJ passou a reclamar a notificação judicial, em estrito cumprimento ao disposto no art. 19 da LMCI. Neste sentido, ver AgInt no REsp 1591179 / CE. Relator Min. Ricardo Villa Bôas Cueva. Terceira Turma. DJe 14/08/2019.

80 Questão também tormentosa diz respeito ao prazo para a retirada do conteúdo, após a comunicação ao provedor. Em um primeiro momento, o Superior Tribunal de Justiça firmou posicionamento de que o provedor tinha, após a notificação, um prazo de 48 horas para retirar o material ofensivo. Neste sentido, ver REsp 1175675 / RS. Rel. Ministro Luis Felipe Salomão. Quarta Turma. DJe 20/09/2011. Posteriormente, o mesmo tribunal modificou seu entendimento para estabelecer um prazo mais exíguo, de 24 horas, sendo este o entendimento atual da Corte. Ver REsp 1.403.749/GO. Relatora Ministra Nancy Andrighi. Terceira Turma. DJe 25/03/2014.

Então, de tudo o que foi exposto, é possível concluir que, segundo jurisprudência firmada no âmbito do STJ, no caso de atos praticados por terceiros, a responsabilidade dos provedores é apenas indireta, subsidiária e subjetiva,[81] de modo que é preciso aferir sua conduta culposa no sentido de não agir mesmo após ser regularmente notificado para a retirada do material ofensivo. A omissão do provedor, portanto, afigura-se culposa, exsurgindo daí o dever de indenizar.[82]

Essa posição se reforçou e se sedimentou, inequivocamente, com o advento da LMCI, pois o disposto em seu art. 19 não deixou mais dúvidas quanto à impossibilidade de responsabilização direta destes prestadores de serviço ao prever que "o provedor de aplicações de internet somente poderá ser responsabilizado civilmente por danos decorrentes de conteúdo gerado por terceiros se, após ordem judicial específica, não tomar as providências para, no âmbito e nos limites técnicos do seu serviço e dentro do prazo assinalado, tornar indisponível o conteúdo apontado como infringente".

Positivou-se, deste modo, o sistema do *judicial notice and takedown*, em que a obrigação de indenizar do provedor só subsiste se, notificado judicialmente, não retirar o material ofensivo.[83] Segundo afirma parcela da doutrina, o objetivo da norma é prestigiar a liberdade de expressão e impedir toda e qualquer forma de censura,[84] de

---

81 No sentido do texto, TEFFÉ; MORAES. Op. cit. p. 131; TEIXEIRA. Op. cit., nota de rodapé 210, p. 110; e CRUZ; COSTA; ARAÚJO. Op. cit. p. 215-225. Em sentido contrário, defende Caitlin Mulholland que a responsabilidade dos provedores de conteúdo, por publicações feitas por terceiro, é fundada na teoria da culpa presumindo, presumindo-se, portanto, a omissão culposa do provedor que, notificado para a retirada do conteúdo, não o faz: "Sendo assim, o fundamento da responsabilidade civil do provedor de aplicação por conteúdo gerado por terceiro é a culpa, em seu viés omissivo e por presunção, quando, notificado o provedor, este não tomar as devidas atitudes para a retirada do material inapropriado de sua rede. Isto é, presume-se a omissão culposa (culpa lato sensu) do provedor que ao ser notificado judicialmente para a retirada de conteúdo impróprio deixa de fazê-lo no prazo informado, devendo responder pelos danos causados ao ofendido". MULHOLLAND. Op. cit., nota de rodapé 270, p. 493.

82 Assim firmou-se a jurisprudência do STJ. Ver, ilustrativamente, REsp 1.642.997/RJ. Relatora Ministra Nancy Andrighi. Terceira Turma. DJe 15/09/2017.

83 Neste sentido, MULHOLLAND. Op. cit., nota de rodapé 270, p. 481.

84 Conforme TEIXEIRA. Op. cit. nota de rodapé 210, p. 110; e MULHOLLAND. nota de rodapé 270, p. 485. Sobre a escolha do legislador em dar prevalência à liberdade de expressão, afirmam Chiara Spadaccini de Teffé e Maria Celina Bodin de Moraes que "No caso do Marco Civil, o legislador infraconstitucional pendeu para a liber-

modo que o provedor não pode fazer um controle prévio sobre as manifestações de ideias e pensamentos veiculadas por terceiros no ambiente, por exemplo, da rede social.[85]

Assim, com a entrada em vigor da Lei nº 12.965/2014, consolidou-se o entendimento de que os provedores não são diretamente responsáveis por conteúdo indevido veiculado por terceiro, podendo os fundamentos para essa ausência de responsabilização serem resumidos da seguinte forma: (i) a fiscalização e controle do conteúdo das postagens feitas por terceiros não é intrínseca à atividade dos provedores, de modo que não se pode entender defeituoso o serviço prestado por eles caso a publicação seja ofensiva a alguém, o que afasta a responsabilidade objetiva pelo CDC; (ii) eventual controle prévio sobre o conteúdo postado por terceiro pode caracterizar-se como censura e, portanto, violador da liberdade de expressão; (iii) os danos aos direitos da personalidade e à dignidade da pessoa humana, em decorrência do conteúdo postado por terceiro, não está inserido no risco da atividade dos provedores, pelo quê também deve-se afastar a responsabilidade objetiva calcada no parágrafo único do art. 927 do Código Civil; (iv) a responsabilidade dos provedores de conteúdo é subjetiva e subsidiária, só existindo a partir do momento em que, notificado judicialmente para a retirada do conteúdo indevido,

---

dade de expressão por se tratar de lei cujo objeto se encontra diretamente vinculado à expressão humana e de seus corolários. A igualdade, a integridade psicofísica e a solidariedade encontram-se em identidade de relevância com a liberdade e assim deverá ser feito na ponderação (BODIN DE MORAES, 2016, p. 71-120). O que parece definitivo é que não se poderá decidir contra a dignidade da pessoa humana". TEFFÉ; MORAES. Op. cit. p. 114. Anderson Schreiber formula críticas à escolha do legislador, com o quê se concorda, uma vez que os direitos da personalidade como a honra, a privacidade e a imagem têm a mesma estatura constitucional da liberdade de expressão, de modo que o legislador, ao optar por prestigiar esta última, mesmo no caso de exercício que viola os direitos da personalidade, cometeu um equívoco. SCHREIBER. Op. cit., nota de rodapé 171, p. 290.

---

85 Como observam Chiara Spadaccini de Teffé e Maria Celina Bodin de Moraes, seria equivocado conferir aos provedores a livre decisão de exibir, ou não, determinado conteúdo, pois "os critérios para a retirada de conteúdo seriam muito subjetivos, o que prejudicaria a diversidade na internet, e que a retirada de conteúdos da rede, de forma subjetiva e mediante mera notificação, poderia prejudicar a inovação no âmbito da internet, implicando sério entrave para o desenvolvimento de novas alternativas de exploração e comunicação na rede, as quais poderiam não ser desenvolvidas em razão do receio de futuras ações indenizatórias". TEFFÉ; MORAES. Op. cit. p. 133.

queda-se inerte; (v) aferindo-se a omissão do provedor em retirar o conteúdo após a notificação, nasce aí uma responsabilidade solidária com o terceiro causador do dano.[86]

A opção legislativa, e também jurisprudencial, contudo, não subsiste imune a críticas. Parcela da doutrina, com o quê concordamos, entende que tal exigência é um retrocesso, na medida em que passa a exigir do indivíduo, para a tutela dos seus direitos da personalidade, a obtenção de uma ordem judicial apenas para comunicar ao provedor da existência do conteúdo violador do seu direito, de modo que eventual dever de indenizar só passará a existir se, depois de comunicado judicialmente, não retirar a publicação,[87] o que se revela um excesso de formalismo e um obstáculo à plena tutela da personalidade.

A nosso sentir, em que pese o entendimento firmado pelo STJ, não se pode deixar de observar que o disposto no art. 19 da LMCI é de duvidosa constitucionalidade. Isso porque, uma vez que os provedores de conteúdo têm como atividade a disponibilização de conteúdo, causa estranheza o fato de não poderem ser responsabilizados pelo conteúdo veiculado em sua página, ainda que este conteúdo seja gerado por terceiros.

Ora, sendo essa a sua atividade – gerenciamento de conteúdo –, parece ilógica a ausência de responsabilidade por conteúdos que circulam em seu portal. Em verdade, é inerente à sua atividade exercer uma fiscalização sobre esse conteúdo, particularmente quando ofensivo a direitos de terceiros. Sua omissão, em verdade, evidencia uma falha na prestação de serviço, gerando necessariamente um dever de indenizar.

Tal conclusão é consentânea com duas garantias constitucionais: a da indenização plena e proporcional ao dano causado, consoante o disposto no art. 5º, V, da Constituição Federal, de modo que, sendo a atividade do provedor o oferecimento de conteúdo, deve responder integralmente pelo conteúdo que circula em sua página e que ofende terceiro; bem como da promoção, pela lei, da defesa do consumidor, prevista no art. 5º, XXXII, da Constituição Federal, pelo quê não pode a lei criar óbices à plena tutela do consumidor.

---

86 Ver Recurso Especial citado na nota 75 (REsp 1.642.997/RJ. Relatora Ministra Nancy Andrighi. Terceira Turma. DJe 15/09/2017).

87 Neste sentido, ver SCHREIBER. Op. cit., nota 59, p. 288-290.

Sobre este último fundamento, pende no Supremo Tribunal Federal o julgamento do Recurso Extraordinário nº 1.037.396, da relatoria do Ministro Dias Toffoli, em que foi reconhecida a existência de repercussão geral. Neste recurso se discute a constitucionalidade do art. 19 da Lei nº 12.965/2014, especialmente sob o fundamento de violação ao art. 5º, XXXII da Constituição Federal, por contrariar o sistema protetivo do Código de Defesa do Consumidor, o qual trata do dever de indenizar. Portanto, a questão ainda se revela controvertida, não tendo havido um ponto final.

Por fim, última questão a ser examinada no tocante à responsabilidade dos provedores por ato de terceiro diz respeito ao disposto no art. 21 da LMCI, questão essa de extremo interesse para esta pesquisa, na medida em que trata da violação dos aspectos da intimidade, a qual, como visto, consiste no núcleo essencial da privacidade.

O legislador, entendendo a importância de se proteger, com maior intensidade, um importante elemento da privacidade, dispôs no art. 21 da LMCI que "O provedor de aplicações de internet que disponibilize conteúdo gerado por terceiros será responsabilizado subsidiariamente pela violação da intimidade decorrente da divulgação, sem autorização de seus participantes, de imagens, de vídeos ou de outros materiais contendo cenas de nudez ou de atos sexuais de caráter privado quando, após o recebimento de notificação pelo participante ou seu representante legal, deixar de promover, de forma diligente, no âmbito e nos limites técnicos do seu serviço, a indisponibilização desse conteúdo".

Trata o mencionado dispositivo, então, da questão da divulgação de imagens, vídeos ou outros materiais de conteúdo sexual, que contenham cenas de nudez ou de atos sexuais de caráter privado, isto é, umbilicalmente associados à intimidade.

Nesta questão, é possível perceber que o legislador deu um tratamento diferenciado, e que é pouco explorado pela doutrina e pela jurisprudência.[88] Para examinar a questão é preciso, contudo,

---

88 Tratam do tema, por exemplo, Anderson Schreiber (SCHREIBER. Op. cit., nota de rodapé 171, p. 295-297), Caitlin Mulholland (MULHOLLAND. Op. cit. nota de rodapé 270, p. 498), Victor Hugo Pereira Gonçalves (GONÇALVES. Op. cit. p. 167-171) e Alan Moreira Lopes (LOPES, Alan Moreira. Lei 12.965, de 23.04.2014 – estabelece princípios, garantias, direitos e deveres para o uso da internet no Brasil (marco civil da internet). In: TEIXEIRA, Tarcisio; LOPES, Alan Moreira (Coord.). *Direito das novas tecnologias*: legislação eletrônica comentada, mobile law e segurança digital. São Paulo: RT, 2015. p. 86-89).

estabelecer uma premissa: a hipótese retratada no art. 21 da Lei nº 12.965/2014 não trata e não se limita, ao contrário do que se possa imaginar, à pornografia de vingança – *revenge porn*.[89]

Embora parcela da doutrina sustente e afirme que o simples fato de se veicular, sem autorização, imagens ou qualquer outro conteúdo íntimo de caráter sexual, já poderia caracterizar a pornografia de vingança,[90] o mais acertado é qualificar tal conduta a partir da motivação do agente, que é criar para a vítima um constrangimento ou um embaraço com o intuito de dela se vingar.[91] A pornografia de vingança, em que pese entendimentos contrários, reclama um elemento subjetivo, que é a intenção de se veicular o referido conteúdo com o propósito de vingança contra a vítima, como, por exemplo, em razão do término não consentido de uma relação. Por essa razão, como o legislador não previu a motivação para a publicação, não há que se falar em *revenge porn* para a hipótese legal, a qual visa tratar, de um modo mais amplo, do problema da responsabilidade do provedor pela violação à intimidade por terceiro.

A norma do art. 21 da Lei nº 12.965/2014 revela o intuito de conferir maior proteção à intimidade, mais particularmente um dos seus elementos, que é a vida sexual e a sexualidade, na medida em

---

89 A pornografia de vingança tem como premissa o registro ou envio de imagens ou vídeos com cenas íntimas, nudez ou prática de ato sexual em confiança ao parceiro ou outro indivíduo com quem a pessoa se relaciona. Ato seguinte, se a pessoa que recebe o material o divulga publicamente, expondo a intimidade daquela que o enviou, com o único propósito de coloca-la em situação constrangedora e vexatória, pratica pornografia de vingança. Para aprofundamento do tema, TEFFÉ, Chiara Antonia Spadaccini. *Divulgação não autorizada de imagens íntimas na internet: o caso da pornografia de vingança*. Estudo apresentado no seminário Privacidade Hoje, realizado na PUC-RJ, nos dias 18 e 19 de setembro de 2017. Texto ainda não publicado e gentilmente cedido pela autora.

90 Neste sentido, Ana Lara Camargo de Castro e Spencer Toth Sydow (CASTRO, Ana Lara Camargo de; SYDOW, Spencer Toth. *Exposição pornográfica não consentida na Internet: Da pornografia de vingança ao lucro*. D'Plácido, 2017. p.37) e Alan Moreira Lopes (LOPES. Op. cit. p. 87).

91 Anderson Schreiber critica a associação do disposto no art. 21 da LMCI com a *revenge porn*, uma vez que o legislador mencionou a mera divulgação de cenas de nudez ou sexo explícito, sem aludir à motivação (SCHREIBER. Op. cit., nota de rodapé 171, p. 297). Daí porque o melhor termo deveria ser, de um modo mais amplo, *pornografia não consensual*, como ressalta Chiara de Teffé após examinar a doutrina estrangeira. Na visão da autora, inclusive, o disposto no art. 21 da LMCI abrange a pornografia de vingança, assim como toda e qualquer conduta praticada por terceiro em ofensa à intimidade sexual. TEFFÉ. Op. cit., nota de rodapé 298. p. 4 e 17.

que também protege a simples nudez, tratando de modo mais severo a responsabilidade do provedor do que aquela prevista no art. 19.[92] E isso se comprova pela dispensa de notificação judicial do provedor acerca do conteúdo indevidamente veiculado pelo terceiro.[93]

Assim, ao contrário do que ocorre na hipótese versada no art. 19 da LMCI, quando a questão envolver aspectos da intimidade sexual das pessoas basta uma mera comunicação extrajudicial ao provedor para que ele seja obrigado a retirar o conteúdo, sob pena de responder solidariamente com o terceiro autor da postagem.

Assim, examinadas as principais questões envolvendo a responsabilidade dos provedores por publicações veiculadas nas redes sociais, seja por ato próprio, seja por ato de terceiro, faz-se necessário avançar para a análise de uma questão ainda mais tormentosa, e que é o foco do presente estudo, que é a da responsabilidade do terceiro pelo uso de dados e informações veiculados pelo próprio titular da privacidade. Vamos a ela.

---

92 A escolha do legislador é justificável, como observa Tarcisio Teixeira, por conta do crescente aumento de casos, especialmente entre jovens, de circulações de vídeos e imagens de cunho sexual nas redes sociais e outras ferramentas tecnológicas de comunicação, tanto com o consentimento da vítima, quanto sem a sua autorização e anuência. TEIXEIRA. Op. cit., nota de rodapé 210, p. 113. Para ilustrar, vale lembrar o caso da menor de 16 anos, Julia Rebeca, do Piauí, que após ter divulgado vídeo mantendo relações sexuais com outra adolescente e um homem, se suicidou. Fatos como esses se multiplicam nas redes sociais, causando comoção e revolta, pelo quê se revela importante o agravamento da responsabilidade daqueles que indevida e ilicitamente postam conteúdos que dizem respeito à vida íntima das pessoas nas redes sociais. A notícia sobre o fato pode ser lida em www.oglobo.globo.com/brasil/adolescente-se-mata-apos-ter-video-de-sexo-com-um-casal-divulgado-na-internet-10782350

93 Essa diferenciação de tratamento entre o art. 19 e o art. 21 da lei provoca críticas na doutrina, como se vê, por exemplo, em GONÇALVES. Op. cit. p. 167. Anderson Schreiber questiona o fato de o legislador ter atribuído à intimidade sexual uma maior importância do que conteúdos que dizem respeito a outros elementos da personalidade. SCHREIBER. Op. cit., nota de rodapé 171, p. 297. Já Victor Hugo Gonçalves ressalta o excesso de poder conferido aos provedores para o controle deste conteúdo, uma vez que o legislador prevê que com a mera notificação extrajudicial o provedor deve retirar o material de seu portal. Na visão do autor, muitos usuários, de modo livre e consciente, publicam imagens de cunho sexual no exercício do direito à pornografia, pelo quê a previsão legal transforma o provedor em juiz da situação. GONÇALVES. Op. cit. p. 169.

3.3. A responsabilidade do terceiro por ofensa à privacidade: responsabilidade pelo uso de dados, informações, imagens e vídeos publicados voluntariamente pela própria vítima

O ponto central e mais sensível do presente estudo é, por certo, o deste tópico. Aqui se proporá uma análise crítica da conduta do indivíduo que, voluntariamente, expõe a sua privacidade nas redes sociais através da publicação de imagens, vídeos, informações e dados, e a consequente responsabilidade do terceiro que se utiliza desse conteúdo aproveitando-se da exposição voluntária da própria vítima.

Busca-se examinar, neste momento, não a violação da privacidade por terceiros, de modo simples e objetivo, em que o agente obtém de modo ilícito ou indevido um conteúdo inerente à privacidade de alguém e, posteriormente, o divulga. Sobre esse aspecto, é inequívoco que o agente responderá, por ato exclusivo seu, pelos danos causados à privacidade do indivíduo.[94]

E isso porque, ainda que se diga que a divulgação de informações e dados pode se caracterizar como o exercício da liberdade de expressão e do direito à informação, assegurada a todos os indivíduos, estes não podem exceder os limites dos demais direitos e garantias igualmente assegurados pelo ordenamento, como é o caso da privacidade.

Portanto, ainda que se afirme que a divulgação de fatos da vida privada de outra pessoa possa se caracterizar como o exercício de uma garantia constitucional, se este se dá de modo abusivo, além dos limites estabelecidos pela própria ordem jurídica, é ela ilegítima e deve receber a respectiva reprimenda. Como já explicitado no Capítulo 2, o exercício da privacidade, e o estabelecimento de seus limites, também é uma faceta da liberdade,[95] a receber a corresponde

94 A invasão e consequente violação da privacidade é um ato ilícito que gera dano. Como visto no item 3.1. deste Capítulo, os danos morais caracterizam-se objetivamente, como uma violação aos direitos da personalidade e, de modo mais amplo, como uma lesão à dignidade da pessoa humana, decorrendo o dever de indenizar da cláusula geral de tutela da personalidade humana. Assim, violada a privacidade, tem-se objetivamente o dano à esfera extrapatrimonial do sujeito, exsurgindo o dever de indenizar em decorrência da responsabilidade por fato próprio, em que estarão presentes os quatro elementos da responsabilidade civil: a conduta, a culpa, o dano e o nexo causal.

95 Neste sentido, observam Fernanda Nunes Barbosa e Thamis Dalsenter Viveiros de Castro que "Numa democracia pluralista, como é o caso da brasileira, a tutela integral da pessoa humana só se concretiza diante de uma concepção ampliada de liberdade, segundo a qual é possível afirmar que o princípio da liberdade possui

tutela jurídica, de modo que a invasão desta se caracteriza como um ilícito a ser removido e, se houver dano, também ressarcido.

Não obstante, o que se quer aqui retratar, neste tópico, são os casos em que a pessoa livremente, mas de modo excessivo, expõe a sua privacidade, especialmente em perfis públicos das redes sociais, que podem ser acessados por quaisquer indivíduos, e a repercussão dessa conduta quando esse material é compartilhado na própria rede ou utilizado para finalidade diversa daquela da publicação.

Desde logo cumpre asseverar que as próximas linhas devem ser lidas desapaixonadamente, pois elas têm como propósito pensar criticamente a postura do indivíduo que renuncia à sua privacidade, particularmente quando confrontada essa conduta com aquela do sujeito que a preserva, e que posteriormente se vê vilipendiado em sua esfera privada por uma conduta indevida de um terceiro no âmbito das redes sociais, sendo certo que ambos os casos não podem receber o mesmo tratamento.

As redes sociais, como já visto no Capítulo 2 deste trabalho, promoveram uma grande revolução na forma das pessoas se comunicarem e se relacionarem.[96] Idealizadas como uma importante ferramenta da liberdade de expressão e de informação,[97] ao se olhar

---

duas dimensões indissociáveis, a subjetiva e a intersubjetiva.[23] Pelo viés da liberdade subjetiva, cuida-se de garantir que as pessoas gozem de amplo espaço para construção do seu projeto pessoal de livre desenvolvimento da personalidade, assegurando proteção reforçada para que o exercício da autonomia existencial se dê com a máxima eficácia nas relações privadas. Sob essa renovada perspectiva, é preciso que a autonomia existencial seja tutelada tendo como premissa a privacidade, de modo que as escolhas pessoais de vida sejam consideradas como manifestações íntimas livres de ingerências públicas ou privadas". BARBOSA, Fernanda Nunes; CASTRO, Thamis Dalsenter Viveiros de. Dilemas da liberdade de expressão e da solidariedade. *Civilistica.com*. a. 6, nº 2, p. 8-9. 2017.

96 Como observam Maria Celina Bodin de Moraes e Chiara de Teffé, em palavras introdutórias, "A internet tornou-se um instrumento essencial para o funcionamento das mais diversas estruturas sociais, proporcionando a difusão, o armazenamento e o processamento de dados com velocidade instantânea e grande precisão. Nesse cenário, repleto de transformações tecnológicas, o desenvolvimento das redes sociais virtuais representa um fenômeno recente, que vem causando grande impacto nas relações humanas e, portanto, nas relações jurídicas. MORAES; TEFFÉ. Op. cit. p. 110.

97 Sobre esse aspecto, fala-se em um direito à autodeterminação informativa, segundo a qual o particular tem a faculdade de o particular determinar e controlar a utilização de seus dados pessoais, inclusive aqueles tidos por sensíveis, por dizerem respeito a aspectos importantes da sua personalidade. Sobre a questão, ver,

mais de perto elas acabam se revelando, em muitas situações, apenas como um instrumento de autoafirmação. O propalado livre exercício do direito de manifestação, para debates e discussões, sucumbe diante de uma exposição sem propósito, em que não há diálogos ou comunicação, mas um mero desfile de imagens, vídeos, dados e informações que visam, tão somente a satisfação pessoal e o desejo de angariar seguidores e afagar o ego. Há, inclusive, determinadas plataformas cujo único conteúdo possível é a veiculação de fotos e vídeos, o que, sendo mal utilizada, terá como exclusivo propósito a exposição pessoal.[98]

Nessas condições, a tutela da privacidade acaba prejudicada, pois os limites daquilo que deve ser reservado à esfera privada acabam se tornando públicos, acarretando, assim, uma profusão de *pessoas públicas*. Embora possa se afirmar que é inerente à privacidade a liberdade, como uma faceta da autonomia privada, na medida em que o indivíduo pode escolher aquilo que ele deseja colocar à salvo da exposição pública,[99] as redes sociais vêm contribuindo para a redução das suas margens, inclusive no que toca ao seu núcleo intangível.

Com isso, e como um verdadeiro paradoxo, essa é uma liberdade que aprisiona, pois os sujeitos se veem, a cada dia, presos ao incontrolável desejo de expor sua vida privada, a fim de angariar mais "amigos" e obter mais *likes*, comentários e compartilhamentos, *espetacularizando a vida privada*.[100]

---

exemplificativamente, Stefano Rodotà (RODOTÀ. Op. cit. p. 92) e Chiara Spadaccini de Teffé e Fabiana Rodrigues Barletta (TEFFÉ, Chiara Spadaccini de; BARLETTA, Fabiana Rodrigues. O direito ao esquecimento: uma expressão possível do direito à privacidade. In: TEPEDINO, Gustavo; TEIXEIRA, Ana Carolina Brochado; ALMEIDA, Vitor (Coord.). *O direito civil entre o sujeito e a pessoa*: estudos em homenagem ao professor Stefano Rodotà. Belo Horizonte: Fórum, 2016. p. 255.

---

98 Manifestando opinião semelhante, SCHREIBER. Op. cit., nota de rodapé 171, p. 279.

99 Segundo Liliana Minardi Paesani, "Tem-se como premissa que a *privacidade* (direito de expor a esfera íntima da pessoa) nada mais é do que um dos componentes da *liberdade*. E para interpretar esse grande direito, recorre-se às palavras de Rui Barbosa, que, ao lado do incontestável valor poético, conduzem a um direito subjetivo e mensurável, ou seja: o livre arbítrio ou liberdade de escolha, pois cada indivíduo sabe quanta privacidade quer preservar ou expor". PAESANI, Liliana Minardi. *Direito e internet*: liberdade de informação, privacidade e responsabilidade civil. 7ª ed. São Paulo: Atlas, 2014. p. 40.

100 A afirmação tem como inspiração o livro de Paula Sibilia, *La intimidad como espetáculo*, no qual se discute a sensível questão da intimidade na internet. Logo no primeiro capítulo do livro, a autora o inicia justificando o por quê de escrevê-lo,

Tais condutas, por certo, acabam por repercutir no campo da responsabilidade civil, uma vez que os indivíduos passam a fomentar a curiosidade alheia, além de fornecerem o material necessário para a posterior desvirtuação do conteúdo publicado. Chega-se, então, no terreno pantanoso da tutela ressarcitória da privacidade quando da sua – excessiva – exposição voluntária.

Desde logo, é preciso repisar que a privacidade é merecedora de tutela pelo simples fato de ser um atributo da personalidade e, como tal, realizadora da dignidade da pessoa humana, consistindo, atualmente, não apenas no direito de não ser invadida, mas também no de controlar o fluxo das informações espontaneamente divulgadas, consubstanciando-se em um verdadeiro direito à autodeterminação informativa.

Além disso, e como também já afirmamos em diversos pontos deste livro, a privacidade é um direito da personalidade que tem, como objetivo inicial, a tutela da esfera psíquica do indivíduo, por meio da proteção da vida privada e íntima, assim resguardando-o de ingerências indevidas, as quais podem causar, do ponto de vista subjetivo, constrangimento, dor e sofrimento d'alma. Sem prejuízo, a noção atual de privacidade se revela mais complexa, não se limitado apenas à proteção da esfera psíquica para abranger inúmeros outros

com o sugestivo título *El show del yo*, no qual ela faz uma curiosa afirmação acerca do sentimento megalômano que subsiste na atual sociedade: "Calificadas en aquel entonces como enfermedades mentales o desvíos patológicos de la normalidad ejemplar, hoy la megalomanía y la excentricidad no parecen disfrutar de esa misma demonización. En una atmósfera como la contemporánea, que estimula la hipertrofia del *yo* hasta el paroxismo, que enaltece y premia el deseo de 'ser distinto' y 'querer siempre más', son otros los desvaríos que nos hechizan. Otros son nuestros pesares porque también son otros nuestros deleites, otras las presiones que se descargan cotidianamente sobre nuestros cuerpos, y otras las potencias – e impotencias – que cultivamos" (Qualificadas naquela época como doenças mentais ou desvios patológicos da normalidade, hoje a megalomania e a excentricidade não parecem ter a mesma demonização. Em uma atmosfera como a contemporânea, que estimula a hipertrofia do ego até o paroxismo, que exalta e recompensa o desejo de "ser diferente" e "querer sempre mais", há outras insanidades que nos encantam. Outras são nossas dores porque também são nossas outras delícias, outras pressões que são descarregadas diariamente em nossos corpos e outros poderes – e impotências – que cultivamos – tradução livre). SIBILIA, Paula. *La intimidad como espetáculo*. Buenos Aires: Fondo de Cultura Económica, 2013. p. 10.

interesses, como o controle sobre o próprio corpo, o uso da imagem e até mesmo a inviolabilidade do lar.[101]

Por essa razão, a privacidade é um importante instrumento na concretização daquele que é o principal fim de todo e qualquer ordenamento jurídico humanizado, que é a dignidade da pessoa humana. Este postulado é o pilar de sustentação da sociedade, e deve ser visto como o fim primeiro a ser atingido.

Assim, deve-se assegurar a plena tutela da privacidade, o que é feito pelo ordenamento jurídico brasileiro em diversas normas, como a do art. 5º, X, da Constituição Federal, e as dos arts. 11 e 21 do Código Civil. Por meio delas, assegura-se, destacadamente, a plena inviolabilidade da privacidade, isto é, a privacidade em seu caráter negativo, vedando-se interferências alheias e não autorizadas na esfera privada do sujeito.

Não obstante, como também já observamos, a privacidade tem um caráter positivo, conceito este que se desenvolveu principalmente em decorrência do avanço dos meios tecnológicos de comunicação e informação, a fim de possibilitar o pleno controle dos fluxos dos dados e informações na chamada sociedade de informação. É nesse aspecto que a questão se revela tormentosa.

A possibilidade de controle de circulação dos dados e informações decorre do reconhecimento de que a privacidade é passível de renúncia. E isso porque, em um raciocínio tautológico, só se pode controlar a circulação de algo que foi, de fato, posto à circulação, ou seja, disponibilizado, o que significa renúncia.

A renúncia, de um modo geral, é forma de extinção dos direitos, em que o indivíduo se despe do seu direito, excluindo-o de sua esfera jurídica. No entanto, quando o direito retratado é intrínseco à pessoa, decorrendo naturalmente dela, e subsistindo enquanto ela existir,

---

101 Conforme Daniel J. Solove, "privacy is a sweeping concept, encompassing (among other things) freedom of thought, control over one's body, solitude in one's home, control over information about oneself, freedom from surveillance, protection of one's reputation, and protection from searches and interrogations" (a privacidade é um conceito abrangente, abrangendo (entre outras coisas) a liberdade de pensamento, o controle sobre o corpo, a solidão na casa, o controle sobre a informação sobre si mesmo, a liberdade da vigilância, a proteção da reputação e a proteção contra buscas e interrogatórios – tradução livre). SOLOVE, Daniel J. Conceptualizing privacy. *California law review*. v. 90: 1.087, p. 1088, 2002.

como no caso dos direitos da personalidade,[102] o instituto da renúncia deve ser interpretado conforme essa peculiaridade, uma vez que a sua extinção, por qualquer forma, se consubstanciaria em grave violação à dignidade humana. Por isso, o reconhecimento da renunciabilidade dos direitos da personalidade deve observar uma premissa: ela só pode ocorrer de modo parcial e segundo alguns requisitos.

Quanto a estes, propusemos no item 2.4. do Capítulo 1 deste livro que a renúncia depende que o sujeito seja titular do direito, que ele o faça segundo uma manifestação autônoma de vontade, no seu interesse e de modo limitado. Essas são, segundo se propôs, as condições para a renunciabilidade dos direitos da personalidade.

Particularmente no caso da privacidade, algumas observações precisam ser feitas. Primeiro, dúvidas não há de que, para haver a renúncia, a situação da vida privada que se deseja dispor deve ser inerente ao sujeito. Por óbvio, não pode uma pessoa renunciar à privacidade da outra, sob pena de caracterizar-se como uma violação a ela, salvo se o próprio titular autorizar a divulgação, caso em que ele a estará renunciando.

Portanto, no caso das redes sociais, em princípio é legítima a conduta do indivíduo que posta uma fotografia sua, de um momento privado, em seu perfil. Contudo, caracterizar-se-ia como violação à privacidade a publicação de uma fotografia de terceira pessoa, salvo se esta o autorizar, de modo expresso ou tácito, e desde que se possa inferir da conduta do indivíduo, de modo inequívoco, a sua autorização.[103]

---

102 A questão da renúncia de direitos é envolta em discussões e controvérsias, tornando-se ainda mais sensível quando o assunto diz respeito aos direitos da personalidade. Como regra, e como observa Clóvis Beviláqua, "Depois de adquiridos, os direitos subsistem, como facetas do poliedro da personalidade, enquanto perduram os seus elementos constitutivos: sujeito, objeto e proteção legal. Consequentemente extinguem-se pela ausência de algum desses elementos ou de todos". A renúncia, contudo, põe termo à relação jurídica, de modo que qualquer relação que o sujeito tenha em decorrência do direito se extingue. BEVILÁQUA, Clóvis. *Teoria geral do direito civil.* 2ª ed. rev. e corrig. Campinas: Servanda, 2015. p. 357. No caso dos direitos da personalidade, a sua extinção ocorre apenas com a morte do sujeito, daí porque o regime para a renúncia deve ser diferenciado.

103 Como explicita José Paulo Cavalcanti, é preciso observar que a renúncia não se presume, devendo ser interpretada restritivamente, regra essa expressamente prevista, por exemplo, no revogado Código Civil argentino, em seu art. 874. No entanto, admite-se que ela seja tácita, de modo que, havendo dúvidas acerca da sua ocorrência, há que ser interpretado em favor do titular, entendendo-se que não houve o ato de disposição. CAVALCANTI. Op. cit. p. 126-127. Isso decorre, naturalmente,

Segundo ponto, como uma decorrência lógica do anterior, é que a renúncia deve ser feita através de uma manifestação autônoma de vontade do sujeito, em que o titular do direito da personalidade deve, livre e espontaneamente, dispor de parcela da sua privacidade. De modo contrário, se a manifestação de vontade de expor a vida privada for de um terceiro, ou seja, se a manifestação de vontade for heterônoma, ter-se-á também uma violação à privacidade.

Há que se observar, ainda uma vez, que se houver assentimento do titular com a atuação do terceiro, este se caracterizará como uma manifestação legítima de vontade no sentido de renunciar à parcela de seu direito, o que pode ser dar por uma conduta comissiva ou omissiva. Então, tendo-se a conduta de um terceiro, e uma omissão voluntária do titular do direito, legítima é a exposição, salvo se houver desvio de finalidade da autorização dada.

Assim, se o titular da privacidade assentir com determinada publicação na rede social, e aquele a quem foi autorizada a veiculação der à informação, à imagem ou aos dados destinação diversa, estará violado o direito, sujeitando o terceiro à responsabilização civil.

Note-se, ainda, que eventual autorização conferida nos termos e condições de uso do provedor para a utilização dos dados, informações ou imagens do usuário não legitima e não pode se caracterizar como uma livre manifestação de vontade do titular da privacidade no que toca à condutas abusivas e lesivas do provedor ou de terceiros.

Nesse sentido, eventual previsão, nos termos e condições de uso estabelecidos pelo provedor, de uma autorização genérica para utilização, pelo próprio provedor ou por qualquer pessoa, das informações, dados, imagens ou mesmo vídeos postados pelos usuários, se evidencia violadora dos direitos da personalidade. Isso porque, por se tratar de um contrato de consumo, e por adesão, a validade da cláusula depende de uma formatação destacada, que confira à pessoa a imediata, fácil e plena compreensão do seu sentido, conteúdo e

do princípio do consentimento qualificado. Sobre ele, explicita Rose Melo Vencelau Meireles que "o princípio do consentimento qualificado atribui à vontade interna do declarante uma relevância que nas situações patrimoniais não tem. Usa-se o termo *qualificado* a fim de evidenciar a maior importância dada à vontade subjetiva do declarante. A vontade qualificada é expressa, espontânea, pessoal, atual e esclarecida. Diante disso, se a formação do consentimento depender de informações prestadas por outrem, o dever informação assume grande relevo". MEIRELES. Op. cit. p. 215-216.

alcance,[104] como se infere do disposto no art. 54, § 4º do CDC,[105] não podendo, ainda, impor uma renúncia total e restrita da privacidade.

No entanto, na prática é possível perceber que não é isso que ocorre. Os termos e condições de uso dos provedores, na grande maioria dos casos, são apresentados sem a devida clareza e os esclarecimentos necessários, além de serem extensos, cansando e confundindo o usuário. Além do mais, em se tratando da possibilidade de se utilizar de conteúdo privado dos indivíduos, isto é, por tratar de situações subjetivas existenciais, a cautela, o destaque e a trans-

---

104 Tal exigência consta expressamente do art. 46 do Código de Defesa do Consumidor, segundo o qual os contratos de consumo só obrigam os consumidores se os instrumentos forem redigidos de modo a facilitar a compreensão do seu sentido e alcance, aí estabelecendo o pressuposto da cognoscibilidade para a eficácia dos contratos de consumo. Conforme Paulo Lôbo, " A cognoscibilidade, não como ato mas como potência, abrange a virtualidade do conhecimento (poder conhecer) e da compreensão (poder compreender). Conhecer e compreender não se confundem com aceitar ou consentir. Não há declaração de conhecer. O contratante consumidor nada declara. A cognoscibilidade tem caráter objetivo; reporta-se à conduta abstrata. A situação concreta do consumidor individual ou sua declaração expressa de ter conhecido ou compreendido o que se obrigou é irrelevante ou secundária. O que importa é ter podido conhecer e ter podido compreender, a saber, se houve efetiva possibilidade e os meios para tal foram postos a sua disposição pelo fornecedor, não só a ele mas a qualquer outro consumidor". LÔBO, Paulo. Contratos no código do consumidor: pressupostos gerais. *Revista de direito do consumidor*. nº 6, p. 137, abr./jun., 1993.

105 Como cediço, nas relações de consumo conferir plena autonomia e liberdade contratual não é sinônimo de equidade e justiça, tendo em vista existir, em um dos polos, uma parte vulnerável. Assim, tais garantias não são plenas, sendo necessária a intervenção estatal para impor certas obrigações às partes, reequilibrando a balança. Isso se revela ainda mais importante nos contratos de adesão, fruto da massificação das relações de consumo. Como observa Claudia Lima Marques, "Nas sociedades de consumo, com seu sistema de produção e de distribuição em massa, as relações contratuais se despersonalizaram, aparecendo os métodos de contratação estandardizados, como os contratos de adesão e as condições gerais dos contratos Hoje esses métodos predominam em quase todas as relações entre empresas e consumidores, deixando claro o desnível entre os contratantes - um, autor efetivo das cláusulas, e outro, simples aderente. É uma realidade social bem diversa daquela do século XIX, que originou a concepção clássica e individualista do contrato, presente em nosso Código Civil de 1916. Ao Estado coube, portanto, intervir nas relações de consumo, reduzindo o espaço para a autonomia de vontade, impondo normas imperativas de maneira a restabelecer o equilíbrio e a igualdade de forças nas relações entre consumidores e fornecedores". MARQUES, Claudia Lima. Novas regras sobre a proteção do consumidor nas relações contratuais. *Revista de direito do consumidor*. nº 1, p. 27-28, jan./mar., 1992.

parência devem ser muito maiores do que nos contratos que digam respeito unicamente a interesses patrimoniais.

Isso porque, ao se falar em situações subjetivas, o consentimento deve ser qualificado, isto é, pleno, efetivo, espontâneo, consciente, informado, e, consequentemente, não presumido.[106] Sendo certo que na maioria dos casos os provedores têm ciência de que os usuários não leem os termos – o que, pela experiência comum, faz presumir a sua não leitura –, exige-se deles um maior esforço na conscientização dos navegantes da rede, deixando claro e destacado a possibilidade de utilização do conteúdo veiculado, ainda que de modo espontâneo, pelo indivíduo, seja pelo próprio provedor, seja por terceiros.

Sem prejuízo de tudo o que se disse, tal cláusula poderia ser reconhecida, ainda, como abusiva e, consequentemente, nula de pleno direito, nos termos do art. 51, § 1º, I, do CDC, por ofender um dos princípios fundamentais do sistema jurídico vigente.[107] Segundo o mencionado dispositivo, presume-se exagerada a cláusula e, portanto, abusiva, se ofender os aludidos princípios.

A proteção e a inviolabilidade da privacidade é, induvidosamente, um princípio insculpido no art. 5º, X, da Constituição Federal. O condicionamento do ingresso em uma rede social à renúncia prévia da privacidade, ou à permissão de uso das informações e dados pessoais, de modo lucrativo – ainda que indiretamente –, pelos provedores é, inequivocamente, exagerada e violadora das mais comezinhas garantias estabelecidas pelo ordenamento. Portanto, eventual auto-

---

106 Conforme MEIRELES. Op. cit. p. 215.

107 Como observa Bruno Miragem, a abusividade das cláusulas contratuais no direito do consumidor é o reconhecimento da aplicação do abuso de direito nas relações de consumo. Mas, enquanto no direito civil o abuso de direito tem como finalidade assegurar o equilíbrio dos interesses das partes, limitando as faculdades para a proteção de interesses mais relevantes, no direito do consumidor o abuso de direito vincula-se a dois critérios: "(a) o *status* constitucional do consumidor como sujeito de direitos fundamentais; e a razão lógica deste reconhecimento como, de resto, das demais normas de proteção em nosso ordenamento; (b) a presunção jurídica da sua *vulnerabilidade*". MIRAGEM, Bruno. Nulidade das cláusulas abusivas nos contratos de consumo: entre o passado e o futuro do direito do consumidor brasileiro. *Revista de direito do consumidor*. v. 18, nº 72, p. 46, out./dez., 2009. Por essa razão, o legislador optou por adotar o regime da nulidade, muito mais severo, porque o direito do consumidor visa tutela não somente a esfera individual de cada consumidor, mas toda a comunidade potencialmente prejudicada, como observou Paulo Lôbo. LOBO. Op. cit., nota de rodapé 313. p. 136.

rização genérica, por si só, não é suficiente para se caracterizar como um consentimento válido do indivíduo a autorizar o uso indiscriminado das informações e dados obtidos.

Por isso, tais questões devem ser vistas, examinadas e interpretadas com cautela, particularmente quanto aos efeitos jurídicos da utilização dos dados e informações disponibilizados pelos próprios titulares de perfis das redes sociais. E sobre esse aspecto, duas questões se desdobram: a do simples compartilhamento das publicações na própria rede social; e a do uso descontextualizado dessas publicações.

3.3.1. A (ir)responsabilidade pelo simples compartilhamento por terceiros de publicações na própria rede

Primeira questão, que reclama análise cuidadosa, diz respeito aos casos de compartilhamentos de publicações feitas nas redes sociais. Alguns provedores, como o *Facebook*, por exemplo, oferecem uma ferramenta que permite às pessoas que têm acesso às publicações feitas pelos demais usuários o compartilhamento em seu perfil, fazendo-as aparecer na *timeline* ou *feed* de seus amigos e, assim, difundindo ainda mais aquela postagem, inclusive, fora dos limites da listagem de amigos daquele que fez a publicação original. Questiona-se se esta hipótese, configuraria, ou não, uma violação à privacidade.

Para ilustrar, imagine-se a seguinte situação. Um indivíduo, recém-separado, posta uma foto sua com um novo *affair* em um jantar romântico. A publicação, dirigida apenas à lista de seus amigos, na qual não figura sua ex-mulher, acaba sendo compartilhada por um deles, fazendo-a circular entre os amigos deste, em cuja lista o ex-cônjuge do autor da postagem figura, e que acaba visualizando a imagem, causando inúmeros transtornos ao ex-marido.

A postagem original, como visto, foi feita por uma manifestação livre e autônoma de vontade do titular da privacidade, que dirigiu espontaneamente aos seus amigos uma imagem com conteúdo privado, assim renunciando à parcela da sua privacidade. A publicação, por certo, não tinha como objetivo chegar ao alcance da ex-mulher. No entanto, o autor da postagem tinha plena ciência de que o provedor da rede social disponibiliza a ferramenta de compartilhamento, e que aquela postagem poderia ter um alcance além dos limites dos seus amigos. Assim, ciente desta possibilidade, e assumindo os seus riscos, divulgou a foto sem fazer qualquer observação ou ressalva quanto a eventual impossibilidade de seus amigos a compartilharem.

A partir desse exemplo, a questão que exsurge é: ao fazer a publicação, ciente da possibilidade de compartilhamento e utilização do conteúdo por terceiro, o usuário assentiu com a conduta do amigo, caracterizando-se, assim, como uma manifestação autônoma de vontade, uma verdadeira anuência apta a isentá-lo de responsabilidade, ou esse compartilhamento pode gerar um dever de indenizar pelo terceiro?

Em princípio, cremos que o referido compartilhamento é válido e apto a afastar eventual responsabilidade por danos. Ao fazer a publicação em uma plataforma que permite, livremente, que qualquer destinatário faça o compartilhamento daquilo que for publicado, o usuário está dando o seu consentimento, ainda que tácito, para a circulação do conteúdo dentro da rede social, mesmo que alcance terceiros que não eram originalmente destinatários da postagem.

A hipótese, em um primeiro momento, é de ausência de ilicitude da conduta daquele que compartilhou a publicação, pois estava devidamente autorizado não apenas pelo provedor, que oferece a ferramenta de compartilhamento, bem como pelo próprio titular da imagem, mesmo que apenas tacitamente.

Frise-se, ainda, que embora do ponto de vista moral, no que diz respeito à relação pessoal existente entre aquele que publicou e o que compartilhou – o amigo deveria ter tido mais cautela –, a conduta daquele que fez o compartilhamento talvez possa não ser das mais festejadas, sob a ótica jurídica não há, objetivamente, contrariedade ao direito,[108] não estando presentes os elementos da responsabilidade civil que autorizem eventual pleito indenizatório.

---

108 Sobre a questão, explicita Caio Mário da Silva Pereira que "Sendo ambos – moral e direito – normas de conduta, evidentemente têm um momento de incidência comum. Mas, analisados intrinsecamente, os respectivos princípios se diferenciam, quer em razão do campo de ação, quer no tocante à intensidade da sanção que acompanha a norma, quer no alcance ou nos efeitos desta. Moral e direito distinguem-se em que a primeira atua no foro íntimo e o segundo no foro exterior. Se a conduta do agente ofende apenas a regra moral, encontra a reprovação na sua consciência, e pode atrair-lhe o desapreço dos seus concidadãos. Se a ação implica inobservância da norma jurídica, autoriza a mobilização do aparelho estatal, para a recondução do infrator à linha de observância do preceito, ou para a sua punição". PEREIRA. Op. cit., nota de rodapé 57, p. 12-13.

Primeiro, porque do ponto de vista do dano, não é possível afirmar que a conduta do terceiro é danosa, haja vista que a publicação foi feita pelo próprio titular da privacidade. O terceiro apenas deu maior divulgação no mesmo ambiente público da rede social, cuja publicização já tinha sido feita pelo dono do perfil. Em se tratando de um provável dano à privacidade, este se consubstanciaria a partir de uma invasão desta ou de um emprego descontextualizado do fato, o que não é a hipótese.

Ainda assim, mesmo que se possa aventar a ocorrência de um dano, este decorreria da própria conduta do titular do direito, que fez a publicação em um ambiente que permite o compartilhamento. O ato de compartilhar, embora leve a um maior alcance da publicação, é autorizado contratualmente, nos termos e condições de uso do provedor da rede, e vincula a todos, de modo que não se pode responsabilizar o terceiro por um ato autorizado pelo próprio titular da privacidade, que ao fazer originalmente a publicação, renunciou à privacidade sobre este fato.

Ademais, e em princípio, o fato de a ex-mulher ter tido conhecimento do fato pelo compartilhamento feito pelo terceiro não se caracterizaria propriamente como um dano, especialmente porque se trata apenas de uma divulgação na rede social de um fato que já tinha um caráter público, dada a publicação feita pelo próprio titular do perfil. Assim, ainda que eventualmente possa a vir ocorrer algum dano, como já explicitado anteriormente, este decorrerá da própria conduta do titular da privacidade, que a renunciou, equiparando-se, inclusive, a uma autolesão.

O segundo aspecto é uma consequência lógica do primeiro, e diz respeito ao nexo de causalidade. Embora, no exemplo dado, o conhecimento do fato pela ex-mulher tenha se dado pelo compartilha mento feito pelo terceiro, o dano, caso existente, tem como origem a própria publicação feita pelo titular da privacidade, com a assunção dos riscos inerentes à divulgação pública na rede social, de modo que não há nexo de causalidade entre a conduta do terceiro e o dano eventualmente sofrido, pois a publicação foi feita pelo próprio titular da privacidade, sendo esta a causa direta, imediata e necessária à consequência lesiva.[109]

109 Como explicita Gustavo Tepedino, "o dever de reparar surge quando o evento danoso é efeito necessário de certa causa" (TEPEDINO, Gustavo. Notas sobre o nexo

Sem prejuízo, é possível que a conduta venha a se caracterizar como abusiva e, assim, violadora do direito do usuário. Por certo, ao estar ostensivamente prevista a possibilidade de compartilhamento das publicações, passam os usuários a ter o direito de fazê-lo. No entanto, nenhum exercício de direitos é livre, de modo que, se exceder manifestamente os limites impostos pelos fins econômicos e sociais, pela boa-fé e pelos bons costumes, pode se caracterizar como um abuso de direito, nos termos do art. 187 do Código Civil e, assim, gerar dever de indenizar.

No exemplo dado, imaginemos que o terceiro, ao fazer o compartilhamento, faça algum comentário ofensivo ou provocativo ao autor da publicação, e com o nítido propósito de constrangê-lo, por exemplo, perante a ex-mulher. Neste caso, a conduta do terceiro transbordou os limites do que era, tacitamente, autorizado pelo autor da publicação, o que poderá gerar, então, o dever de indenizar.

Como já vimos exaustivamente em nosso texto, as situações jurídicas subjetivas existenciais têm como propósito o desenvolvimento da personalidade e a promoção da dignidade da pessoa humana. Deste modo, um terceiro que se utiliza de uma informação ou dado da vida privada alheia, desviando desse fim promocional, ou agindo de má-fé, e violando a esfera jurídica alheia, não exerce regularmente um direito,[110] o qual, ainda que se possa afirmar fundamental – como a liberdade de expressão e o direito à informação o são –, não será merecedor de tutela. Portanto, caso se verifique que o compartilha-

---

de causalidade. *Revista jurídica*. a. 50, nº 296, p. 10. jun., 2002). Na hipótese retratada, o dano não decorre, propriamente, como efeito necessário da conduta do terceiro que fez o compartilhamento, mas da própria ação do titular da privacidade que, ao fazer a publicação na rede social, assume os riscos por eventual efeito lesivo decorrente da sua conduta. Portanto, a conduta do terceiro não se revela como uma causa independente, suficientemente necessária a criar uma nova causa para o resultado danoso, afastando aquela anterior, decorrente da postagem feita pelo dono do perfil.

---

110 Na lição de Eduardo Nunes de Souza, "Ao se falar em abuso, portanto, faz-se referência ao desvio do perfil funcional da situação jurídica, motivo pelo qual não é possível circunscrever o instituto ao exercício de apenas alguns perfis estruturais; ao revés, qualquer situação jurídica, porque dotada de uma função, é passível de abuso. Em uma palavra, se há uma função, há a possibilidade de exercício disfuncional". SOUZA, Eduardo Nunes de. Abuso de direito: novas perspectivas entre a licitude e o merecimento de tutela. *Revista trimestral de direito civil*. v. 50, p. 63. abr./jun., 2012.

mento se deu com abusividade, extrapolando os limites do direito, é possível imputar responsabilidade ao terceiro.

Questão correlata, e não menos tormentosa, diz respeito a eventual arrependimento do usuário que, diante do alcance inimaginável da postagem por ele feita, decide posteriormente excluir a publicação, o que, contudo, não afeta as republicações e compartilhamentos, que permanecem ativas.

Como já observado no Capítulo 2, o arrependimento em postagens feitas nas redes sociais, ou outros veículos digitais de um modo geral, também abrange o chamado *direito ao esquecimento*, o qual não é objeto deste estudo, principalmente diante da sua complexidade, que se afastaria do escopo desta pesquisa. Ainda assim, algumas considerações precisam ser feitas, especialmente por conta da responsabilidade de terceiros.

Para ilustrar a questão, vale mencionar o exemplo do menino Nissim Ourfali, de 13 anos, que teve um vídeo de celebração de seu *Bar Mitzvah* postado por seus pais na internet, no qual parodiava uma música de um famoso grupo musical britânico, e que tinha como personagem cômico central o próprio menor. Como sói acontecer na rede mundial de computadores, o vídeo *viralizou*, e passou a ser difundido indiscriminadamente, tornando-se um grande sucesso, mas incomodando o menino e seus pais, dada as inúmeras utilizações indevidas e descontextualizadas do conteúdo.

Por conta disso, o jovem, representado por seus pais, ajuizou ação em face do provedor de conteúdo visando a retirada de circulação do vídeo, tendo como um dos fundamentos a tutela da privacidade. No entanto, o juízo de primeiro grau julgou improcedentes os pedidos formulados, utilizando como argumento central o fato de que o vídeo havia sido postado espontaneamente pela parte, bem como por ser característica da Internet a disseminação descontrolada do conteúdo, de modo que, ciente da possibilidade, ao fazer a publicação, não poderia posteriormente reclamar a sua retirada do ar.[111]

Como é possível perceber, a questão é complexa, especialmente quando a postagem é feita através de uma manifestação autônoma

111 TJSP, Procedimento Sumário. 0192672-12.2012.8.26.0100 (583.00.2012.192672), 1ª Vara Cível – Foro Central Cível, distribuído em 18.9.2012. O processo corre em segredo de Justiça, por envolver menor, o que dificulta uma análise mais aprofundada da ação.

de vontade. Note-se que na ilustração feita há certas peculiaridades que não se pretende aqui discutir, como o fato de a publicação envolver um menor, e isso porque, o que importa, verdadeiramente, para o presente estudo é o fato de a divulgação ter sido feita espontaneamente pelo indivíduo.

No que toca, especificamente, à revogação da manifestação de vontade, caracterizando o arrependimento, por certo é ela legítima, especialmente quando se trata de um direito da personalidade como o é a privacidade.[112] Sendo os direitos inatos um espectro da personalidade, e de suma importância para a formação e desenvolvimento desta, tem o sujeito o pleno controle da sua utilização, podendo cessar a qualquer tempo toda conduta praticada – retratar-se[113] –, assim como impedir quaisquer violações e empregos indevidos e fora do contexto para o qual se permitiu a divulgação ou a exploração.[114]

---

112 Há que se notar que, em se tratando de uma situação existencial, o arrependimento e, consequentemente, a revogabilidade da manifestação é inerente ao direito da personalidade, e decorre do princípio do consentimento qualificado, como observa Rose Melo Vencelau: "A revogabilidade decorre do princípio do consentimento qualificado, sobretudo, quando da disposição resulte limitação ao exercício do direito da personalidade, pois somente a limitação voluntária é admissível. Permite-se que o disponente se arrependa da declaração de vontade que expressou e a revogue, até o momento anterior ao da execução material do ato". MEIRELES. Op. cit. p. 246.

113 O sentido jurídico de retratação, de modo lato, é o de reconsideração de um ato, tornando-o ineficaz, para restabelecer uma situação anterior. Na lição de Álvaro Villaça Azevedo, "A retratação é, essencialmente, um ato jurídico unilateral, pois se realiza independentemente do acordo de vontades; contudo, pode tornar sem efeito posições não só unilaterais, como também bilaterais, como, por exemplo, respectivamente, retirar a eficácia de um ato de aceitação ou de renúncia de herança, ou, ainda, de um contrato". Prossegue, ainda, afirmando que "Por isso, entendemos a retratação, em um sentido geral, como a reconsideração de um ato, que se torna ineficaz, para o renascimento de uma situação jurídica anterior. Situação, e não relação, jurídica, porque, muitas vezes, como veremos, a retratação ocorre, sem que exista este relacionamento". AZEVEDO, Álvaro Villaça. Retratação (aspectos de direito civil). *Revista da faculdade de direito da Universidade de São Paulo*. v. 88, p. 331-332, 1993.

114 Especificamente sobre o caso envolvendo o menino Nissim Orfali, assim se manifestou Anderson Schreiber: "Afinal, o que justificaria a continuada exposição do menino se ele próprio já manifestou expressamente sua intenção de não ter o vídeo exposto? Nissim não assinou contrato, nem recebeu qualquer contraprestação da empresa proprietária do site pela exibição da sua imagem. A colocação do vídeo na rede foi provavelmente um ato irrefletido e casual. Foi, ademais, um ato inegavelmente gratuito sem as formalidades que a ordem jurídica exige para atrair o

Isso não significa, contudo, um direito irrestrito de, por exemplo, postular eventual indenização por danos morais sofridos, na medida em que a conduta, de certa forma, pode até mesmo caracterizar um comportamento contraditório, o qual não é amparado pela ordem jurídica dadas as limitações impostas pela boa-fé.[115]

Ainda assim, mesmo que se entenda ser possível postular uma indenização nos casos em que houver uma recirculação descontextualizada do conteúdo, a compensação por danos morais sofridos não poderá ser idêntica à daquela pessoa que jamais postou qualquer conteúdo na rede, e que teve a sua privacidade invadida por meios ilícitos com a posterior divulgação não autorizada na plataforma *online*.

E isso porque, ao postar o conteúdo na rede social, ou em outro veículo eletrônico e público de circulação de informações, imagens e vídeos, o sujeito tem ciência e assume os riscos de eventual recirculação do conteúdo, de modo que a própria indenização só será devida se a postagem feita por terceiros extrapolar os limites da função social, da boa-fé e dos bons costumes, estando descontextualizado da postagem original.

Nesse último caso, tem-se situação diversa da enfrentada, merecendo melhor reflexão, o que faremos no tópico a seguir.

efeito obrigacional. Não se vislumbra, nessas circunstâncias, interesse merecedor de tutela que se contraponha ao seu direito de preservar sua imagem e intimidade, já bastante exposta pelo equívoco dos seus familiares, e de não ficar 'marcado' para sempre pelo episódio. Entra em jogo aqui o já citado direito ao esquecimento, em sua modalidade virtual, expressão do direito à identidade pessoal". SCHREIBER. Op. cit., nota de rodapé 171, p. 302-303.

115 Anderson Schreiber leciona que a tutela da confiança é o fundamento para a vedação do comportamento contraditório, no entanto, por não estar prevista a tutela da confiança de modo expresso em nosso ordenamento, o fundamento normativo é a boa-fé objetiva: "Como a tutela da confiança não vem expressamente prevista no ordenamento jurídico brasileiro, o fundamento normativo geralmente apontado para o *nemo potest venire contra factum proprium* é a cláusula geral da boa-fé objetiva, consagrada no art. 422 do Código Civil: [...] A identificação da boa-fé objetiva como fundamento normativo do princípio de proibição de comportamento contraditório, que se verifica também na maior parte dos demais ordenamentos jurídicos, é, de fato, a melhor orientação". SCHREIBER, Anderson. *A proibição de comportamento contraditório*: tutela da confiança e venire contra factum proprium. 3ª ed. Rio de Janeiro: Renovar, 2012. p. 102.

3.3.2. A responsabilidade pelo compartilhamento ou publicação feita por terceiros de modo descontextualizado de publicações de usuários da rede

No tópico anterior examinamos a delicada situação da existência, ou não, do direito à indenização por compartilhamento feitas por terceiros de publicações feitas por usuários das redes sociais. Esta hipótese, embora sensível, é de solução mais simples quando comparadas com as que examinaremos neste tópico, em que há o compartilhamento ou publicações por terceiros, de modo descontextualizado, de publicação feita por um usuário da rede, ou seja, o terceiro faz circular a publicação com finalidade distinta daquela que pretendia o autor da postagem, violando seus direitos da personalidade.

O caso a ser examinado, neste momento, é o do terceiro que, integrando ou não o rol de amigos do titular da privacidade na rede social, acessa a publicação e a compartilha ou a publica de modo lesivo, como, por exemplo, copia uma foto divulgada na rede, em que o titular está usando roupas de banho, e a republica em um perfil ou página de internet com cunho sexual.

Neste caso, a nosso sentir, é inequívoca a violação do direito à privacidade, dada a circulação da postagem com propósito diverso e, logo, descontextualizado da postagem feita pelo titular do direito da personalidade, gerando não apenas o direito da vítima de requerer a exclusão da postagem feita pelo terceiro, bem como o dever de o agente indenizar.

No que tange à obrigação de excluir a postagem, nos parece não haver grandes dúvidas ou questionamentos. Se o autor da publicação não autorizou que este terceiro tivesse acesso a ela, e muito menos que a compartilhasse ou publicasse em outro contexto, poderá postular uma tutela de remoção do ilícito por inequívoca violação à privacidade.

Entretanto, no que toca à indenização, a questão merece observação cautelosa. Como visto anteriormente, a conduta mencionada é, inequivocamente, violadora da privacidade. Por essa razão, atingindo a esfera da personalidade do sujeito, a compensação material, por meio da indenização, parece um efeito natural do fato.

Outro ponto a ser discutido, caso se reconheça o direito à compensação patrimonial, diz respeito ao montante indenizatório. Questiona-se se a indenização devida a esta vítima que fez a publicação deve ser a mesma se confrontada com aquela devida a uma pessoa cuja foto tenha sido subtraída de seus arquivos, pelo uso de meios ilícitos, ou que teve a sua imagem captada por um terceiro, numa situação privada, e posteriormente publicada na rede social, ou seja, em que a vítima seja uma pessoa que não expôs, voluntariamente, a sua privacidade na rede.

Tais questões, a nosso sentir, são as mais tortuosas e sensíveis, e exigem uma revisitação a dois requisitos para a renúncia à privacidade por nós anteriormente examinados.

Como mencionado no Capítulo 1, o terceiro requisito legitimador do ato de renúncia parcial aos direitos da personalidade, e especificamente a privacidade, é que ela se dê no interesse do titular do direito, uma vez que a titularidade e o exercício dos direitos da personalidade têm como um de seus pressupostos a promoção da dignidade humana.

Assim, embora não se possa apregoar uma funcionalização dos direitos da personalidade, porque eles, em si próprios, já exercem uma função promocional, o seu exercício deve sempre ter como meta a realização da dignidade humana, não sendo irrestrito os poderes conferidos ao seu titular, ainda que ostentem a natureza de direitos subjetivos.[116]

A renúncia à privacidade, então, deve sempre ter como objetivo a realização da dignidade do indivíduo, e não apenas outros valores ou interesses, como os patrimoniais, por exemplo. Isso não significa, contudo, que a pessoa não possa exercer os seus direitos da personalidade, ou apenas renunciar parcialmente à sua tutela, visando a atender a estes outros interesses. O que não pode ocorrer é a renúncia com o exclusivo objetivo de atendê-los, degradando a sua dignidade.[117]

---

116 Como explicita Pietro Perlingieri, "Na verdade, a qualificação de direito subjetivo não significa que o sujeito titular é livre de dispor dele. O direito subjetivo não é um poder indiscutível nem mesmo nas situações patrimoniais. Nem se pode negar que a promoção da pessoa constitua um interesse substancial, pois, sendo a integridade psicofísica um bem indisponível, ao sujeito não é dado o arbítrio de permitir a interferência de terceiros". PERLINGIERI. Op. cit., nota de rodapé 88, p. 767.

117 Há que se observar, neste sentido, que há situações patrimoniais que assumem, sem sombra de dúvidas, uma importância existencial e, assim, promovem o desenvolvimento da pessoa humana, como observa Pietro Perlingieri (Ibidem. p. 760). Veja-se, a propósito, artistas e modelos que vivem da exposição da sua imagem. A renúncia à parcela de seu direito da personalidade tem como objetivo o sustento do indivíduo, assim realizando a dignidade.

É sob essa perspectiva que se questiona, atualmente, a legitimidade da renúncia à privacidade nas redes sociais, muitas vezes motivada por interesses que nada se associam à promoção da dignidade da pessoa humana, revelando-se, então, contrária à tutela da personalidade esta forma de exercício irrestrito da autonomia privada.[118]

A questão que se apresenta, neste aspecto, é a repercussão no campo da responsabilidade civil, pelo exercício desmedido da autonomia privada, que leve a eventual lesão aos direitos da personalidade do indivíduo. A pessoa que dia e noite publica fatos da sua vida nas redes sociais, desde questões privadas, como um café-da-manhã em família, até atividade públicas, como a participação em um evento público, faz jus à tutela ressarcitória?

A resposta não é simples. Primeiramente, há que se ter em mente que a publicação de um fato privado na rede social, por corresponder a uma renúncia à privacidade - ainda que parcial - e, consequentemente, à sua tutela jurídica, afasta, como vimos no tópico anterior, eventual dever de indenizar quando do simples compartilhamento daquela publicação. O indivíduo, ao fazer a postagem em uma rede social de acesso livre, assume os riscos de um alcance inimaginável daquela veiculação, presumindo estar ciente e consciente - logo, consentindo - com a divulgação por terceiros.

Ademais, a conduta do terceiro, sob a ótica das concausas e do nexo causal, não se caracteriza como necessária, e tampouco independente, a ponto de romper os efeitos decorrentes da publicação feita pelo próprio titular do perfil, a se revelar como uma nova causa produtora de danos, e completando a tríade de requisitos da respon-

118 A limitação ao exercício da autonomia privada, tendo como fundamento a proteção da dignidade, é uma questão também debatida na doutrina. Como observa Maria Celina Bodin de Moraes, "debate-se atualmente se, em virtude do mesmo princípio fundamental da proteção da dignidade humana, não derivaria, logicamente, uma expansão da autonomia privada no que se refere às escolhas da vida privada de cada pessoa humana? Ou seja, a privacidade garantida pela Constituição a uma pessoa digna, plenamente capaz, não deveria significar, pelo menos em linha de princípio, mais amplo poder de escolha sobre os seus bens mais importantes?". MORAES, Maria Celina Bodin de. Ampliando os direitos da personalidade. In: MORAES, Maria Celina Bodin de. *Na medida da pessoa humana*: estudos de direito civil-constitucional. Rio de Janeiro: Renovar, 2008. p. 124-125.

sabilidade civil - conduta, dano e nexo causal - que leva ao dever de indenizar.[119]

Em contrapartida, não se pode deixar de reconhecer que a renúncia à parcela da privacidade não significa uma absoluta ausência de tutela jurídica, isto é, o sujeito, embora dispondo voluntariamente de sua privacidade, mediante a publicização de aspectos da sua vida privada, não pode ter recusada a proteção contra desvios, excessos e abusos praticados por terceiros que se utilizam de dados, informações, vídeos ou imagens disponibilizadas espontaneamente por ele, sob pena de se legitimar o injusto e violar a dignidade humana.[120]

Isso se reforça pela existência do já mencionado *direito à autodeterminação informativa* que permite ao sujeito exercer o controle sobre todo conteúdo privado disponibilizado voluntariamente a terceiros, impedindo o seu emprego irrestrito e ilimitado para além das finalidades da disposição.

Mas, ainda que se possa a afirmar a existência desse direito de controle por parte daquele que disponibiliza conscientemente um conteúdo privado na rede, e, consequentemente, o direito a eventual indenização pelo uso indevido da imagem ou do vídeo publicado,

---

119 O dever de reparar decorre daquela conduta que é a causa necessária do dano. Se, na concorrência ou concomitância de causas, uma delas não for diretamente responsável pelo evento danoso, não há nexo de causalidade. Nesse sentido, observa Gustavo Tepedino que "Havendo diversas causas, responsáveis por um dano injusto, pergunta-se: são elas sucessivas, uma delas diretamente responsável pelo evento danoso e as demais indiretas; ou, ao revés, cuida-se de concausas concorrentes e concomitantes, todas elas relacionadas ao dano em mesmo grau? Se a pesquisa identificar uma pluralidade de causas concomitantes e, portanto, diretas, resulta implícito o vínculo de necessariedade que liga cada uma delas ao evento danoso". TEPEDINO. Op. cit, nota de rodapé 319. p. 15.

120 Em sentido contrário, entende Stéphanie Assis Pinto de Oliveira, ao utilizar o exemplo ilustrativo do *Caso Cicarelli*, que a renúncia espontânea à privacidade não pode gerar, posteriormente, direitos para a pessoa que a renunciou, a possibilitar o pleito indenizatório, pois tal conduta se caracterizaria como um comportamento contraditório: "Dessa forma, após a renúncia espontânea de parte de seu direito não seria justo protestar por danos que possam ter decorrido de sua atitude, uma vez que isto configuraria uma tentativa de se beneficiar de sua própria torpeza (*venire contra factum proprium*). Ora, não é crível pensar que Cicarelli preocupava-se com usa intimidade no momento de praticar atos sexuais a luz do dia em uma praia freqüentada por diversas pessoas, e portanto, não poderia pleitear em juízo indenização por tal ato". OLIVEIRA, Stephanie Assis Pinto. Fama x Direito à intimidade e privacidade de pessoas famosas e a concretização dos direitos fundamentais. *Revista eletrônica da faculdade de direito de Franca*. v. 3, p. 73, 2010.

isso não significa que o tratamento jurídico dado a ele será o mesmo conferido à pessoa que preza e resguarda, irrestritamente, pela sua privacidade. Como se verá a seguir, cremos que as consequências jurídicas devam ser distintas.

Também vimos que o último requisito para a renúncia à privacidade, e essencial para a nossa conclusão, é a sua limitação. Como já se demonstrou ao longo desta pesquisa, os atos de disposição dos direitos da personalidade não podem ser plenos, permanentes e nem gerais, pois isso atentaria contra a dignidade humana, uma vez que possibilitaria ao indivíduo se colocar ou se sujeitar a situações humilhantes e degradantes, esvaziando a tutela da personalidade em afronta à dignidade.

Por essa razão, só se revela legítima à proteção da dignidade humana a prática de atos limitados e parciais de renúncia, que não esvaziem a cláusula geral da personalidade, protegida, essencialmente, pelo núcleo intangível dos direitos da personalidade. Apenas assim é possível prestigiar a autonomia privada, enquanto elemento da dignidade, e a tutela desta.

Vê-se, assim, que há dois limites extremos: o da impossibilidade de renúncia, que fulmina a liberdade individual; e o da possibilidade de renúncia geral e irrestrita, que por outro turno afronta o núcleo essencial dos direitos da personalidade, pois levaria a óbito a dignidade da pessoa humana. Entre essas balizas extremas, que se pode chamar de espaço de conformação, é que residem os grandes problemas. E para solucioná-los, se faz importante retomar o raciocínio já desenvolvido no item 2.4 do Capítulo 1.

O ordenamento jurídico confere ao sujeito, através da autonomia privada, um campo de liberdade, em que ele pode agir dentro dos limites estabelecidos pela ordem jurídica. Assim, é legítimo o exercício da autonomia se ocorrer dentro das balizas impostas pelo sistema.

A partir de então, e por questões de equidade e justiça, o ordenamento estabelece graus de proteção a partir das condutas praticadas pelos sujeitos. Aquele que abdica de seu patrimônio jurídico, consequentemente renuncia à sua tutela, e pela própria liberdade conferida pelo ordenamento, não se interferirá na escolha feita pelo indivíduo. Em contrapartida, ele não poderá requerer a mesma tutela jurídica, ou uma proteção na mesma intensidade daquele que não renuncia, em nenhum grau, à tutela jurídica da personalidade.

Essa conclusão também decorre da isonomia ou igualdade material, na medida em que o tratamento deve ser igualitário em situações cujas condições são iguais. Quando o indivíduo, no exercício da sua autonomia, coloca-se espontaneamente em situação distinta, receberá, por consequência, também um tratamento distinto.[121]

Sobre esse aspecto, é preciso destacar, contudo, que a tutela da personalidade não pode se dar de modo diferenciado entre pessoas em razão das características que lhes sejam próprias, como a raça, a idade, a orientação sexual ou a crença religiosa, por exemplo. Tal discriminação revelar-se-ia odiosa e violadora da plena proteção da dignidade e dos demais valores consagrados pela ordem constitucional.

No entanto, o ordenamento jurídico também não pode dar tratamento idêntico a situações nas quais os próprios sujeitos optam, livres e conscientemente, por se colocar em situação distinta.

Se o indivíduo, exercendo sua plena liberdade, opta por divulgar, pública e irrestritamente, fatos da sua vida privada, por certo não poderá, posteriormente, reclamar do Estado uma grave sanção contra aquele que utiliza estes dados ou informações espontaneamente veiculados, como faz jus aquele que zela plenamente pela sua privacidade e tem ela violada, pois ele estaria praticando, evidentemente, um comportamento contraditório.[122]

Note-se que não estamos afirmando que o indivíduo, na hipótese de renúncia à parcela de sua privacidade, não será merecedor de tutela jurídica. Tal conclusão, por certo, contraria tudo o que dissemos

121 O princípio da isonomia é um dos pilares de sustentação do ordenamento jurídico. Através dele, vedam-se condutas discriminatórias, bem como o tratamento diferenciado entre as pessoas quando não houver um fundamento jurídico razoável, ou seja, o princípio da isonomia, na expressão de Celso Antônio Bandeira de Mello, tem como objetivo impedir *discriminações juridicamente intoleráveis*. MELLO, Celso Antônio Bandeira de. *O conteúdo jurídico do princípio da igualdade*. 3ª ed. São Paulo: Malheiros, 1993. p. 11.

122 O comportamento contraditório é vedado pelo ordenamento jurídico, vedação esta sintetizada na expressão latina *nemo potest venire contra factum proprium*. O instituto da proibição do comportamento contraditório, embora complexo, pode ser sintetizado como uma violação ao princípio da confiança, em que a pessoa, a partir de um comportamento, gera na outra a confiança de me manterá aquela mesma postura. Assim, fica vedado ao sujeito praticar conduta oposta, contradizendo-se, e violando a expectativa gerada na parte contrária. Para um aprofundamento do tema, ver SCHREIBER, Anderson. *A proibição do comportamento contraditório*: tutela da confiança e venire contra factum proprium. 3ª ed. rev. e atual. Rio de Janeiro: Renovar, 2012.

anteriormente, especialmente no que toca à necessária proteção dos direitos da personalidade, que têm como fim a promoção da dignidade humana. Ademais, no caso da privacidade, em seu viés positivo, assegura-se ao titular o direito de controlar o fluxo dos dados espontaneamente disponibilizados, de modo que eventual utilização irregular e descontextualizada confere ao sujeito o direito de postular a cessação da conduta indevida do terceiro, sem prejuízo da correspondente indenização pelos danos sofridos. Deste modo, e em princípio, não poderia ser dado tratamento diferenciado entre aquele que disponibiliza o conteúdo espontaneamente na rede, e aquele que não o faz e é surpreendido com uma violação da sua esfera privada por uma conduta invasiva e ilícita, pois ambos têm direito a reclamar a tutela jurisdicional para fazer cessar a conduta, mediante a retirada do conteúdo, bem como requerer a correspondente indenização pelos danos sofridos.

Entretanto, em que pese ter o sujeito o direito de controlar o fluxo de informações inerentes à sua privacidade, no caso de disponibilização voluntária do conteúdo, a situação se revela fática e juridicamente bem distinta daquela em que o indivíduo tem a sua vida privada violada, isto é, invadida contra a sua vontade. Então, e em verdade, as consequências jurídicas da renúncia à privacidade, particularmente no que diz respeito à tutela ressarcitória, são distintas, e devem recair sobre o montante da indenização, o qual será inversamente proporcional ao grau de renúncia.

O que se quer dizer é que, havendo uma disposição da privacidade, e dependendo do grau que ela se der, dando o seu titular um maior caráter público a situações de sua vida privada, menor será a repercussão de uma conduta de terceiro que atente contra a sua privacidade.

Nessa esteira, toma-se emprestado, para a fixação do montante indenizatório, a regra do art. 945 do Código Civil, segundo a qual "Se a vítima tiver concorrido culposamente para o evento danoso, a sua indenização será fixada tendo-se em conta a gravidade de sua culpa em confronto com a do autor do dano". Então, em que pese a existência de posicionamentos em contrário,[123] a hipótese deve ser tratada pelo regime das concausas e da culpa concorrente.

---

123 A título de exemplo, Chiara Spadaccini de Teffé, ao tratar da pornografia de vingança, em que o autor do dano utiliza imagens ou vídeos disponibilizados voluntaria-

Primeiramente, é preciso destacar que a conduta do terceiro que utiliza uma informação postada por outrem pode, sim, ser considerada lesiva. Veja-se que, embora subsista uma liberdade de expressão e de informação, esta não é uma garantia, ou um direito, absoluto.

Na hipótese tem-se, evidentemente, um conflito entre interesses constitucionalmente protegidos, os quais não têm, entre si, uma hierarquia, sendo, portanto, de mesma estatura e, deste modo, havendo conflito entre eles, a solução será dada pela ponderação.

Sobre a inexistência de hierarquia entre os aludidos direitos, há que se frisar que tanto a liberdade de expressão e informação, quanto a privacidade, são uma importante ferramenta para a promoção e proteção da dignidade da pessoa humana e, consequentemente, para o desenvolvimento da personalidade.

Sem prejuízo, isso não significa que não há, quando da ponderação, uma prevalência objetiva de um desses direitos, fazendo recair sobre aqueles que defendem que deve prevalecer, no caso concreto, o direito que não tem primazia, o ônus argumentativo, isto é, o encargo de fundamentar e justificar com maior rigor e ênfase a sua prevalência na situação concreta. Embora exista na doutrina, como já ressaltamos anteriormente, entendimento no sentido de que há uma primazia *prima facie* do direito à informação,[124] enquanto espécie da

---

mente pela própria vítima, afirma que "Não se pode perder de vista que o consentimento é contextual, ou seja, o consentimento que um indivíduo dá para alguém de sua confiança captar ou receber uma imagem sua com conteúdo íntimo não se estende, como regra, para que a pessoa possa compartilhar com terceiros essas imagens. O consentimento para os atos existenciais tem finalidade específica e se encontra diretamente ligado aos vínculos e relacionamentos estabelecidos, sendo a autorização revogável a qualquer momento". TEFFÉ. Op. cit., nota de rodapé 298. p. 5.

124 É essa opinião, por exemplo, de Daniel Sarmento, apresentado em parecer sobre o tema (SARMENTO, Daniel. *Liberdades comunicativas e "direito ao esquecimento" na ordem constitucional brasileira*. Texto disponível em http://www.migalhas.com.br/arquivos/2015/2/art20150213-09.pdf. Acessado em 10 de outubro de 2017), por Rafael Koatz (KOATZ. Op. cit. p. 402), assim como por Luís Roberto Barroso, que afirma que, por servir a liberdade de informação como fundamento para o exercício de outras liberdades, tem ela uma posição de preferência em relação aos direitos fundamentais individualmente considerados (BARROSO. Luís Roberto. Liberdade de expressão versus direitos da personalidade. Colisão de direitos fundamentais e critérios de ponderação. In: BARROSO, Luís Roberto. *Temas de direito constitucional*. t. 3. Rio de Janeiro: Renovar, 2005. p. 105-106).

liberdade de expressão, entendemos que, de modo contrário, é a proteção da privacidade que, num primeiro exame, deve prevalecer.

O que se quer dizer é que, objetivamente, no confronto entre a liberdade de informação e a tutela da privacidade, em princípio esta deve ter primazia, sendo maiores as chances de se reconhecer a ocorrência de uma violação à vida privada e, consequentemente, do dever de indenizar, pelo exercício da liberdade de expressão, do que se entender que o exercício desta deve ser imunizado, não havendo responsabilidade pela exposição de informações privadas, ainda que disponibilizadas pela vítima.

Assim, concluindo pela possibilidade de caracterização da conduta do terceiro como ilícita e passível de responsabilidade, é preciso observar a conduta da vítima, e se esta pode ser considerada como concorrente para minimizar a gravidade da conduta do terceiro e, assim, influir no montante indenizatório. A questão, a toda evidência, é sensível, mas não pode deixar de ser enfrentada.

A conduta da vítima, em todo evento lesivo, não pode deixar de ser examinada, sob pena de se criar distorções e decisões injustas e não equânimes, até mesmo com o enriquecimento sem causa daquele que sofreu o dano. Muitas vezes, na sociedade atual, esse fato acaba por ser inobservado, especialmente pelo medo de julgamentos morais, em que as pessoas entendem que a vítima deve ser vitimizada ao máximo, não se podendo imputar a ela qualquer responsabilidade, mesmo quando sua conduta não é a recomendável e, até mesmo, colabora para o evento lesivo.

É certo que não se desconhece que em certas circunstâncias a conduta da vítima não pode servir de justificativa para amenizar a gravidade da conduta do agente. Basta pensar, por exemplo, nos crimes sexuais, em que a lamentável, e machista, afirmação de que *a vítima provocou* o agressor não é admissível.

Mas, em hipóteses outras, não é possível deixar de considerar a conduta da vítima, como é o caso da exposição da privacidade na Internet, em que um grande número de pessoas não apenas entrega todo o conteúdo suficiente e necessário ao terceiro, para a prática do ilícito, como também aguça a curiosidade alheia, com publicações que levam as demais pessoas a se interessarem ainda mais pela sua vida privada.

A *culpa* concorrente, na verdade, não consiste em imputar à vítima a culpa pelo fato lesivo, mas sim averiguar em que medida a sua conduta contribuiu para a ocorrência dos efeitos danosos, constatação essa que repercutirá no montante indenizatório, a fim de distribuir proporcionalmente os prejuízos,[125] em equilíbrio da balança, salvo se a culpa imputável à vítima for exclusiva, hipótese em que se terá, efetivamente, uma atribuição de "responsabilidade" a ela pelo evento, isentando o agente.

Por isso, a melhor solução para a questão da *culpa* concorrente não deve se dar a partir do exame da culpa, e sim pelo enfrentamento do nexo causal, a fim de verificar a eficácia causal de cada conduta no evento lesivo, e não o grau de culpa de cada um dos envolvidos, inclusive da vítima.[126]

Na hipótese em discussão, é certo que há uma contribuição da vítima ao, voluntariamente, expor-se nas redes sociais e publicar, livre e espontaneamente, um conteúdo referente à sua vida privada. Tem-se, na hipótese, uma concorrência de causas, em que a ação da vítima influi, necessária e diretamente, no resultado lesivo, embora também concorra, para a produção do dano, a conduta superveniente do terceiro, ao utilizar de modo indevido a informação veiculada publicamente pela vítima.[127]

---

125 José de Aguiar Dias, ao tratar do tema, assim se expressou: "a culpa da vítima, quando concorre para a produção do dano, influi na indenização, contribuindo para a repartição proporcional dos prejuízos". DIAS. Op. cit. p. 945.

126 Para um aprofundamento do tema ver, dentre outros, CRUZ, Gisela Sampaio da. *O problema do nexo causal na responsabilidade civil*. Rio de Janeiro: Renovar, 2005. p. 330-333.

127 Sobre a referida concorrência de causas, observa Gustavo Tepedino, ao examinar diversos precedentes na jurisprudência brasileira, que havendo causas concomitantes, todas elas suficientes e necessárias à causação do dano, isto é, sendo elas equivalentes, sem possibilidade de se definir a preponderância de cada uma delas, deve ocorrer a repartição do dever de indenizar. Nesse sentido, vale transcrever um trecho de sua conclusão: "Da análise da jurisprudência brasileira, conclui-se que, diante de uma pluralidade de causas, a investigação do magistrado realiza-se mediante três indagações: 1ª) cuida-se de causas sucessivas (uma direta e as demais indiretas, que lhe deram causa) ou simultâneas (todas diretas e concorrentes)? Se todas as causas são diretas, evidenciando-se, pois, o vínculo de necessariedade de todas elas em relação ao dano, procedendo-se em seguida à valoração da preponderância, de modo a excluir algumas delas, ou à repartição do dever de indenizar entre os seus responsáveis, quando não se é possível estabelecer a preponderância. Em se tratando, ao revés, de causas sucessivas, pergunta-se: 2ª) há necessariedade entre o conjunto de causas e o evento danoso? Se a resposta for negativa, exclui-se o dever de indenizar. Se positiva, passa-se à terceira indagação, 3ª) relativamente à preponderância ou equivalência de uma ou algumas causas

Assim ocorrendo, a exposição e, consequentemente, a renúncia já ocorreram, de modo que a conduta do terceiro é reprovável apenas no que toca ao desvio de finalidade, ou à descontextualização da postagem, mas não na invasão da privacidade em si, pois ela foi voluntariamente exposta.

Assim, deve ser minorada, de modo equânime, a indenização devida ao sujeito, especialmente se confrontada a situação com a da pessoa que resguarda plenamente a sua privacidade e, por um ato ilícito, tem um dado, informação ou imagem obtida clandestinamente e depois divulgada nas redes sociais. Levando-se em consideração também a isonomia, as vítimas dos exemplos dados não podem receber o mesmo tratamento.

Essa redução equitativa da indenização, a propósito, deve observar alguns aspectos, especialmente o grau de renúncia, aferível, por exemplo, a partir do nível da publicação, como nos casos de perfis públicos, acessíveis a todos, a demonstrar o intento de divulgar o fato privado com maior amplitude e menor grau de controle do alcance e da própria recirculação da postagem.

Se o indivíduo, no âmbito de um perfil público, que pode ser acessado livremente através de uma mera consulta do seu nome em um *site* de buscas, faz uma publicação, por certo concorrerá com maior intensidade para a ocorrência de um evento lesivo do que aquela pessoa que mantém um perfil fechado, em que as fotografias, vídeos e demais postagens só podem ser acessados estritamente por aqueles que estão inseridos em seu grupo de amigos na rede social.

Outro ponto importante a ser observado, quando da correta aplicação do regime de responsabilidade, diz respeito à natureza da relação existente entre a vítima e o terceiro. A relação, na hipótese, é extracontratual, tendo em vista que não há um vínculo jurídico anteriormente estabelecido por um contrato. Ademais, não se infere, no caso, a existência de uma atividade de risco, de modo que não é aplicável a teoria do risco. Por fim, a hipótese também não se caracteriza como uma relação de consumo. Isso significa que a responsabilidade do terceiro é fundada na culpa, sendo, portanto, subjetiva, pelo que

indiretas. Em se tratando de pluralidade de causas necessárias (concorrentes ou sucessivas), a solução se desloca para o critério da preponderância das causas ou, considerando-as equivalentes, para a repartição do dever de reparar". TEPEDINO. Op. cit., nota de rodapé 319. p. 18.

é plenamente aplicável o disposto no art. 945 do Código Civil a essas hipóteses.

Ainda sobre essa questão, cabe observar que, caso a relação fosse de consumo, poder-se-ia sustentar a inaplicabilidade do disposto no art. 945 do Código Civil e, consequentemente, a não redução do montante indenizatório. Isso porque o Código de Defesa do Consumidor não prevê essa hipótese de mitigação da responsabilidade pela concorrência de condutas culposas, só prevendo, em seu art. 14, § 3°, II, como causa excludente da responsabilidade, pelo rompimento do nexo causal, o fato *exclusivo* da vítima.[128]

Portanto, no regime do CDC não há que se falar em redução da indenização por culpa, ou fato, concorrente, sendo certo que não é possível aplicar o art. 945 do Código Civil às relações consumeristas, pois isso contraria o sistema estabelecido pelo Código do Consumidor, o qual apenas admite a aplicação de outras leis que visem assegurar novos ou maiores direitos e garantias ao consumidor, e não para prejudicá-lo, como se infere do disposto em seu art. 7º.[129]

---

128 No mesmo sentido, afirma Rizzato Nunes que "Se for caso de culpa concorrente do consumidor (por exemplo, o serviço não bem executado e há também culpa do consumidor), ainda assim o prestador do serviço tem a responsabilidade de reparar integralmente os danos causados. Apenas se provar que o acidente de consumo se deu por culpa exclusiva do consumidor é que o prestador do serviço não responde" (NUNES, Rizzato. *Curso de direito do consumidor*. 2ª ed. rev. mod. e atual. São Paulo: Saraiva, 2005. p. 302). Acompanhando este entendimento, Zelmo Denari (DENARI, Zelmo. *Código brasileiro de defesa do consumidor comentado pelos autores do anteprojeto*. GRINOVER, Ada Pellegrini [et. al.]. 11ª ed. rev. atual. e ref. Rio de Janeiro: Forense, 2017. p. 202). Em sentido contrário, entendendo que é possível a redução do montante indenizatório nas relações de consumo se houver culpa concorrente do consumidor, Bruno Miragem (MIRAGEM, Bruno. *Curso de direito do consumidor*: fundamentos do direito do consumidor; direito material e processual do consumidor; proteção administrativa do consumidor; direito penal do consumidor. 5ª ed. rev. atual. e ampl. São Paulo: RT, 2014. p. 558) e Paulo de Tarso Sanseverino (SANSEVERINO, Paulo de Tarso Vieira. *Responsabilidade civil no código de defesa do consumidor e a defesa do fornecedor*. São Paulo: Saraiva, 2002. p. 275).

129 Como observa Claudia Lima Marques, o CDC encerra o centro de um novo sistema de proteção do consumidor, estabelecendo regras e princípios que visam tutelar o vulnerável. Deste modo, o Código se caracteriza como uma codificação aberta a leis gerais e especiais que sejam mais favoráveis ao consumidor. MARQUES, Cláudia Lima. *Comentários ao código de defesa do consumidor*: artigo por artigo; doutrina e jurisprudência; conexões rápidas para citação ou reflexão; diálogos entre o código civil de 2002 e o código de defesa do consumidor. MARQUES, Cláudia Lima; BENJAMIN, Antonio Herman V.; MIRAGEM, Bruno. 4ª ed. rev. atual. e ampl. São Paulo: RT, 2013. p. 358-359.

Por tudo o que se disse, poder-se-ia questionar se esta conclusão não contraria a garantia da reparação integral, a qual tem fundamento constitucional, pois prevista expressamente no art. 5º, V e X, da Constituição Federal,[130] reforçada pelo disposto no art. 944 do Código Civil, que dispõe que a "indenização mede-se pela extensão do dano".[131]

Isso porque, se a proteção dos direitos da personalidade, como a privacidade, visa assegurar a plena realização e preservação da pessoa humana, reduzir o montante indenizatório seria uma afronta ao próprio Estado Democrático de Direito, uma vez que a dignidade humana é um de seus fundamentos.

Embora a primeira impressão seja a de que a solução proposta não atenderia às disposições constitucionais e legal, e à própria tutela da dignidade humana, um exame mais atento leva à conclusão de que tais garantias, ao contrário, estão plenamente atendidas, pois a vítima do emprego indevido dos dados, informações , vídeos ou imagens será plenamente ressarcida.

---

130 Segundo o disposto no art. 5º, V, é assegurada a toda e qualquer pessoa a resposta proporcional ao agravo, inclusive no tocante à indenização por dano material, moral e à imagem. Além disso, prevê-se no art. 5º, X, que a intimidade e a vida privada são invioláveis, sendo assegurada a indenização por dano material e moral decorrente da sua violação. Disso se infere que toda e qualquer lesão aos direitos da personalidade, que se caracteriza como dano moral, traz como consequência a reparação plena, integral e proporcional à ofensa, como afirma, objetivamente, Alexandre de Moraes, ao comentar a regra constitucional: "A Constituição Federal prevê o direito de indenização por dano material, moral e à imagem, consagrando ao ofendido a total reparabilidade em virtude dos prejuízos sofridos. A norma pretende a reparabilidade da ordem jurídica lesada, seja através de reparação econômica, seja através de outros meios, por exemplo, o direito de resposta". MORAES, Alexandre. *Direitos humanos fundamentais*: teoria geral. Comentários aos arts. 1º a 5º da Constituição da República Federativa do Brasil. Doutrina e jurisprudência. 11ª ed. rev. e atual. São Paulo: Atlas, 2017. p. 137.

131 No campo da responsabilidade civil, a tradição é que a indenização deve ser medida pelo dano sofrido pela vítima, e não pela conduta do agente, afastando-se, assim, do caráter punitivo da indenização, para aproximar-se de seu caráter reparatório. Neste sentido, "Sua atenção volta-se não para o agente, mas para a vítima do dano injusto". TEPEDINO, Gustavo; BARBOZA, Heloisa Helena; MORAES, Maria Celina Bodin de. (Org.). *Código civil interpretado conforme a Constituição da República*: teoria geral dos contratos. Contratos em espécie. Atos unilaterais. Títulos de crédito. Responsabilidade civil. Preferências e privilégios creditório (arts. 421 a 965). v. II. 2ª ed. rev. e atual. Rio de Janeiro: Renovar, 2012. p. 861.

Como visto anteriormente, se o sujeito, a partir de sua conduta, torna pública a sua vida privada, e no caso das redes sociais, muitas vezes, o propósito é exatamente difundir, o máximo possível, os dados informações com o objetivo de se obter mais fama e reconhecimento, a utilização, por terceiro, com desvio de finalidade caracteriza-se, ainda assim, como um ilícito danoso.

No entanto, cometido o ato ilícito e advindo o dano, o objetivo da reparação integral é recolocar o sujeito em seu estado anterior, daí porque o princípio que rege a matéria é o da *restitutio in integro*, através do qual se repõe a vítima, dentro dos limites do possível, à situação anterior à lesão.[132]

Nesses casos, a situação anterior é o da exposição espontânea da privacidade, de modo que a indenização deve se ater apenas aos limites da utilização indevida dos dados, informações, vídeos ou imagens voluntariamente expostas, não podendo abarcar, assim, uma suposta violação da vida privada, pois esta não foi, propriamente, invadida.

Então, fixar a indenização em patamar inferior à daquele que teve, efetivamente, a sua privacidade invadida, atende à garantia da reparação integral, além de observar, harmonicamente, a regra da isonomia na clássica expressão atribuída a Aristóteles: tratar igualmente os iguais, e desigualmente os desiguais.[133]

Por fim, o último ponto a ser tratado, embora não diga respeito à conduta de terceiro, diz respeito à publicação ou difusão, pelo provedor da rede social, de conteúdo postado pelo usuário.

A hipótese retratada é, inequivocamente, de responsabilidade por ato próprio do provedor, que se agrava pelo fato de que ele tem pleno acesso ao conteúdo postado pelos usuários, de modo que a utilização do material estava sob seu domínio e guarda.

---

132 Na pena de Carlos Alberto Menezes Direito e Sérgio Cavalieri Filho, "O dano causado pelo ato ilícito rompe o equilíbrio jurídico-econômico anteriormente existente entre o agente e a vítima. Há uma necessidade fundamental de se estabelecer esse equilíbrio, o que se procura fazer recolocando o prejudicado no *status quo ante*. Impera neste campo o princípio da *restitutio in integrum*, isto é, tanto quanto possível, repõe-se a vítima à situação anterior à lesão". DIREITO, Carlos Alberto Menezes; CAVALIERI FILHO, Sérgio. *Comentários ao novo código civil*: da responsabilidade civil; das preferências e privilégios creditórios. (arts. 927 a 965). v. XIII. Coordenador Sálvio de Figueiredo Teixeira. 2ª ed. rev. e atual. Rio de Janeiro: Forense, 2007. p. 362.

133 MELLO. Op. cit. p. 10.

Neste caso, por se tratar de relação de consumo entre o provedor e o usuário, a responsabilidade é objetiva, nos termos do art. 14 do CDC, não sendo aplicável a regra da mitigação da responsabilidade por *fato* concorrente do consumidor, pelas razões anteriormente expostas.

Frise-se, ainda, que mesmo estando prevista a autorização genérica para os provedores utilizarem os dados e as informações privadas dos usuários, nos termos e condições aceitos quando do momento do ingresso na rede social, tal previsão não será capaz de isentá-los de responsabilidade, pois, como visto anteriormente, tal cláusula revela-se abusiva, excedendo os limites funcionais do direito, por permitir, a exploração da privacidade sem um inequívoco e qualificado consentimento.

Com efeito, responderá integralmente o provedor da rede social pelos danos causados, inclusive quanto ao dever de retirar o material do ar, responsabilidade esta não condicionada à prévia notificação, exigência feita pela Lei do Marco Civil da Internet apenas para o caso de conteúdo postado por terceiro, sobre o qual o provedor não tem o dever de exercer controle prévio.

CONCLUSÃO

No início as formas de comunicação eram rudimentares. A própria fala era de difícil compreensão, com gestos e grunhidos, tornando-se necessária uma maior aproximação e maior contato corporal para o desenvolvimento dos relacionamentos. Alguns poderiam dizer que eram tempos difíceis, mas a verdade é que nos primórdios da vida humana a pessoalidade era essencial para o exercício de uma absoluta liberdade de expressão, pois não haviam regras a impedir as manifestações.

Na medida em que o homem foi conquistando o mundo e expandindo suas fronteiras, as formas de se comunicar foram se modificando. A fala, as pinturas nas paredes, a impressão de textos, o telefone e as atuais ferramentas tecnológicas. Não há mais limites para a comunicação. Basta ver que até mensagens à via láctea já foram enviadas, na busca pela comunicação com outros seres viventes no universo.[1]

Mas, enquanto fora daqui não se obtém contato, os seres humanos vão buscando maior interação. Curiosamente, as novas formas de comunicação afastam fisicamente as pessoas, que se veem ligadas apenas por sinais eletrônicos. Isso talvez justifique a crescente necessidade de exposição da vida privada, numa tentativa asfixiante de se obter mais intimidade.

Por conta dessa publicização da vida privada, inúmeras consequências danosas são vistas, a provocar a imaginação de juristas e operadores do Direito, que buscam soluções para essas novas e tormentosas situações que se apresentam. Por isso a necessidade de se apresentar, expor e debater essas questões, que é o que se buscou no presente estudo.

No primeiro capítulo estabelecemos os marcos teóricos necessários ao aprofundamento e discussão dos problemas que foram sendo propostos ao longo do texto. O primeiro ponto enfrentado foi o da instigante discussão acerca da natureza e fundamento dos direitos da

---

1 Em novembro de 2017, cientistas do SETI – Search for Extraterrestrial Intelligence enviaram nova mensagem ao espaço buscando ter alguma comunicação com vidas inteligentes fora do planeta Terra. Sobre o fato, ver a seguinte notícia veiculada na mídia: https://www.tecmundo.com.br/ciencia/124228-nova-mensagem-enviada-espaco-busca-vida-inteligente.htm.

personalidade, em que se concluiu por serem eles direitos subjetivos, de caráter fundamental, que objetivam a promoção e preservação da dignidade da pessoa humana.

Em seguida tratamos da irrenunciabilidade dos direitos da personalidade como forma de proteção da dignidade humana. Vimos, contudo, que essa impossibilidade absoluta de renúncia contraria outro importante instrumento promocional da dignidade da pessoa humana, que é a autonomia privada. Através dela, confere-se às pessoas uma plena liberdade de tomar as decisões sobre sua vida, naquilo que se convencionou chamar de direito à autodeterminação. Sem a possibilidade de se autodeterminar, não se pode falar em dignidade humana, daí se revelando um verdadeiro paradoxo: a liberdade plena pode levar à violação da dignidade, mas a ausência dessa liberdade não permite a plena realização da dignidade.

Restou demonstrado, então, que se faz necessário um equilíbrio entre a autonomia privada e a irrenunciabilidade dos direitos da personalidade, de modo que se deve entender pela possibilidade de renúncia, desde que parcial e limitada, e sempre objetivando a promoção da dignidade humana do sujeito.

No capítulo seguinte passou-se a examinar a polêmica questão do sentido e conteúdo da privacidade. Outrora compreendida apenas como o direito de estar só, a evolução dos meios de comunicação e a facilitação da circulação de informações levou à ampliação do seu conceito, de modo que a privacidade é vista, hoje, não apenas por aquele viés negativo, mas também por outro positivo consistente na possibilidade de controlar o fluxo das informações e dados fornecidos, constituindo o chamado direito à autodeterminação informativa.

O passo seguinte foi estabelecer o conteúdo mínimo da privacidade, aquele núcleo inviolável e que deve ficar a salvo de intervenção para a preservação da dignidade humana. Sobre este aspecto, não menos polêmico, restou demonstrado que essa esfera intangível da privacidade é a intimidade, a qual envolve, especialmente, as relações pessoais, familiares e amorosas, especialmente aquelas situações mais íntimas, como, por exemplo, as relações sexuais.

Em verdade, embora afirme-se que esse núcleo duro é inviolável e irrenunciável, na prática é possível ocorrer tais fatos, o que autorizaria, contudo, uma intervenção para recompor a integridade da intimidade, como é o caso dos provedores das redes sociais que podem, inclusive, diante da exposição desses aspectos íntimos, remover o material, suspender e até mesmo cancelar a conta pessoal do sujeito, como já ocorreu.

Sobre os provedores das redes sociais, caracterizam-se eles como provedores de conteúdo, que podem gerar e circular tanto conteúdo próprio, quanto de terceiros, sendo mais comum esta última hipótese. A definição da sua natureza revela-se de extrema importância quando da análise do regime de responsabilidade a que ele se submete, e isso porque quando confrontado com outros tipos de provedores, vê-se que aqueles que veiculam conteúdo são passíveis de responsabilização de forma mais simples, o que não ocorre, por exemplo, com os provedores de pesquisa, em que os tribunais tendem a excluir de modo quase absoluto a sua responsabilidade, sob o argumento de que exercem uma função meramente instrumental.

A última questão vista no segundo capítulo diz respeito à tutela jurídica da privacidade nas redes sociais, em que se demonstrou o tratamento jurídico dado pelo Marco Civil da Internet, o qual conferiu grande importância à privacidade, não apenas estabelecendo-a como um dos princípios para a adequada utilização da "grande rede", como também prevendo inúmeros mecanismos de proteção.

Por fim, no terceiro capítulo adentrou-se na polêmica da tutela jurídica da privacidade e da responsabilidade por danos a ela causados. Primeiramente, restou clara a opção legislativa pela responsabilização apenas indireta dos provedores de conteúdo por material veiculado por terceiro, de modo que os provedores só responderão se, devidamente notificados judicialmente da publicação de conteúdo ofensivo, não a retirarem. A exceção são os casos em que o conteúdo disser respeito às relações sexuais dos indivíduos, caso em que basta uma mera comunicação ao provedor, ainda que extrajudicial, para que ele se veja obrigado a excluir a publicação.

De outro modo, será plena e objetiva a responsabilidade, inclusive com a incidência do Código de Defesa do Consumidor, quando o conteúdo violador da privacidade for divulgado pelo próprio provedor, caso em que responderá por ato próprio, havendo desnecessidade de prévia notificação acerca da lesividade do material.

O último suspiro, que nem por isso foi curto, diz respeito à responsabilidade do terceiro pelo circulação do conteúdo postado pelo próprio indivíduo. Primeiro, e por força da autonomia privada, é lícito à pessoa renunciar à sua privacidade, publicando fatos de sua vida particular. No entanto, ao fazê-lo admite a circulação e compartilhamento por terceiros, sem que possa reclamar eventuais perdas e danos, uma vez que, ao tornar público aspectos de sua vida privada, admitiu, ainda que tacitamente, essa ampla divulgação.

Por outro turno, uma vez que se trata de um direito da personalidade e, como tal, realizador da dignidade, é evidente que o indivíduo, mesmo tendo exposto publicamente a sua privacidade, será merecedor de tutela jurídica se o material por ele mesmo veiculado for utilizado, pelo terceiro, de modo indevido ou descontextualizado, fazendo jus a eventual indenização, bem como à tutela específica de remoção do ilícito, para a exclusão da publicação. Mas, como esse conteúdo foi obtido licitamente, haja vista que divulgado voluntariamente pelo titular dos dados e informações, haverá repercussão no montante indenizatório, pois não ele não poderá ser equiparado àquela pessoa que, preservando plenamente a sua privacidade, teve ela violada por um ato ilícito de terceiros. A disponibilização do conteúdo pela própria pessoa mitiga a responsabilidade do terceiro, assim influenciando no valor da reparação devida pelo dano causado.

Cremos, por certo, que tal solução pode ser alvo de críticas, especialmente pelo fato de que pode levar à compreensão, a nosso ver equivocada, de uma ausência de plena tutela da dignidade humana, bem como um não cumprimento do princípio da restituição integral. E isso porque é possível entender que essa redução do valor da indenização acaba por não reparar integralmente a vítima do evento danoso e, assim, ter desprestigiada a sua dignidade.

Sem prejuízo, por tudo o que dissemos, a própria renúncia à privacidade tem como propósito atender, de modo pleno, a dignidade humana, permitindo ao indivíduo tomar as decisões que quiser acerca da sua vida, como, por exemplo, o que pretende tornar público ou não. Com efeito, ao divulgar fatos e dados privados, dá aos terceiros o material para sua divulgação. Isso, contudo, não afasta o seu direito a ser indenizado, particularmente quando o uso do conteúdo pelo terceiro é descontextualizado e fora dos fins da publicação original. Todas essas circunstâncias devem ser levadas em consideração no momento do arbitramento da indenização, razão pela qual cremos, com convicção, que a compensação por eventuais danos morais sofridos, nesses casos, não pode ser igual àquela devida à pessoa que não divulga, sob nenhuma hipótese, aspectos de sua privacidade, e tem dados e informações subtraídas por meio de mecanismos ilícitos.

Como é possível perceber, a questão é sensível e extremamente polêmica. Mas, como observado na introdução, o que se busca com o presente trabalho não é uma solução definitiva. A proposta, em verdade, é o debate, a fim de se chegar à melhor medida para esses atuais problemas da sociedade de informação.

Mais do que isso, busca-se também conscientizar as pessoas dos riscos a que se submetem ao expor, em demasia, e sob o pretexto da plena autonomia, a sua privacidade, abrindo suas vidas indiscriminadamente no universo quase sem barreiras e sem limites da rede mundial de computadores.

Sabe-se que essa não é uma luta fácil. No entanto, se as linhas anteriormente escritas já levarem a uma reflexão, o sentimento será de dever cumprido, pois como se diz, o importante não é a chegada, mas o caminho percorrido até ela.

REFERÊNCIAS BIBLIOGRÁFICAS

ACQUAVIVA, Marcus Cláudio. *Dicionário jurídico brasileiro acquaviva*. 9ª ed. rev. atual. e ampl. São Paulo: Jurídica Brasileira, 1998.

ALEXY, Robert. *Teoria dos direitos fundamentais.* Tradução de Virgílio Afonso da Silva. São Paulo: Malheiros, 2008.

ALVAREZ, Ana Maria Torres; JARA, Andréa C. Rodrigues Peine. Comunidades virtuais: intercâmbio de conhecimentos x privacidade. *Colabor@*. v. 4, nº 13, mar. 2007. Disponível em http://pead.ucpel.tche.br/revistas/index.php/colabora/article/view/90.

AMARAL NETO, Francisco dos Santos. A autonomia privada como princípio fundamental da ordem jurídica. *Revista de informação legislativa*. a. 26, nº 102, Brasília, abr./jun., 1989.

AMARAL, Francisco. *Direito civil:* introdução. 7ª ed. Rio de Janeiro: Renovar, 2008.

ANDRADE, Manuel A. Domingues de. *Teoria geral da relação jurídica*: sujeitos e objeto. 2ª ed. Coimbra: Almedina, 1997.

ANDRIGHI, Fátima Nancy; GUARIENTO, Daniel Bittencourt. A responsabilidade civil das redes sociais virtuais pelo conteúdo das informações veiculadas. In: ANDRIGHI, Fátima Nancy (Coord.). *Responsabilidade civil e inadimplemento no direito brasileiro*. São Paulo: Atlas, 2014.

ARAUJO, Luiz Alberto David. *Artigo 5º, incisos X ao XII*. In: BONAVIDES, Paulo; MIRANDA, Jorge; AGRA, Walber de Moura (Coord.). *Comentários à constituição federal de 1988*. Rio de Janeiro: Forense, 2009.

AZEVEDO, Álvaro Villaça. Retratação (aspectos de direito civil). *Revista da faculdade de direito da Universidade de São Paulo*. v. 88, 1993.

BARBOSA, Fernanda Nunes; CASTRO, Thamis Dalsenter Viveiros de. Dilemas da liberdade de expressão e da solidariedade. *Civilistica.com*. a. 6, nº 2, 2017.

BARBOZA, Heloisa Helena. Reflexões sobre a autonomia negocial. In: TEPEDINO, Gustavo; Fachin, Luiz Edson. (Coord.). *O direito e o tempo:* embates jurídicos e utopias contemporâneas. Estudos em homenagem ao Professor Ricardo Pereira Lira. Rio de Janeiro: Renovar, 2008.

BARCELLOS, Ana Paula de. *A Eficácia Jurídica dos Princípios Constitucionais*: o princípio da dignidade da pessoa humana. 3ª ed. Rio de Janeiro: Renovar, 2011.

BARCELLOS, Ana Paula de. *Ponderação, racionalidade e atividade jurisdicional.* Rio de Janeiro: Renovar, 2005.

BARROSO, Luís Roberto. "Aqui, lá e em todo lugar": a dignidade humana no direito contemporâneo e no discurso transnacional. *Revista dos Tribunais*, v. 101, v. 919, p. 127-196, mai., 2012.

BARROSO, Luís Roberto. Colisão entre liberdade de expressão e direitos da personalidade. Critérios de ponderação. Interpretação constitucionalmente adequada do código civil e da lei de imprensa. *Revista de direito administrativo*. nº 235, p. 1-36, 2004.

BARROSO, Luís Roberto. *Curso de direito constitucional contemporâneo*: os conceitos fundamentais e a construção do novo modelo. 6ª ed. São Paulo: Saraiva, 2017.

BARROSO, Luís Roberto. *Grandes transformações do direito contemporâneo e o pensamento de Robert Alexy*. Disponível em http://luisrobertobarroso.com.br/wp-content/uploads/2014/02/Conferência-homenagem-Alexy2.pdf.

BARROSO, Luís Roberto. Imprensa, privacidade, princesas e topless. In: BARROSO, Luís Roberto. *Temas de direito constitucional*. t. 4. Rio de Janeiro: Renovar, 2009.

BARROSO, Luís Roberto. Liberdade de expressão, direito à informação e banimento da publicidade de cigarro. In: BARROSO, Luís Roberto. *Temas de direito constitucional*. t. 1. 2ª ed. Rio de Janeiro: Renovar, 2006.

BARROSO. Luís Roberto. Liberdade de expressão versus direitos da personalidade. Colisão de direitos fundamentais e critérios de ponderação. In: BARROSO, Luís Roberto. *Temas de direito constitucional*. t. 3. Rio de Janeiro: Renovar, 2005.

BARROSO, Luís Roberto. Neoconstitucionalismo e constitucionalização do direito – o triunfo tardio do direito constitucional no Brasil. In: BARROSO, Luís Roberto. *O novo direito constitucional brasileiro:* contribuições para a construção teórica e prática da jurisdição constitucional no Brasil. Belo Horizonte: Fórum, 2012.

BARROSO, Luís Roberto. *O direito constitucional e a efetividade de suas normas*. Limites e possibilidades da Constituição Brasileira. 7ª ed. Rio de Janeiro: Renovar, 2003.

BARROSO, Luís Roberto; BARCELLOS, Ana Paula de. O começo da história. A nova interpretação constitucional e o papel dos princípios no direito brasileiro. In: BARROSO, Luís Roberto. (Org.). *A nova interpretação constitucional. Ponderação, direitos fundamentais e relações privadas*. Rio de Janeiro: Renovar, 2003.

BEVILÁQUA, Clóvis. *Teoria geral do direito civil*. 2ª ed. rev. e corrig. Campinas: Servanda, 2015.

BINENBOJM, Gustavo. *Uma teoria do direito administrativo. 3ª ed.* Rio de Janeiro: Renovar, 2014.

BINICHESKI, Paulo Roberto. *Responsabilidade civil dos provedores de internet*: direito comparado e perspectivas de regulamentação no direito brasileiro. Curitiba: Juruá, 2001.

BIONI, Bruno Ricardo. *Proteção de dados pessoais*: a função e os limites do consentimento. Rio de Janeiro: Forense, 2019.

BITENCOURT, Cezar Roberto. *Tratado de direito penal*: parte especial. Dos crimes contra a pessoa. v. 2. 7ª ed. São Paulo: Saraiva, 2007.

BITTAR, Carlos Alberto. *Os direitos da personalidade*. 7ª ed. rev. e atual. de acordo com o novo Código Civil por Eduardo C. Bittar. Rio de Janeiro: Forense Universitária, 2006.

BONAVIDES, Paulo. *Curso de direito constitucional*. 20ª ed. São Paulo: Malheiros, 2007.

BORGES, Roxana Cardoso Brasileiro. *Direitos da personalidade e autonomia privada*. Coleção Prof. Agostinho Alvim. 2ª ed. São Paulo: Saraiva, 2007.

BRANDÃO, Rodrigo. *Direitos fundamentais, democracia e cláusulas pétreas*. Rio de Janeiro: Renovar, 2008.

BUENO, Daniel Augusto Contijo. Vida privada na contemporaneidade. In: FIUZA, César (Org.). *Autonomia privada*: direitos da personalidade. Belo Horizonte: D'Plácido, 2015.

CACHAPUZ, Maria Cláudia. A ilicitude e as fontes obrigacionais: análise do artigo 187 do novo código civil brasileiro. *Revista dos tribunais*. v. 94, nº 838. ago. 2005.

CÂMARA, Alexandre Freitas. *O novo processo civil brasileiro*. 2ª ed. São Paulo: Atlas, 2016.

CANOTILHO, José Joaquim Gomes. *Direito constitucional e teoria da constituição*. 7ª ed. Coimbra: Almedina, 2000.

CANTALI, Fernanda Borghetti. *Direitos da personalidade*: disponibilidade relativa, autonomia privada e dignidade humana. Porto Alegra: Livraria do Advogado, 2009.

CAPANEMA, Walter Aranha. A responsabilidade civil na internet: uma análise da Lei 12.965/2014. *Revista da emerj*. v. 20, nº 78, Rio de Janeiro. jan./abr. 2017.

CASTRO FILHO, Sebastião de Oliveira. Da responsabilidade do provedor de internet nas relações de consumo. *Doutrina do Superior Tribunal de Justiça*. Edição comemorativa – 15 anos. Brasília: Brasília Jurídica, STJ, 2005.

CASTRO, Ana Lara Camargo de; SYDOW, Spencer Toth. *Exposição pornográfica não consentida na Internet: Da pornografia de vingança ao lucro*. D'Plácido, 2017.

CAVALCANTI, José Paulo. *Da renúncia no direito civil*. Rio de Janeiro: Forense, 1958.

CAVALIERI FILHO, Sergio. *Programa de responsabilidade civil*. 8ª ed. rev. e ampl. São Paulo: Atlas, 2008.

CORDEIRO, António Menezes. *Tratado de direito civil*: parte geral; pessoas. v. IV. 3ª ed. Coimbra: Almedina, 2011.

CORDEIRO, Carlos José; PAULA NETO, Joaquim José. A concretização de um novo direito da personalidade: o direito ao esquecimento. *Civilistica.com*. a. 4, nº 2, p. 14-15, 2015. Disponível em http://civilistica.com/wp-content/uploads/2015/12/Cordeiro-e-Paula-Neto-civilistica.com-a.4.nº2.20151.pdf.

COVAS, Silvânio. O contrato no âmbito virtual: contratação por meio de informática. *Revista de direito bancário e do mercado de capitais*. v. 2, nº 5. 1999.

CRORIE, Benedita Mac. *Os limites da renúncia a direitos fundamentais nas relações entre particulares*. Coimbra: Almedina, 2013.

CRUZ, Gisela Sampaio da. *O problema do nexo causal na responsabilidade civil*. Rio de Janeiro: Renovar, 2005.

CRUZ, Marco Aurélio Rodrigues da Cunha e; COSTA, Carlos; ARAÚJO, Laisa Ribeiro de. A responsabilidade civil do provedor de conteúdo por violações à honra praticadas por terceiros: antes e pós-Marco Civil da Internet. *Revista de direito do consumidor*. a. 24, v. 99, São Paulo. mai/jun. 2015.

CRUZ, Marco Aurélio Rodrigues da Cunha e; COSTA, Carlos; ARAÚJO, Laisa Ribeiro de. A responsabilidade civil do provedor de conteúdo por violações à honra praticadas por terceiros: antes e pós marco civil da internet. *Revista de direito do consumidor*. a. 24, v. 99, maio-jun. 2015.

DANTAS, San Tiago. *Programa de Direito Civil*: parte geral. v. 1. Rio de Janeiro: Rio, 1979.

DE LUCCA, Newton. Aspectos atuais da proteção aos consumidores no âmbito dos contratos informáticos e telemáticos. In: DE LUCCA, Newton; SIMÃO FILHO, Adalberto. *Direito & internet*: aspectos jurídicos relevantes. v. II. São Paulo: Quartier Latin, 2008.

DELGADO, Mario Godinho. *Curso de direito do trabalho*. 2ª ed. São Paulo: LTr, 2008.

DENARI, Zelmo. *Código brasileiro de defesa do consumidor comentado pelos autores do anteprojeto*. GRINOVER, Ada Pellegrini [et. al.]. 11ª ed. rev. atual. e ref. Rio de Janeiro: Forense, 2017.

DIAS, José de Aguiar. *Da responsabilidade civil*. 11ª ed. rev. atual. e ampl. de acordo com o Código Civil de 2002 por Rui Berford Dias. Rio de Janeiro: Renovar, 2006.

DINAMARCO, Cândido Rangel. *Instituições de direito processual civil*. v. I. 8ª ed. São Paulo: Malheiros, 2016.

DIREITO, Carlos Alberto Menezes; CAVALIERI FILHO, Sérgio. *Comentários ao novo código civil*: da responsabilidade civil; das preferências e privilégios creditórios. (arts. 927 a 965). v. XIII. Coordenador Sálvio de Figueiredo Teixeira. 2ª ed. rev. e atual. Rio de Janeiro: Forense, 2007.

DONEDA, Danilo. *Da privacidade à proteção de dados pessoais*. Rio de Janeiro: Renovar, 2006.

DONEDA, Danilo. Os direitos da personalidade no código civil [arts. 11 a 21]. In: TEPEDINO, Gustavo. (Coord.). *O código civil na perspectiva civil-constitucional*: parte geral. Rio de Janeiro: Renovar, 2013.

DOTTI, René Ariel. *Proteção da vida privada e liberdade de informação*: possibilidades e limites. São Paulo: RT, 1980.

FACHIN, Luiz Edson. Uns nos outros: ato ilícito e abuso de direito. In: NEVES, Thiago Ferreira Cardoso. (Coord.). *Direito & justiça social*: por uma sociedade mais justa, livre e solidária. Estudos em homenagem ao Professor Sylvio Capanema de Souza. São Paulo: Atlas, 2013.

FARIAS, Cristiano Chaves de; ROSENVALD, Nelson. *Curso de direito civil*: parte geral e lindb. v. 1. 14ª ed. Salvador: Jus Podivm, 2016.

FARIAS, Edilsom. *Liberdade de expressão e comunicação*: teoria e proteção constitucional. São Paulo: RT, 2004.

FAVOREU, Louis. *El Bloque de la Constitucionalidad*. Madrid: Civitas, 1991.

FORTES, Débora. A morte da privacidade? *Revista infoexame*. a. 15, nº 171. jun. 2000.

FRANÇA, Rubens Limongi. Direitos da personalidade: coordenadas fundamentais. *Revista dos Tribunais*. v. 72, nº 567, jan. 1983.

FRAZÃO, Ana. Fundamentos da proteção de dados pessoais – noções introdutórias para a compreensão da importância da lei geral de proteção de dados. In: TEPEDINO, Gustavo; FRAZÃO, Ana; OLIVA, Milena Donato. *Lei geral de proteção de dados pessoais e suas repercussões no direito brasileiro*. São Paulo: Revista dos Tribunais, 2019.

FUX, Luiz. *Tutela de segurança e tutela de evidência*. Fundamentos da tutela antecipada. São Paulo: Saraiva, 1996.

GAGLIANO, Pablo Stolze; PAMPLONA FILHO, Rodolfo. *Novo curso de Direito Civil*: parte geral. v. 1. 5ª ed. São Paulo: Saraiva, 2004.

GAMA, Guilherme Calmon Nogueira da. *Direito civil*: parte geral. São Paulo: Atlas, 2006.

GODOY, Claudio Luiz Bueno. *A liberdade de imprensa e os direitos da personalidade*. 3ª ed. São Paulo: Atlas, 2015.

GOMES, Orlando. *Introdução ao Direito Civil*. 18ª ed. Rio de Janeiro: Forense, 2001.

GOMES, Orlando. *Introdução do direito civil*. 18ª ed. Rio de Janeiro: Forense, 2001.

GOMES, Orlando. *Obrigações*. 15ª ed. Atualizada por Humberto Theodoro Júnior. Rio de Janeiro: Forense, 2002.

GRECO, Rogério. *Código penal comentado*. 4ª ed. Niterói: Impetus, 2010.

JABUR, Gilberto Haddad. *Liberdade de pensamento e direito à vida privada*. São Paulo: RT, 2000.

KANT, Immanuel. *Fundamentação à metafísica dos costumes*. Tradução de Paulo Quintela. Lisboa: Edições 70, 2011.

KOATZ, Rafael Lorenzo-Fernandez. As liberdades de expressão e de imprensa na jurisprudência do STF. In: SARMENTO, Daniel; SARLET, Ingo Wolfgang. (Coord.). *Direitos fundamentais no supremo tribunal federal*: balanço e crítica. Rio de Janeiro: Lumen Juris, 2011.

KONDER, Carlos Nelson. O consentimento no biodireito. Os casos dos transexuais e dos wannabes. *Revista trimestral de direito civil*. a. 4, v. 15, Rio de Janeiro. jul./set., 2003.

KONDER, Carlos Nelson. Privacidade e corpo: convergências possíveis. *Pensar*. v. 18, nº 2. mai./ago. 2013.

LAFER, Celso. *A reconstrução* dos direitos humanos: um diálogo com o pensamento de Hannah Arendt. São Paulo: Companhia das Letras, 1991.

LEAL, Sheila do Rocio Cercal Santos. *Contratos eletrônicos:* validade jurídica dos contratos via internet. São Paulo: Atlas, 2009.

LEMOS, Vinicius Silva. Dano punitivo: a necessidade da separação do dano punitivo e da punibilidade do dano moral. *Revista da faculdade de direito da UERJ*. v. 2, nº 26, 2014.

LEONARDI, Marcel. *Responsabilidade civil dos provedores de serviços de internet*. São Paulo: Juarez de Oliveira, 2005.

LEWICKI, Bruno. *A privacidade da pessoa humana no ambiente de trabalho*. Biblioteca de teses. Rio de Janeiro: Renovar, 2003.

LIMA, Bianca. Art. 11: autolimitação aos direitos da personalidade e os *reality shows*. In: SCHREIBER, Anderson. Dez anos de Código Civil. *Revista trimestral de direito civil*. a. 13, v. 51, Rio de Janeiro. p. 267-269, jul./set., 2012.

LÔBO, Paulo. Contratos no código do consumidor: pressupostos gerais. *Revista de direito do consumidor*. nº 6, abr./jun., 1993.

LÔBO, Paulo. *Direito civil*: parte geral. 6ª ed. São Paulo: Saraiva, 2017.

LONGHI, João Victor Rozatti. Marco civil da internet no Brasil: breves considerações sobre seus fundamentos, princípios e análise crítica do regime de responsabilidade civil dos provedores. In: MARTINS, Guilherme Magalhães. *Direito privado e internet*. São Paulo: Atlas, 2014.

LOPES, Alan Moreira. Lei 12.965, de 23.04.2014 – estabelece princípios, garantias, direitos e deveres para o uso da internet no Brasil (marco civil da internet). In: TEIXEIRA, Tarcisio; LOPES, Alan Moreira. (Coord.). *Direitos das tecnologias*: legislação eletrônica comentada, *mobile law* e segurança digital. São Paulo: RT, 2015.

LOPES, Alan Moreira. Lei 12.965, de 23.04.2014 – estabelece princípios, garantias, direitos e deveres para o uso da internet no Brasil (marco civil da internet). In: TEIXEIRA, Tarcisio; LOPES, Alan Moreira (Coord.). *Direito das novas tecnologias*: legislação eletrônica comentada, mobile law e segurança digital. São Paulo: RT, 2015.

LOPEZ, Teresa Ancona. Principais linhas da responsabilidade civil no direito brasileiro contemporâneo. *Revista da faculdade de direito da Universidade de São Paulo*. v. 101. jan.-dez. 2006.

LOPEZ, Teresa Ancona. Responsabilidade civil na sociedade de risco. *Revista da faculdade de direito da Universidade de São Paulo*. v. 105, jan./dez. 2010.

LORENZETTI, Ricardo L. *Comércio eletrônico*. Trad. Fabiano Menke. São Paulo: RT, 2004.

LOTUFO, Renan. *Código civil comentado*: parte geral (arts. 1º a 232). 3ª ed. São Paulo: Saraiva, 2016.

LOUREIRO, Francisco Eduardo. Ato ilícito. In: LOTUFO, Renan; NENNI, Giovanni Ettore. *Teoria geral do direito civil*. São Paulo: Atlas, 2008.

MARINONI, Luiz Guilherme. Direito fundamental de ação. In: CANOTILHO, J. J. Gomes; MENDES, Gilmar Ferreira; SARLET, Ingo Wolfgang; STRECK, Lenio Luiz. (Coord.). *Comentários à constituição do Brasil*. São Paulo/Coimbra: Saraiva/Almedina, 2013.

MARINONI, Luiz Guilherme. *Teoria geral do processo*. 2ª ed. São Paulo: RT. 2007.

MARINONI, Luiz Guilherme. *Tutela inibitória*: individual e coletiva. 5ª ed. São Paulo: RT, 2012.

MARINONI, Luiz Guilherme; ARENHART, Sérgio Cruz; MITIDIERO, Daniel. *Novo curso de processo civil*: teoria do processo civil. v. 1. São Paulo: RT, 2015.

MARQUES, Cláudia Lima. *Comentários ao código de defesa do consumidor*: artigo por artigo; doutrina e jurisprudência; conexões rápidas para citação ou reflexão; diálogos entre o código civil de 2002 e o código de defesa do consumidor. MARQUES, Cláudia Lima; BENJAMIN, Antonio Herman V.; MIRAGEM, Bruno. 4ª ed. rev. atual. e ampl. São Paulo: RT, 2013.

MARQUES, Claudia Lima. Novas regras sobre a proteção do consumidor nas relações contratuais. *Revista de direito do consumidor*. nº 1, jan./mar., 1992.

MARTEL, Letícia de Campos Velho. *Direitos Fundamentais Indisponíveis*: os limites e os padrões do consentimento para a autolimitação do direito fundamental à vida. Rio de Janeiro, 2010. p. 289. Mimeografado.

MARTINS, Guilherme Magalhães. *Formação dos contratos eletrônicos de consumo via internet*. Rio de Janeiro: Forense, 2003.

MARTINS, Guilherme Magalhães. *Responsabilidade civil por acidentes de consumo na internet*. São Paulo: RT, 2008.

MARTINS-COSTA, Judith. *Comentários ao novo código civil*: do inadimplemento das obrigações (arts. 389-420). v. V. t. II. Coordenador Sálvio de Figueiredo Teixeira. 2ª ed. Rio de Janeiro: Forense, 2009.

MATTIA, Fábio Maria de. Direitos da personalidade: aspectos gerais. *Revista de Informação Legislativa*. v. 14, nº 56, out./dez., 1977.

MAZUR, Maurício. A dicotomia entre os direitos da personalidade e os direitos fundamentais. In: *Direitos da personalidade*. MIRANDA, Jorge; RODRIGUES JUNIOR, Otavio Luiz; FRUET, Gustavo Bonato (Coord.). São Paulo: Atlas, 2012.

MEIRELES, Rose Melo Vencelau. *Autonomia privada e dignidade humana*. Rio de Janeiro: Renovar, 2009.

MELLO, Celso Antônio Bandeira de. *O conteúdo jurídico do princípio da igualdade*. 3ª ed. São Paulo: Malheiros, 1993.

MENDES, Gilmar Ferreira. Direitos fundamentais. In: MENDES, Gilmar Ferreira. *Direitos fundamentais e controle de constitucionalidade*: estudos de direito constitucional. 3ª ed. rev. e ampl. São Paulo: Saraiva, 2004.

MIRAGEM, Bruno. *Curso de direito do consumidor*: fundamentos do direito do consumidor; direito material e processual do consumidor; proteção administrativa do consumidor; direito penal do consumidor. 5ª ed. rev. atual. e ampl. São Paulo: RT, 2014.

MIRAGEM, Bruno. Nulidade das cláusulas abusivas nos contratos de consumo: entre o passado e o futuro do direito do consumidor brasileiro. *Revista de direito do consumidor*. v. 18, nº 72, out./dez., 2009.

MIRAGEM, Bruno. Responsabilidade por danos na sociedade de informação e proteção do consumidor: desafios atuais da regulação jurídica da internet. *Revista de direito do consumidor*. a. 18, v. 70, abr./jun. 2009.

MIRANDA, Jorge. *Manual de Direito Constitucional*: direitos fundamentais. t. IV. 5ª ed. Coimbra: Coimbra Editora, 2012.

MIRANDA, Jorge; RODRIGUES JUNIOR, Otavio Luiz; FRUET, Gustavo Bonato. *Principais problemas dos direitos da personalidade e estado-da-arte da matéria no direito comparado*. In: *Direitos da personalidade*. MIRANDA, Jorge;

RODRIGUES JUNIOR, Otavio Luiz; FRUET, Gustavo Bonato (Coord.). São Paulo: Atlas, 2012.

MIRANDA, Pontes. *Tratado de direito privado*: parte geral. Bens e fatos jurídicos. t. II. Atualizado por Ovídio Rocha Barros Sandoval. São Paulo: RT, 2012.

MONTEIRO, Washington de Barros. *Curso de Direito Civil*: parte geral. v. 1. 41ª ed. São Paulo: Saraiva, 2007.

MORAES, Alexandre de. *Direito constitucional*. 21ª ed. São Paulo: Atlas, 2007.

MORAES, Alexandre. *Direitos humanos fundamentais*: teoria geral. Comentários aos arts. 1º a 5º da Constituição da República Federativa do Brasil. Doutrina e jurisprudência. 11ª ed. rev. e atual. São Paulo: Atlas, 2017.

MORAES, Guimarães Thiago. Responsabilidade civil dos provedores de conteúdo da internet. *Revista brasileira de direito civil*. v. 4, abr./jun. 2015.

MORAES, Maria Celina Bodin de. *Danos à pessoa humana:* uma leitura civil-constitucional dos danos morais. Rio de Janeiro: Renovar, 2003.

MORAES, Maria Celina Bodin de. O direito civil-constitucional. In: MORAES, Maria Celina Bodin de. *Na medida da pessoa humana*: estudos de direito civil-constitucional. Rio de Janeiro: Renovar, 2010.

MORAES, Maria Celina Bodin de; CASTRO, Thais Dalsenter Viveiros de. Autonomia e o corpo de cada um. In: MONTEIRO FILHO, Carlos Edison do Rêgo; GUEDES, Gisela Sampaio da Cruz; MEIRELES, Rose Melo Vencelau (Org.). *Direito civil*. Rio de Janeiro: Freitas Bastos, 2015.

MORAES, Maria Celina Bodin. A caminho de um direito civil-constitucional. In: *Na medida da pessoa humana*: estudos de direito civil-constitucional. Rio de Janeiro: Renovar, 2010.

MORI, Michele Keiko. *Direito à intimidade versus informática*. Paraná: Juruá, 2001.

MULHOLLAND, Caitlin. *Internet e* contratação: panorama das relações contratuais de consumo. Biblioteca de teses. Rio de Janeiro: Renovar, 2006.

MULHOLLAND, Caitlin. O direito de não saber como decorrência do direito à intimidade. *Civilistica.com*. a. 1, nº 1, 2012.

MULHOLLAND, Caitlin. Responsabilidade civil indireta dos provedores de serviço de internet e sua regulação no marco civil da internet. In: CELLA, José Renato Gaziero; ROVER, Aires José; NASCIMENTO, Valéria Ribas do. (Coord.). *Direito e novas tecnologias*. Organização CONPEDI/UFS. Florianópolis: CONPEDI, 2015.

NEVES, Thiago Ferreira Cardoso. *O nascituro e os direitos da personalidade*. Rio de Janeiro: GZ, 2012.

NUNES, Rizzato. *Curso de direito do consumidor*. 2ª ed. rev. mod. e atual. São Paulo: Saraiva, 2005.

OLIVA, Milena Donato. Dano moral e inadimplemento contratual nas relações de consumo. *Revista de direito do consumidor*. a. 23, v. 93, São Paulo, p. 13-28, maio/jun., 2014.

OLIVEIRA, Stephanie Assis Pinto. Fama x Direito à intimidade e privacidade de pessoas famosas e a concretização dos direitos fundamentais. *Revista eletrônica da faculdade de direito de Franca*. v. 3, 2010.

PAESANI, Liliana Minardi. *Direito e internet*: liberdade de informação, privacidade e responsabilidade civil. 7ª ed. São Paulo: Atlas, 2014.

PAUPÉRIO, A. Machado. *Introdução à ciência do direito*. 3ª ed. Rio de Janeiro: Forense, 1974.

PEREIRA, Caio Mário da Silva. *Comentários ao código civil de 2002*: parte geral. Arts. 1º ao 232. v. I. Atualização legislativa de Cristiano de Sousa Zanetti e Leonardo de Campos Melo. Rio de Janeiro: GZ, 2017.

PEREIRA, Caio Mário da Silva. *Instituições de direito civil*: introdução ao direito civil. Teoria geral do direito civil. 20ª ed. rev. e atual. de acordo com o Código Civil de 2002 por Maria Celina Bodin de Moraes. Rio de Janeiro: Forense, 2005.

PEREIRA, Caio Mário da Silva. *Responsabilidade civil*. 11ª ed. rev. e atual. Atualizador: Gustavo Tepedino. Rio de Janeiro: Forense, 2016.

PEREIRA, Jane Reis Gonçalves. *Interpretação constitucional e direitos fundamentais*. Rio de Janeiro: Lumen Juris, 2006.

PERLIGIERI, Pietro. *Perfis de direito civil*: introdução ao direito civil constitucional. 3ª ed. Rio de Janeiro: Renovar, 2007.

PERLINGIERI, Pietro. *Manuale di diritto civile*. 6ª ed. ampiamente riveduta ed aggiornata. Napoli: Scientifiche Italiane, 2007.

PERLINGIERI, Pietro. *O direito civil na legalidade constitucional*. Edição brasileira organizada por Maria Cristina De Cicco. Rio de Janeiro: Renovar, 2008.

PINHEIRO, Patricia Peck. *#Direito digital*. 6ª ed. São Paulo: Saraiva, 2016.

PINHO, Humberto Dalla Bernardina de. *Direito processual civil contemporâneo*: teoria geral do processo. v. 1. 5ª ed. São Paulo: Saraiva, 2013.

PINTO, Carlos Alberto da Mota. *Teoria geral do direito civil*. 3ª ed. actual. Coimbra: Coimbra, 1999.

PRATA, Ana. *A tutela constitucional da autonomia privada*. Coimbra: Almedina, 1982.

PRATA, Ana. *Dicionário jurídico*. Coimbra: Almedina, 1995.

RAWLS, John. *Uma teoria da justiça*. Tradução de Jussara Simões. 3ª ed. São Paulo: Martins Fontes, 2008.

REALE, Miguel. *Lições preliminares de direito*. 27ª ed. São Paulo: Saraiva, 2006. p. 231.

REALE, Miguel. O dano moral no direito brasileiro. In: REALE, Miguel. *Temas de direito positivo*. São Paulo: RT, 1992.

ROCHA, Rafael da Silva. Autonomia privada e direitos da personalidade. *Revista da seção judiciária do rio de janeiro*. v. 1, nº 30, Rio de Janeiro, abr., 2011.

RODOTÀ, Stefano. *A vida na sociedade de vigilância*: a privacidade hoje. Organização, seleção e apresentação de Maria Celina Bodin de Moraes. Tradução de Danilo Doneda e Luciana Cabral Doneda. Rio de Janeiro: Renovar, 2008.

RODRIGUES JUNIOR, Otávio Luiz. Responsabilidade civil e internet: problemas de qualificação e classificação de conflitos nas redes sociais. In: ANDRIGHI (Coord.). *Responsabilidade civil e inadimplemento no direito brasileiro*. São Paulo: Atlas, 2014.

ROSENVALD, Nelson. *As funções da responsabilidade civil*: a reparação e a pena civil. São Paulo: Atlas, 2013.

SAMPAIO, José Adércio Leite. In: CANOTILHO, J. J. Gomes; MENDES, Gilmar Ferreira; SARLET, Ingo Wolfgang; STRECK, Lenio Luiz. (Coord.). *Comentários à constituição do Brasil*. São Paulo/Coimbra: Saraiva/ Almedina, 2013.

SANSEVERINO, Paulo de Tarso Vieira. *Responsabilidade civil no código de defesa do consumidor e a defesa do fornecedor*. São Paulo: Saraiva, 2002.

SANTOS, Manoel J. Pereira dos. Responsabilidade civil pela utilização de ferramentas de hiperconexão e de busca na internet. In: SILVA, Regina Beatriz Tavares; SANTOS, Manoel J. Pereira dos. *Responsabilidade civil na internet e nos demais meios de comunicação*. 2ª ed. Série GVlaw. São Paulo: Saraiva, 2012.

SARLET, Ingo Wolfgang. *A eficácia dos direitos fundamentais*: uma teoria geral dos direitos fundamentais na perspectiva constitucional. 12ª ed. Porto Alegre: Livraria do Advogado, 2015.

SARLET, Ingo Wolfgang. *Dignidade da pessoa humana e direitos fundamentais na constituição federal de 1988*. 8ª ed. rev., atual., e ampl. Porto Alegre: Livraria do Advogado, 2010.

SARLET, Ingo Wolfgang. *Direitos fundamentais em espécie*. In: SARLET, Ingo Wolfgang; MARINONI, Luiz Guilherme; MITIDIERO, Daniel. *Curso de direito constitucional*. 4ª ed. São Paulo: Saraiva, 2015.

SARMENTO, Daniel. *A ponderação de interesses na Constituição Federal*. Rio de Janeiro: Lumen Juris, 2000.

SARMENTO, Daniel. *Dignidade da pessoa humana*: conteúdo, trajetórias e metodologia. 2ª ed. Belo Horizonte: Fórum, 2016.

SARMENTO, Daniel. *Direitos fundamentais e relações privadas*. 2ª ed. Rio de Janeiro: Lumen Juris, 2006.

SARMENTO, Daniel. Liberdade de expressão, pluralismo e o papel promocional do Estado. In: SARMENTO, Daniel. *Livres e iguais*: estudos de direito constitucional. Rio de Janeiro: Lumen Juris, 2006.

SARMENTO, Daniel; SOUZA NETO, Cláudio Pereira de. *Direito Constitucional*: teoria, história e métodos de trabalho. Belo Horizonte: Fórum, 2012.

SCHREIBER, Anderson. *A proibição do comportamento contraditório*: tutela da confiança e venire contra factum proprium. 3ª ed. rev. e atual. Rio de Janeiro: Renovar, 2012.

SCHREIBER, Anderson. Contratos eletrônicos no direito brasileiro – formação dos contratos eletrônicos e direito de arrependimento. In: MELGARÉ, Plínio (Org.). *O direito das obrigações na contemporaneidade*: estudos em homenagem ao Ministro Ruy Rosado de Aguiar Júnior. Porto Alegre: Livraria do Advogado, 2014.

SCHREIBER, Anderson. Direito civil e constituição. In: SCHREIBER, Anderson; KONDER, Carlos Nelson. (Coord.). *Direito civil constitucional*. São Paulo: Atlas, 2016.

SCHREIBER, Anderson. *Direitos da personalidade*. 3ª ed. rev. e atual. São Paulo: Atlas, 2014.

SCHREIBER, Anderson. Marco civil da internet: avanço ou retrocesso? A responsabilidade por dano derivado do conteúdo gerado por terceiro. In: DE LUCCA, Newton; SIMÃO FILHO, Adalberto; LIMA, Cíntia Rosa Pereira de. *Direito & internet III*: marco civil da internet (Lei nº 12.965/2014). t. II. São Paulo: Quartier Latin, 2015.

SCHREIBER, Anderson. Marco civil da internet: avanço ou retrocesso? A responsabilidade por dano derivado do conteúdo gerado por terceiro. In: DE LUCCA, Newton; SIMÃO FILHO, Adalberto; LIMA, Cíntia Rosa Pereira de. *Direito & internet III*: marco civil da internet (Lei nº 12.965/2014). t. II. São Paulo: Quartier Latin, 2015.

SCHREIBER, Anderson. *Novos paradigmas da responsabilidade civil:* da erosão dos filtros da reparação à diluição dos danos. 5ª ed. São Paulo: Atlas, 2013.

SCHREIBER, Anderson. Reparação não pecuniária dos danos morais. In: MARTINS, Guilherme Magalhães (Coord.). *Temas de responsabilidade civil*. Rio de Janeiro: Lumen Juris, 2012.

SCHREIBER. Anderson. *As três correntes do direito ao esquecimento.* Texto disponível em https://www.jota.info/artigos/as-tres-correntes-do-direito-ao-esquecimento-18062017

SCHULMAN, Gabriel. www.privacidade-em-tempos-de-internet.com: o espaço virtual e os impactos reais à privacidade das pessoas. In: TEPEDINO, Gustavo; TEIXEIRA, Ana Carolina Brochado; ALMEIDA, Vitor. (Coord.). *O direito civil entre o sujeito e a pessoa*: estudos em homenagem ao professor Stefano Rodotà. Belo Horizonte: Fórum, 2016.

SIBILIA, Paula. *La intimidad como espetáculo*. Buenos Aires: Fondo de Cultura Económica, 2013.

SILVA, José Afonso da. *Direito constitucional positivo*. 28ª ed. São Paulo: Malheiros, 2007.

SOLOVE, Daniel J. A taxonomy of privacy. *University of Pennsylvania law review*. v. 154, nº 3, p. 477-560. jan. 2006.

SOLOVE, Daniel J. Conceptualizing privacy. *California law review*. v. 90: 1.087, 2002.

SOUZA, Carlos Affonso; LEMOS, Ronaldo. *Marco civil da internet*: construção e aplicação. Juiz de Fora: Editar, 2016.

SOUZA, Eduardo Nunes de. Abuso de direito: novas perspectivas entre a licitude e o merecimento de tutela. *Revista trimestral de direito civil*. v. 50, abr./jun., 2012.

SOUZA, Eduardo Nunes de. Merecimento de tutela: a nova fronteira da legalidade no direito civil. In: MONTEIRO FILHO, Carlos Edison do Rêgo; GUEDES, Gisela Sampaio da Cruz; MEIRELES, Rose Melo Vencelau (Org.). *Direito civil*. Rio de Janeiro: Freitas Bastos, 2015.

STOCO, Rui. *Tratado de responsabilidade civil*. Doutrina e jurisprudência. 7ª ed. rev. atual. e ampl. São Paulo: RT, 2007.

STRECK, Lênio Luiz. *Jurisdição constitucional e hermenêutica*: uma nova crítica do direito. Rio de Janeiro: Forense, 2004.

SZANIAWSKI, Elimar. *Direitos da personalidade e sua tutela*. 2ª ed. São Paulo: RT, 2005.

TAVARES, André Ramos. *Curso de direito constitucional*. 6ª ed. São Paulo: Saraiva, 2008.

TEFFÉ, Chiara Antonia Spadaccini. *Divulgação não autorizada de imagens íntimas na internet: o caso da pornografia de vingança*. Estudo apresentado no seminário Privacidade Hoje, realizado na PUC-RJ, nos dias 18 e 19 de setembro de 2017.

TEFFÉ, Chiara Spadaccini de; BARLETTA, Fabiana Rodrigues. O direito ao esquecimento: uma expressão possível do direito à privacidade. In: TEPEDINO, Gustavo; TEIXEIRA, Ana Carolina Brochado; ALMEIDA, Vitor (Coord.). *O direito civil entre o sujeito e a pessoa*: estudos em homenagem ao professor Stefano Rodotà. Belo Horizonte: Fórum, 2016.

TEFFÉ, Chiara Spadaccini de; MORAES, Maria Celina Bodin de. Redes sociais virtuais: privacidade e responsabilidade civil. Análise a partir do marco civil da internet. *Pensar*. v. 22, nº 1, jan./abr., 2017.

TEIXEIRA, Tarcisio. *Comércio eletrônico*: conforme o marco civil da internet e a regulamentação do *e-commerce* no Brasil. São Paulo: Saraiva, 2015.

TEIXEIRA, Tarcisio. *Curso de direito e processo eletrônico*: doutrina, jurisprudência e prática. 3ª ed. São Paulo: Saraiva, 2015.

TEIXEIRA, Tarcisio. *Marco civil da internet comentado*. São Paulo: Almedina Brasil, 2016.

TEPEDINO, Gustavo. A incorporação dos direitos fundamentais pelo ordenamento brasileiro: sua eficácia nas relações jurídicas privadas. *Revista da AJURIS*. v. 32, nº 100, Porto Alegre, dez., 2005.

TEPEDINO, Gustavo. A tutela da personalidade no ordenamento civil-constitucional brasileiro. In: *Temas de direito civil*. 4ª ed. Rio de Janeiro: Renovar, 2008.

TEPEDINO, Gustavo. Circulação de dados pessoais: novos contornos da privacidade. *Revista trimestral de direito civil*. a. 11, v. 42, editorial, abr.-jun. 2011.

TEPEDINO, Gustavo. *Comentários ao código civil*: direito das coisas (arts. 1.196 a 1.276). v. 14. Coordenador Antônio Junqueira de Azevedo. São Paulo: Saraiva, 2011.

TEPEDINO, Gustavo. Informação e privacidade. In: TEPEDINO, Gustavo. *Temas de direito civil*. 4ª ed. rev. e atual. Rio de Janeiro: Renovar, 2008.

TEPEDINO, Gustavo. Notas sobre o nexo de causalidade. *Revista jurídica*. a. 50, nº 296. jun., 2002.

TEPEDINO, Gustavo; BARBOZA, Heloisa Helena; MORAES, Maria Celina Bodin de (Org.). *Código civil interpretado conforme a constituição da república*: parte geral e obrigações (arts. 1º a 420). v. I. 2ª ed. rev. e atual. Rio de Janeiro: Renovar, 2011.

TEPEDINO, Gustavo; TEFFÉ, Chiara Spadaccini de. Consentimento e proteção de dados pessoais na LGPD. In: TEPEDINO, Gustavo; FRAZÃO, Ana; OLIVA, Milena Donato. *Lei geral de proteção de dados pessoais e suas repercussões no direito brasileiro*. São Paulo: Revista dos Tribunais, 2019.

TERRA, Aline de Miranda Valverde; ORLEANS, Helen Cristina Leite de Lima. A tutela da autonomia privada e a utilização atécnica dos novos princípios contratuais. *Revista dos tribunais*. a. 103, v. 945, São Paulo, jul., 2014.

TERRA, Aline de Miranda Valverde; ORLEANS, Helen Cristina Leite de Lima. A tutela da autonomia privada e a utilização atécnica dos novos princípios contratuais. *Revista dos tribunais*. a. 103, v. 945, São Paulo, jul., 2014.

TOLOMEI, Carlos Young. A noção de ato ilícito e a teoria do risco na perspectiva do novo código civil. In: TEPEDINO, Gustavo (Coord.). *A parte geral do novo código civil*: estudos na perspectiva civil-constitucional. 2ª ed. Rio de Janeiro: Renovar, 2003.

TORRES, Ricardo Lobo. A Cidadania multidimensional na era dos direitos. In: TORRES, Ricardo Lobo (org.). *Teoria dos direitos fundamentais*. 2ª ed. Rio de Janeiro: Renovar, 2001.

VAINZOF, Rony. et. al. *LGPD*: lei geral de proteção de dados comentada. Coordenação: Viviane Nóbrega Maldonado e Renato Opice Blum. São Paulo: Revista dos Tribunais, 2019.

VASCONCELOS, Fernando Antônio de. *Internet*: responsabilidade do provedor pelos danos praticados. Curitiba: Juruá, 2004.

VIEIRA, Sônia Aguiar do Amaral. *Inviolabilidade da vida privada e da intimidade pelos meios eletrônicos*. São Paulo: Juarez de Oliveira, 2002.

WARREN, Samuel; BRANDEIS, Louis. The right to privacy. *Harvard law review*. v. IV, nº 5. dec. 1890.

ZAMPIER, Bruno. *Bens digitais*: cybercultura, redes sociais, e-mails, músicas, livros, milhas aéreas e moedas virtuais. Indaiatuba: Foco, 2017.

ZANINI, Leonardo Estevam de Assis. *Direitos da personalidade*: aspectos essenciais. Coleção Prof. Agostinho Alvim. Coordenação Renan Lotufo. São Paulo: Saraiva, 2011.